Découvrez l'histoire par les archives de presse

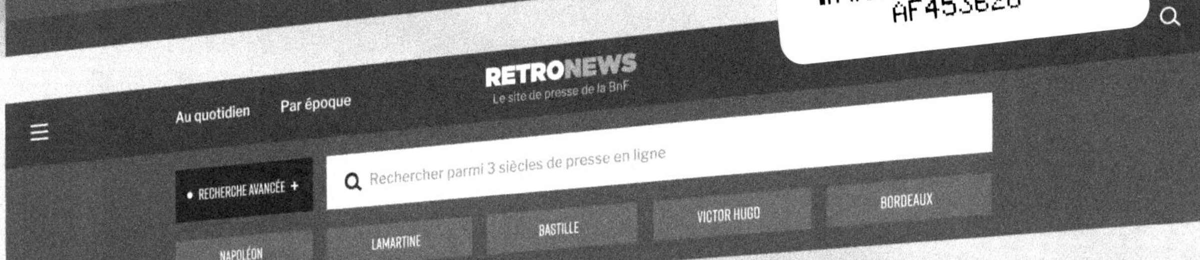

RETRONEWS

Le site de presse de la BnF

www.retronews.fr

TABLE

ALPHABÉTIQUE ET ANALYTIQUE DES MATIÈRES

CONTENUES DANS LA

REVUE MARITIME ET COLONIALE

(1861-1868)

ET DANS LA

REVUE ALGÉRIENNE ET COLONIALE

(1859-1860)

PARIS. — IMPRIMERIE ADMINISTRATIVE DE PAUL DUPONT
Rue Jean-Jacques-Rousseau, 41 (hôtel des Fermes).

TABLE

ALPHABÉTIQUE ET ANALYTIQUE DES MATIÈRES

CONTENUES DANS LES 24 VOLUMES DE LA

REVUE MARITIME ET COLONIALE

DE 1861 A 1868

ET DANS LES 3 VOLUMES DE LA

REVUE ALGÉRIENNE ET COLONIALE

1859 ET 1860.

PARIS,

<table>
<tr><td>PAUL DUPONT,</td><td>CHALLAMEL AÎNÉ,</td></tr>
<tr><td>ÉDITEUR DU Bulletin officiel ET DE
l'Annuaire de la Marine,
Rue Jean-Jacques-Rousseau, 41
(hôtel des Fermes).</td><td>LIBRAIRE COMMISSIONNAIRE POUR LA MARINE
ET LES COLONIES,
Rue des Boulangers, 30,
et rue de Bellechasse, 27.</td></tr>
</table>

—

1870

TABLE

ALPHABÉTIQUE ET ANALYTIQUE DES MATIÈRES

CONTENUES DANS LES 24 VOLUMES DE LA

REVUE MARITIME ET COLONIALE

DE 1861 A 1868

ET DANS LES 3 VOLUMES DE LA

REVUE ALGÉRIENNE ET COLONIALE

1859 ET 1860.

N. B. Les chiffres romains indiquent le tome et les chiffres arabes la page; le millésime placé entre parenthèses donne l'année de la publication de l'article. Les lettres R. A. C. se rapportent aux trois volumes de la *Revue algérienne et coloniale* publiés en 1859 et 1860.

A

Abomey (Voyage à), par *M. A. Val-lon*, III (1861), 329.

Abeville (Notice sur le contre-amiral d'), XV (1865), 427.

Absalon, canonnière cuirassée danoise, XXII (1868), 428.

Abyssinie (L'expédition d'), par *M. Autard de Bragard*, XXIII (1868), 691; XXIV (1868), 235.

Achilles, navire cuirassé anglais : sa mise à l'eau, X (1864), 396; sa description, 572; ses essais, XI (1864), 372; XII (1864), 872; XIII (1865), 199, 786; son artillerie et sa voilure, XII (1864), 635; ses qualités nautiques, XX (1867), 837.

Aciéries de Krupp, XXIII (1868), 325. de Bochum, 328; de Berger, 328; de Gruson, 329; de Carlsruhe, 331; de F. Mayr, 332; de Pétin et Gaudet, 335; de Jackson, 336; d'Unieux, 328; de Martin, 338.

Actes (Bulletin des principaux) concernant la marine et les colonies, I (1861), 168, 328, 466, 618, 818; — II (1861), 242, 433, 665; — III (1861), 219, 415, 623; — IV (1862), 202, 415, 603, 847; — V (1862), 397, 595, 819; — VI (1862), 183, 384,

576, 710 ; — VII (1863), 147, 334, 559, 771 ; — VIII (1863), 203, 425, 633, 816 ; — IX (1863), 179, 357, 517, 698 ; — XI (1864), 138 ; — XIII (1865), 349 ; — XVI (1866), 653.

Aden : Notice sur cet établissement anglais, par *M. E. Avalle*, II (1861), 498.

Administration de la marine et des colonies : Sommaire des lois, décrets, arrêtés et décisions relatifs à son organisation rendus depuis le 31 décembre 1860 jusqu'au 17 novembre 1862, IV (1862), 196 ; VII (1863), 328. — Législation et administration des colonies anglaises, par *M. E. Avalle :* Aperçu général, II (1861), 163 ; — possessions d'Europe, II (1861), 442 ; — possessions d'Asie, II (1861), 452 ; — possessions d'Afrique, IV (1862), 450, 729 ; — possessions de l'Amérique du Nord, VI (1862), 236, 499.

Adrar (Sahara) : Voyage d'exploration dans cette contrée, par *M. H. Vincent*, R. A. C., III (1860), 445.

Affondatore, navire cuirassé italien à tourelles, XVI (1866), 213 ; relèvement de ce bâtiment, XIX (1867), 695.

Affûts : Affûts en fer, XII (1864), 888. — Affût Heathorn, XXIII (1868), 597 ; XXIV (1868), 1124. — Affût Moncrieff pour la manœuvre des gros canons, XXIII (1868), 241. — Affûts à contrepoids, XXIV (1868), 259, 561, 899. — Affûts à vapeur pour canons de batterie, XXI (1867), 271. — Essais d'affûts marins de nouveaux modèles en Angleterre, XVI (1866), 418 ; XVII (1866), 630. — Note sur les affûts modernes pour les canons de marine de gros calibre, XIX (1867), 870. — Affûts Whitworth, XXIII (1868), 808.

Afrique (Voyage de Rohlsf dans l'intérieur de l'), XV (1865), 660. — (Voir aussi *Sahara, Sénégal.*)

Afrique centrale : Notes sur son commerce, R. A. C., II (1860), 417. — Explorations du docteur Livingstone, R. A. C., II (1860), 479. — Voyage au Tagant en 1859, par *M. Mage*, R. A. C., III (1860), 1. — (Voir aussi *Sahara, Sénégal, Soudan* et *Voyages.*)

Afrique occidentale : Voyage dans le Fouta-Djalon, par *M. A. Lambert*, II (1861), 1. — Voyage à Bonny, IV (1862), 540. — Le royaume de Dahomey, par *M. A. Vallon*, II (1861), 332 ; III (1861), 329. — Voyage à Abomey, par *M. A. Vallon*, III (1861), 329. — Etudes sur la côte occidentale d'Afrique, par *M. A. Vallon*, IX (1863), 373, 589. — Notice sur Porto-Novo, par *M. Gellé*, X (1864), 413. — Notice sur la factorerie d'Equimina, VI (1862), 613. — Les rivières de Sine et de Saloum, par *M. E. Mage*, VII (1863), 673. — Notice sur la baie des Eléphants, VI (1862), 613. — Notice sur le Oualo, par *M. Azan*, IX (1863), 395, 607 ; X (1864), 327, 466. — Notice sur le pays de Bouboury (Côte d'Or), XVIII (1866), 499. — Renseignements sur le commerce et les intérêts français entre la Côte d'Or et le Congo, XX (1867), 588. — (Voir aussi *Sahara* et *Sénégal.*)

Afrique orientale : Expédition du baron de Decken, XIV (1865), 197 ; XVI (1866), 661.

Agincourt, frégate cuirassée anglaise, VIII (1863), 513. — Son artillerie, X (1864), 397. — Sa mise à l'eau, XIV (1865), 189. — Sa vitesse, XV (1865), 440. — Ses essais, XVI (1866), 212.

Agriculture : Situation de la province d'Alger, R. A. C., II (1861), 77. — Produits agricoles de Tahiti, R. A. C., II (1861), 197. — Agriculture, commerce, industrie, travaux publics dans le cercle de Bougie, R. A. C., II (1861), 304. — Les colonies françaises et l'Algérie au concours général et national d'agriculture de Paris en 1860, rapport du jury spécial, par *M. Jules Duval*, R. A. C., III, (1861), 853. — L'agriculture à la Réunion, I (1861), 357. — Statistique agricole de la Martinique, par *M. de Montyel*, II (1861), 396. — Emploi de la chaux maigre des coraux dans l'agriculture, par *M. Hugoulin*, IV (1862), 269. — Tableaux de cultures des colonies françaises : année 1859, V (1862), 32 ; année 1860, VIII (1863), 32 ; année 1861, X (1864), 32 ; année

1862, XIII (1865), 32 ; année 1863, XVI (1866), 32 ; année 1864, XIX (1867), 32 ; année 1865, XXII (1868), 32. — Productions et cultures de la Basse-Cochinchine, par *M. C. Jaeger*, X (1864), 539.

Alabama (Combat entre l') et le *Kearseage*, XI (1864), 625, 827. — Correspondance relative aux réclamations anglaises et américaines provenant de la dernière guerre civile des États-Unis, XXII (1868), 820 ; XXIII (1868), 149.

Alagoas, monitor brésilien, XXIII (1868), 771.

Albermarle (Attaque du bélier confédéré), XI (1864), 616.

Alexandre-Newski, frégate russe: son naufrage, XXIV (1868), 1109.

Alfa ou Sparte: Son application dans la fabrication du papier, par *M. Jules Barse*, R. A. C., II (1860), 560.

Algérie : Carte géologique de l'Algérie, R. A. C., I (1859), 21. — Instructions pour la recherche des antiquités en Algérie, par *M. L. Renier*, R. A. C., I (1859), 207. — Sondages artésiens exécutés dans la subdivision de Batna, de 1858 à 1859, par *M. le colonel Seroka*, R. A. C., I (1859), 334.—Mouvement commercial avec la France et l'étranger, pendant les années 1859 et 1860, R. A. C., II (1860), 98, 201, 580. — Commerce et navigation de l'Algérie avant la conquête française (carte), par *M. F. Élie de la Primaudaie*, R. A. C., II (1860), 437 ; III (1860), 94, 239, 382, 601, 702, 770. — Commerce de la France avec l'Algérie (revue rétrospective, 1831-1859), R. A. C., III (1860), 850. — Navigation pendant l'année 1859, R. A. C., III (1860), 852. — Situation agricole de la province d'Alger, R. A. C., II (1860), 77. — Concours général et national d'agriculture de Paris en 1860, rapport du jury spécial, par *M. Jules Duval*, R. A. C., III (1860), 853.—Mouvement de la population de l'Algérie pendant l'année 1859, R. A. C., II (1860), 436. — Etat comparatif de la population européenne de l'Algérie au 31 juin 1860, R. A. C., III (1860), 443. — Carte maritime dressée par les navigateurs du moyen-âge (1318-1524), par *M. Élie de la Primaudaie*, R. A. C., II (1860), 474.—Notice sur les oasis du Sahara, par *M. de Colomb*, R. A. C., III (1860), 29, 301, 495. — Notice sur Sidi-bel-Abbès, province d'Oran, par *M. le comte Villetard de Prunières*, R. A. C., III (1860), 217. — Notice sur le commerce de Souf, par *M. Henry Duveyrier*, R. A. C., III (1860), 637. — Origine et constitution de la propriété arabe avant 1830, par *M. P. E. Bache*, R. A. C., III (1860), 693. — L'Algérie en 1860 d'après l'Exposé de la situation de l'empire, I (1861), 154. — Notice sur les eaux thermales de Hammâm - Mélouan, par *M. Ville*, X (1864), 634. — Voyage de l'Empereur en Algérie en 1865, XV (1865), 229.

Alicante: Renseignements sur le régime de sa navigation, V (1862), 473.

Alimentation: Substances alimentaires : viandes et aliments de conserve, XXIV (1868), 116 ; bœuf fusible pour bouillon, 117 ; conserves d'œufs, 118 ; viandes salées, 119 ; biscuits, 119. — Jardins potagers pour l'infanterie de marine, XXI (1867), 738.

Allard, général de division, président de section au conseil d'Etat: Exposé des motifs du projet de loi sur les pensions de retraite des ouvriers non inscrits et sur les pensions dites demi-soldes des marins inscrits, V (1862), 750. — Discours prononcé le 11 juin 1863 au Corps législatif dans la discussion du budget de la marine et des colonies, pour l'exercice 1862, II (1861), 302.

Allemagne. Renseignements sur le service de la navigation de l'Allemagne, V (1862), 302. — Marine marchande des Etats secondaires de l'Allemagne, XII (1864), 203.

Allemagne du Nord. Voy. *Budgets, Marine militaire de la Prusse, Marine marchande, Navigation, Navires cuirassés.*

Allen: Machine à vapeur à grande vitesse et à condensation de M. Allen, par *M. Bonnefoy*, XXII (1867), 724. —

Tiroirs de cette machine, par *M. Hubac*, XXIII (1868), 375.

Alliance : Machine magnéto-électrique de cette compagnie, par *M. A. Trève*, XXIII (1868), 953 ; XXIV (1868), 594, 607.

Alma, corvette cuirassée française à tours fixes et à éperon : sa mise à l'eau, XXII (1868), 205.

Alonclé, chef d'escadron d'artillerie de la marine : Traduction d'articles sur l'artillerie de marine en Angleterre, XII (1864), 26, 346, 488, 657 ; XIII (1865), 282 ; XIV (1865), 337, 578 ; XV (1865), 131, 259 ; XVI (1866), 319, 533, 710. — Traduction d'articles sur l'artillerie de marine des Etats-Unis, XIII (1865), 270, 508, 635 ; XIV (1865), 71. — Extrait du rapport pour 1864 du directeur de l'artillerie de la marine aux Etats-Unis, XIII (1865), 522 ; XIV (1865), 157. — Perforation des cuirasses par les projectiles de l'artillerie navale anglaise, traduction, XX (1867), 151, 447, 660 ; XXI (1867), 239.

Amarres (Porte-).— Voy. *Porte-amarres.*

Amazones (Voyage de la corvette brésilienne *Belmonte* dans les), en 1862, XII (1864), 433.

Amérique. Voy. *Etats-Unis*.

Amérique du Nord (Les colonies anglaises de l'), par *M. E. Avalle*, VI (1862), 236, 499.

Améro : Résultats économiques de l'émancipation commerciale des colonies anglaises, R. A. C., II (1860), 505.

Amiral-Greig, frégate cuirassée russe à tourelles : sa mise à l'eau, XXIV (1868), 1129.

Amiral-Lazarev, frégate cuirassée russe à tourelles : sa mise à l'eau, XXI (1867), 974 ; XXII (1868), 432. — Nouveaux détails, XXIV (1868), 873.

Amiral-Spiridow, navire cuirassé russe, XXIV (1868), 873.

Amiral-Tchitchakow, navire cuirassé russe à tourelles : sa mise à l'eau, XXIV (1868), 1129.

Amirauté anglaise : Composition et traitement de son personnel, XVII (1866), 399.

Ammoniaque (Note sur une machine à), par *M. Frot*, XXIII (1868), 962. — Note sur cette machine, par *M. Joublin*, XXII (1868), 530.

Amoor (Les Russes sur le fleuve), par *M. C. Pigeard*, IV (1862), 288.

Amorces électriques destinées à faire partir les torpilles, XXIII (1868) 567.

Ancel, député : Discours prononcé le 26 juin 1861 au Corps législatif dans la discussion sur le régime des douanes aux colonies de la Martinique, de la Guadeloupe et de la Réunion, II (1861), 143.

Ancona, frégate cuirassée italienne: Ses essais, XVII (1866), 201.

Ancres : Ancre Martin, XIX (1867), 689 ; XXIV (1868), 51. — Ancre Trotman, XXIV (1868), 50. — Ancre David, XXIV (1868), 54. — Appareils de mouillage et de manœuvres des ancres, XXIV (1868), 49.

Andromaque (Le gouvernail de fortune de l'), par *M. Letourneur*, VII (1863), 620.

Angades (Défaite des), Beni-Snassen et Maïas ; expédition du Maroc en 1859, R. A. C., 1 (1859), 407.

Angleterre : Monnaies, poids et mesures comparés à ceux de la France, I (1861), 807. — De la situation des ressources carbonifères de l'Angleterre, par *M. G. Bell*, XIX (1867), 412.— (Voir *Artillerie, Budgets, Colonies, Marine militaire, Navires cuirassés* et *Pêches.*)

Anfonso (Loch électrique de M.), XXIV (1868), 912.

Anjouan (Note sur), par *M. P. Cave*, XX (1867), 969.

Annam. Voy. *Cochinchine*.

Ansaldi (Tiroir de la machine horizontale à bielle directe de M.), par *M. Hubac*, XXIII (1868), 377.

Anthracite, XXII (1868), 480.

Anthropologie de la Nouvelle-Calédonie, par *M. V. de Rochas*, R. A. C., I (1859), 224.

Antilles françaises : Les usines

centrales, R. A. C., III (1860), 350. — Etat des denrées des Antilles françaises exportées en 1859 et en 1860, I (1861), 327. — Placement des produits des Antilles françaises en Norwége, IX, (1863), 291. — (Voir *Martinique* et *Guadeloupe*.)

Antiquités en Algérie (Instructions pour la recherche des), par *M. Léon Renier*, R. A. C., I (1859), 207.

Anvers : Renseignements sur le régime de la navigation de ce port, V (1862), 291. — De Cherbourg à Anvers, par *M. Jonglez de Ligne*, XXI (1867), 566.

Appareils plongeurs, XXIV (1868), 923.

Apprentis des ports (Ecoles élémentaires des), XX (1867), 781.

Approuague (Compagnie aurifère de l'), XX (1867), 992.

Aquarium marin de l'Exposition de 1867, XXI (1867), 763.

Aquiculture. Voy. *Pêches.*

Arapiles, frégate cuirassée espagnole : sa mise à l'eau, XII (1864) 871.

Arcachon : Exposition de pêche et d'aquiculture, XVI (1866), 665 ; XX (1867), 5.

Arcadion, navire à vapeur grec : Son combat avec l'aviso à vapeur *Izzedin*, de la marine turque, XXI (1867), 722.

Archéologie : Instructions pour la recherche des antiquités en Algérie, par *M. Léon Renier*, R. A. C., I (1859), 207.

Architecture navale (De la beauté dans l'), par *M. L. Brault*, XX (1867), 521. — (Voir aussi *Constructions navales*.)

Argile de la Basse-Cochinchine, X (1864), 397.

Arguin (Exploration de la baie d'), par *M. Fulcrand*, I (1861), 495.

Arithmétique : Tables de division de Ramon-Picarte, I (1861), 463.

Arman, député : Discours prononcé le 26 juin 1861, au Corps législatif, dans la discussion sur le régime des douanes aux colonies de la Martinique, de la Guadeloupe et de la Réunion, II (1861), 120, 133, 154. — Discours prononcé le 11 juin 1861 au Corps législatif, dans la discussion du budget de la marine et des colonies, pour 1862, II (1861), 307.

Armes des Néo-Calédoniens, par *M. J. Bourgarel*, R. A. C., III (1860), 283.

Armstrong (Le canon) de 70, XI (1864), 620. — Canon de 100, XV (1865), 646. — Canon de 600, XVI (1866) 425. — Éclatement d'un canon de 600, XVII (1866), 196. — L'artillerie Armstrong, XXIII (1868), 844. — Obusier rayé de $0^c/_m$ 10, XXIV (1868), 553. — (Voir aussi *Artillerie*.)

Arsenaux maritimes de l'Angleterre, par *M. V. Chevallier*, I (1861), 1.

Artige : Appareil pour manœuvrer la barre de gouvernail, XXIII (1868), 315.

Artillerie : Expériences d'artillerie navale en Angleterre, VIII (1863), 309. — Extrait du rapport du chef du bureau de l'artillerie de la marine aux Etats-Unis, pour l'année 1862, VIII (1863), 671 ; année 1864, XIII (1865), 522 ; année 1865, XVII (1866), 292. — Rapport sur l'artillerie anglaise, traduit par *M. A. Vallon*, IX (1863), 215. — L'artillerie américaine en 1863, traduction de *M. A. Vallon*, X (1864), 253, 592. — L'artillerie américaine et anglaise en 1863, par *M. Penguilly-l'Haridon*, X (1864), 269. — Le canon Brooke des Confédérés, X (1864), 595. — Canons et projectiles Parrott, X (1864), 259 ; XIII (1865), 208, 521. — L'artillerie du *Minotaur*, de l'*Agincourt* et du *Northumberland*, frégates cuirassées anglaises, X (1864), 397. — Canon monstre, X (1864), 805. — Application de la vapeur à la manœuvre de l'artillerie à bord des vaisseaux, X (1864), 808. — Le canon Mackay, XI (1864), 153. — Manœuvre mécanique des canons par le capitaine Cunningham, par *M. le vice-amiral Pâris*, XI (1864), 225. — Canon pivotant autour de sa bouche (sys-

tème Shaw), XIII (1865), 355.—De la manœuvre des gros canons, XVIII (1866), 850.—Expériences sur la machine à manœuvrer de Cunningham, XXI (1867), 964.—De la manœuvre des gros canons (sabords à tourelles), XXIV (1868), 256. — Canon sous-marin du capitaine Coles, par *M. le vice-amiral Pâris*, XI (1864), 231. — Expériences d'artillerie à Portsmouth, XI (1864), 369. — L'artillerie rayée en France et en Angleterre, XI (1864), 401, 660. — Explosion d'un canon monstre aux Etats-Unis, XI (1864), 827. — Le canon-flèche, XI (1864), 618. — Les canons Armstrong de 70, XI (1864), 620; de 100, XV (1865), 646; de 600, XVI (1866), 425. — L'artillerie de marine en Angleterre, articles traduits par *M. Aloncle*, XII (1864), 26, 346, 488, 657; XIII (1865), 282; XIV (1865), 337, 578; XV (1865), 131, 259; XVI (1866), 319, 533, 710. — L'artillerie du *Dictator*, navire cuirassé des Etats-Unis, XII (1864), 211. — Explosion d'un gros canon à Woolwich, XII (1864), 414. — Expériences de tir à bord du monitor russe *Koldoun*, XII (1864), 632.—Expériences faites à Woolwich en septembre 1864, XII (1864), 634. — Artillerie des navires cuirassés anglais en 1864, XII (1864), 635, 887. — Mode de fabrication de gros canons aux Etats-Unis, XII (1864), 635. — Affûts en fer, XII (1864), 888. — Le gros canon Rodman, XIII (1865), 207. — Expériences de grosse artillerie aux Etats-Unis, XIII (1865), 210. — L'artillerie de marine aux Etats-Unis, traduction d'articles, par M. *Aloncle*, XIII (1865), 270, 508, 635; XIV (1865), 71. — Les canons Palliser, XIII (1865), 204, 585; XV (1865), 868; XIX (1867), 925; XXIII (1868), 368, 770. — Canon Blakeley de 600, en acier fondu martelé, XIII (1865), 583; XV (1865), 868.— Les canons Blakeley du Callao, XIX (1867), 243. — Essais de deux canons Blakeley, en octobre 1865, XV (1865), 868. — Expériences sur un canon de 15 pouces à la fonderie de Petrozavodski, XIV (1865), 414. — Canon Parson, XIV (1865), 627; XXIV (1868), 891. — Artillerie de la frégate cuirassée turque *Osman-Ghazi*, XV (1865), 204. — Poudre à canon inexplosible, XV (1865), 207. — Influence de la pression atmosphérique sur la durée des fusées des obus, par *M. le Dr Edward Frankland*, XV (1865), 212. — Comparaison de la résistance des canons en fer forgé à rubans et en fer forgé en masse, XV (1865), 648. — Expériences de tir à bord du *Royal Sovereign* en janvier 1866, XVI (1866), 211. — Examen comparatif du canon à âme lisse et du canon rayé, par *M. B. Sharpe*, XVI (1866), 511. — Essais d'affûts marins de nouveaux modèles en Angleterre, XVI (1866), 418; XVII (1866), 630. — Etat actuel de la question d'artillerie (1865), par *M. le major Owen*, XVI (1866), 683. — Nombre de gros canons à bord de la flotte anglaise, XVII (1866), 193. — Eclatement d'un canon Armstrong de 600, XVII (1866), 196. — L'artillerie Armstrong, XXIII (1868), 844. — Papier-poudre à canon, XVII (1866), 400. — Artillerie des navires cuirassés anglais en 1866, XVIII (1868), 215. — Les canons en acier fondu du système Krupp, par *M. Turgan*, XVIII (1866), 382. — Fondage d'un canon de 50%m aux Etats-Unis, XVIII (1866), 481. — Pénétration des boulets et résistance des plaques de cuirasses, XVIII (1866), 680. — Les capsules électriques de M. Duchemin, XVIII (1866), 685. — Expériences de tir sur des fortifications cuirassées, XVIII (1866), 881.—L'artillerie de marine en France en 1867, XIX (1867), 449. — La question des gros canons en Angleterre en 1867, XIX (1867), 462. —Fabrication de canons de marine en Angleterre, XIX (1867), 694.— Essais d'un canon de 50%m aux Etats-Unis, XIX (1867), 695. — Fabrication des projectiles Palliser, XIX (1867), 696. — Note sur les affûts modernes pour les canons de marine de gros calibre, XIX (1867), 870. — Poudre Borlinetto, XIX (1867), 926. — Perforation des cui-

rasses par les projectiles de l'artillerie navale anglaise, traduction de *M. Aloncle*, XX (1867), 151, 447, 660 ; XXI (1867), 239. — Le canon français de 42% pour la défense des côtes, XX (1867), 245. — Les canons de la Suède et de la Norwége, XX (1867), 246.—Les canons Fraser, XX (1867), 259 ; XXIII (1868), 368. — Projectiles et cuirasses, XX (1867), 725. —L'artillerie de marine anglaise à la Chambre des communes, XX (1867), 875. — Ecoles d'artillerie de marine en France, XX (1867), 807. — Le projectile et la cible, XX (1867), 999. — Affût à vapeur pour canon de batterie, XXI (1867), 271. — Projectiles Palliser, XXI (1867), 272. — Le canon Rodman de 38^c_m à Shœburyness, XXI (1867), 504. — Le tir convergent, XXI (1867), 735. — Eclatement d'un canon en acier Bessemer, XXI (1867), 738. — Comparaison des canons anglais et des canons américains, XXI (1867), 959. — Effets des projectiles lancés par les armes à feu, XXI (1867), 966. — L'enseignement du canonnage sur le vaisseau-école d'application le *Jean-Bart*, XXI (1867), 701. — Usure de l'âme des canons rayés anglais tirant à la charge de combat contre les navires cuirassés, XXII (1868), 213. — Eclatement de deux canons anglais de 25 et de 20%, XXII (1868), 218. — Mitrailleuse américaine, XXII (1868), 219. — Note sur la résistance des canons de gros calibre, XXII (1868), 797. — Les masques métalliques de Gibraltar, XXII (1868), 871. — Tir d'un gros canon anglais sur un but mobile, XXII (1868), 883. — Système du capitaine Moncrieff pour la manœuvre des gros canons, XXIII (1868), 244. — L'artillerie russe en 1868, XXIII (1868), 245. — Nouveau procédé de fabrication des canons en acier fondu, XXIII (1868), 249. —Essai d'un canon Palliser de 0^{m}223, XXIII (1868), 258.

Rapport sur les canons en acier fondu à l'Exposition universelle de 1867 : aciéries de Krupp à Essen, XXIII (1868), 325 ; aciéries de Bochum, XXIII (1868), 328 ; aciéries de Berger, XXIII (1868), 328 ; établissement de Gruson, XXIII (1868), 329 ; ateliers de construction de Carlsrühe, XXIII (1868), 331 ; aciéries de Pratz, à Mayr, XXIII (1868), 332 ; exposition de la Suède, XXIII (1868) 334 ; exposition de la Russie, XXIII (1868) 334 ; aciéries de Petin et Gaudet, XXIII (1868), 335 ; aciéries de Jackson, XXIII (1868), 336 ; aciéries Unieux, XXIII (1868), 338 ; aciéries de M. Martin, XXIII (1868), 338 ; les canons allemands, XXIII (1868), 340 ; les projectiles allemands, XXIII (1868), 355 ; canon Gruson, XXIII (1868), 360.— Rapport sur les canons de l'arsenal de Woolwich à l'Exposition universelle de 1867 : canons se chargeant par la bouche, XXIII (1868), 361 ; canons se chargeant par la culasse, XXIII (1868), 364 ; mortier, XXIII (1868), 367 ; bombarde pour mortier, XXIII (1868), 367 ; système Fraser, XXIII (1868), 368 ; canon Palliser, XXIII (1868), 368 ; boulets Palliser en fonte dure, XXIII (1868), 368.

Rapport sur l'artillerie rayée du système Whitworth, à l'Exposition universelle de 1867 : les canons Whitworth, XXIII (1868), 797 ; les projectiles, XXIII (1868), 802, 928 ; affûts et chargements, XXIII (1868), 810 ; gargousses, XXIII (1868), 809 ; ustensiles de chargement et de pointage, XXIII (1868), 809 ; écouvillons, tire-bourre et refouloirs, XXIII (1868), 810 ; historique de l'artillerie de Whitworth, XXIII (1868), 811 ; fabrication et structure des pièces, XXIII (1868) 827.

Les forts cuirassés et la grosse artillerie, XXIII (1868), 528. — Canon d'embarcation, XXIII (1868), 535. — Essai des forts cuirassés à Shœburyness, XXIII (1868), 752, 940. — Obus Shrapnell, XXIII (1868), 804. — Appareils et instruments de pointage, XXIII (1868), 836. — Note sur diverses installations relatives au service de l'artillerie à bord des bâtiments, XXIII (1868), 857. — La question des défenses maritimes en Angleterre en 1868, XXIII (1868), 925. —

De la construction des navires de guerre en vue de combiner le tir des extrémités avec le tir par le travers, par *M. E.-E. Symonds*, XXIV (1868), 188. —Batterie à barbette du capitaine Moncrieff, XXIV (1868), 259. — Prix de revient des canons rayés de Woolwich, XXIV (1868), 267. — Projectile discoïde du général Hutchinson, XXIV (1868), 267. — Nouvelle fonderie de canons en Russie, XXIV (1868), 277. — Canons sous-marins : système de M. Furcy, XXIV (1868), 315; système de M. Duffy, XXIV (1868), 316; projet de M. Le Moine, XXIV (1868), 319; projet de M. Bourgois, XXIV, (1868), 320. — Obusier rayé de 0^c_m 10 de sir Armstrong, XXIV (1868), 553. — Tampon hydraulique du colonel Clerk, destiné à modérer le recul des canons, XXIV (1868), 557. — Affûts à contre-poids du capitaine Moncrieff, XXIV (1868), 259, 561. — La poudre à canon blanche, XXIV (1868), 886. — Les gros canons de toutes les nations, XXIV (1868), 887. — Poudre à gros grains ou à boules, XXIV (1868), 887. — L'affût Heathorn, XXIV (1868), 1124. — Poudre-coton, XXIV (1868), 1133. — Expériences faites à Woolwich avec un canon rayé de 17^c_m 5 en acier, XXIV (1868), 1135. — Eclatement d'un canon Fraser, XXIV (1868), 1137.

Expériences de Shœburyness : année 1863, novembre, X (1864), 197; année 1864, juin, XI (1864), 631; juillet, XII (1864), 54, 405; année 1865, juin, XIV (1865), 839; année 1866, septembre, XVIII (1866), 677, 883; année 1867, août, XX (1867), 501; octobre, XXI (1867), 736; année 1868 mars, XXIII (1868), 1063; juillet, XXIV (1868), 555; masque Millwall, XXIV, (1868), 270, 896; septembre, le canon Parson, XXIV (1868), 891; canon de Woolwich, XXIV (1868), 893; canon rayé de 27^c_m 5, XXIV (1868), 895; obus à balles du colonel Boxer, XXIV (1868), 899; affût du capitaine Moncrieff, XXIV (1868), 899; octobre, XXIV (1868), 1132.

Les torpilles sous-marines, XV (1865), 650. — Expériences de torpilles sous-marines en février 1866, XVI (1866), 869. —Les torpilles comme moyen de défense de guerre, XX (1867), 549. — Les mines et les torpilles sous-marines en Autriche, XXIII (1868), 557. — Les torpilles comme moyen de défense des côtes, XXIV (1868), 961. — Les torpilles aux Etats-Unis, XVII (1866), 298. — Monitors-torpilles, XXII (1868), 278. — Torpilles paraguayennes, XXII (1868), 878.

Ascension (Notice sur l'île de l'), par *M. E. Avalle*, IV (1862), 751.

Asphyxie (Rapport de M. Fonssagrives sur les cas d') par l'air confiné des chaudières, observés à bord du *Bisson*, X (1864), 317.

Assinie (Notice sur), I (1861), 389; IX (1863), 31.

Astrand: Méthode pour trouver le temps en mer, XXII (1868), 656.

Astrée, frégate française : Souvenirs d'une campagne sur les côtes du Brésil et de la Plata, de 1863 à 1866, par *M. Gasquy*, XVIII (1866), 717.

Astronomie: L'éclipse totale du 18 juillet 1860, par M. *Lecouturier*, R.A.C., III (1860), 377. — Eclipse annulaire du soleil du 30 octobre 1864, par M. *Mouchez*, XIII (1865), 376. — Méthode de *M. Astrand*, pour trouver le temps en mer, XXII (1868), 656.

Astronomie nautique (Les instruments d'), à l'Exposition universelle de 1867, XXIV (1868), 323.

Atmosphère. Voy. *Météorologie*.

Aube (T.), capitaine de frégate : Le fleuve du Sénégal, XII (1864), 266.

Aubry-le-Comte, conservateur de l'Exposition permanente des colonies : Extrait d'un rapport sur l'Exposition universelle de Londres en 1862, VI (1862), 143. — Le coton à la côte occidentale d'Afrique, VI (1862), 447.— Renseignements généraux sur les cultures du coton, IX (1863), 101. — Note sur quelques poisons de la côte occidentale d'Afrique, XI (1864), 83. — Produits de la Guyane française, XI (1864), 829. — Produits tirés des eaux et des rivages dans les colonies fran-

çaises, XIII (1865), 409. — Culture et production du tabac dans les colonies, XIV (1865), 56. — Législation et production du sucre de canne, XIV (1865), 261. — Culture et préparation du thé, XIV (1865), 782.—Culture et production du café dans les colonies, XV (1865), 349. — Culture et production du cacao, XVI (1866), 578. — Exploitation des matières textiles dans les colonies françaises, XVII (1866), 97. — Culture et production du coton dans les colonies françaises, XVIII (1866), 73.

Aurigny, par *M. V. Chevallier*, I (1861), 272. — Notice sur cette île, par *M. E. Avalle*, II (1861), 451.

Australie et Océanie (Voyage du transport l'*Hérault*, en 1858, en), par *M. Richard Foy*, III (1861), 487.

Autard de Bragard : L'expédition d'Abyssinie, XXIII (1868), 691 ; XXIV (1868), 235.

Autriche. Voy. *Marine militaire, Navigation, Navires cuirassés*, etc.

Auvray (L.) : Le budget des Indes néerlandaises, VI (1862), 115. —Trans-formation de la flotte hollandaise en 1863, VII (1863), 222.

Avalle (E.) : Législation et administration des colonies anglaises : aperçu général, II (1861), 163 ; — possessions d'Europe, II (1861), 442 ; — possessions d'Asie, II (1861), 452 ; — possessions d'Afrique, IV (1862), 450, 729 ; — possessions de l'Amérique du Nord, VI (1862), 236, 499.

Avancement dans l'armée navale : Loi du 7 mai 1864, XI (1864), 388.

Avenin (Sillomètre automatique de M.), XXIV (1868), 921.

Avisse (Palier graisseur avec coussinet, formant réservoir d'huile, de M.), par *M. Bonnefoy*, XXII (1868), 718.

Axiomètre de MM. Vichoff et Mathiessen, XXIV (1868), 392.

Azan (H.), capitaine d'infanterie de marine : La culture du coton au Sénégal, VIII (1863), 445. — Notice sur le Oualo, IX (1863), 395, 607 ; X (1864), 327, 466.

B

Babron, inspecteur des services administratifs : Notice sur l'établissement de la marine d'Indret, XXIII (1868), 123 ; XXIV (1868), 495.

Bache (Paul-Eugène), membre de la Société archéologique de Constantine : Origine et constitution de la propriété arabe en Algérie avant 1830, R. A. C., III (1860), 693.—Souvenirs d'un voyage à Mogador en 1859, I (1861), 81.

Bahia : Renseignements sur le régime de sa navigation, V (1862), 295.

Baillet-Blainville (F.) : Notice sur le contre-amiral Protet, XIII (1865), 314.

Balanes ou cravans (Les carènes en fer et les), par *M. A. Jouvin*, XXI (1867), 901.

Baleine. Voy. *Pêches*.

Baleinière : Chata paraguayenne, XVIII (1866), 479.

Balises : Extrait de l'Exposé de la situation de l'empire pendant l'année 1861, IV (1862), 223. — Balises de l'Angleterre, VI (1862), 559. — (Voy. *Phares*.)

Bambouk (Voyage d'exploration dans le), par *M. Pascal*, R. A. C., III (1860), 137.

Bangkok : Renseignements sur le régime de sa navigation, V (1862), 496. — (Voy. aussi *Siam*.)

Banques coloniales : Notes sur les monnaies et établissements de crédit de quelques ports des Antilles, par *M. de Marivault*, R. A. C., II (1860), 182.

Barbade (Résumé des renseigne-

ments recueillis sur le service de la douane à la Trinidad et à la), par *MM. L.-A. Delsaux* et *A.-L. Michaux*, IV (1862), 29.

Barbié du Bocage (V.-A) : Revue géographique : année 1861, IV (1862), 297; année 1862, VII (1863), 444, 694; année 1863, X (1864), 431; année 1864, XIII (1865), 528; année 1865, XVII (1867), 262; année 1666, XX (1867), 349. —Essai sur l'histoire du commerce des Indes orientales, X (1864), 680 ; XI (1864), 581; XII (1864), 172, 385, 616, 768. — Bibliographie annamite, XVI (1866), 360; XVII (1866), 140, 812.

Baria (Prise de) (Cochinchine), IV (1862), 558.

Bariquand (Régulateur parabolique de M.), XXIV (1868), 625.

Baroche (S. Exc. M.), ministre. président le conseil d'État : Discours prononcé au Sénat sur la question des pêches maritimes, I (1861), 672, 700, 766.

Baromètre (Le), XVIII (1866), 292. —Le vent et le baromètre, par *M. Herschell*, XIX (1867), 927.

Barrages (Des) dans la défense des côtes, traduction de M. *de la Chauvinière*, XXIV (1868), 950.

Barres. Voy. *Gouvernails*.

Barse (Jules), expert chimiste : Application de l'alfa ou sparte dans la fabrication du papier, R. A. C., II (1860), 560.

Bassam. Voy. *Grand-Bassam*.

Bateaux à vapeur articulés, XII (1864), 418.

Bathurst (Notice sur Sainte-Marie de), par *M. Pichard*, XIV (1865), 225.

Batna (Sondages artésiens exécutés dans la subdivision de) de 1858 à 1859, par le colonel *Seroka*, R. A. C., I (1859), 354.

Batterie à barbette du capitaine Moncrieff, XXIII (1868), 244 ; XXIV (1868), 259, 561, 899.

Batteries flottantes de la marine anglaise, XIV (1865), 831.

Batterie Stevens, par *M. le vice-*

amiral Pâris, XI (1864), 204 ; XXII (1868), 280.

Baudry, sous-ingénieur de 3e classe de la marine, secrétaire adjoint de la commission chargée de faire des rapports sur l'Exposition universelle de 1867. — (Voy. *Exposition universelle.*)

Beacon, canonnière à hélice jumelle anglaise, XXI (1867) 520.

Beaujean (J.), chirurgien de la marine : Immigration indienne, R. A. C., III (1861), 662.

Behrens (Pompe), XXIV (1868), 357. — Machine rotative, par *M. Bonnefoy*, XXII (1868), 727.

Bel, chirurgien de la marine : Mémoire sur l'épidémie de fièvre jaune qui a sévi sur l'île de Gorée, pendant le 4e trimestre de l'année 1859, I (1861), 194.

Béléguic, capitaine de frégate : Observations et remarques sur la loi de l'équilibre statique, XXI (1867), 494.

Belgique : Etat de la marine marchande de la Belgique, de la Prusse et des villes Anséatiques, I (1861), 143.— Renseignements sur le régime de la navigation de la Belgique, V (1862), 291.— Enquète sur la situation de la pêche maritime en Belgique, XVIII (1866), 661.

Béliers : Les béliers confédérés américains, XI (1864), 826.—Le *Buffel*, bélier à tourelles hollandais, XXIV (1868) 266; sa mise à l'eau, XXII (1868), 876.—Le *Chéops*, batterie-bélier égyptien, XII (1864), 871. — Le *Hotspur*, bélier anglais, XXIV (1868), 883. — Le *Sphinx*, batterie-bélier, XII (1864), 212. — Le *Taureau*, bélier français, XIV (1865), 837; ses essais, XVII (1866), 387.—Le *Tennessee*, bélier américain, XII (1864), 424, 877. — Le *Wywern*, bélier anglais, XII (1864), 419; XV (1865), 200; ses essais, XV (1865), 649, 866; ses qualités nautiques, XX (1867), 841; sa mâture tripode, XXIV (1868), 89. — (Voir aussi *Navires cuirassés*.)

Bell (George) : De la situation présente de l'Angleterre, vis-à-vis de ses colonies, XIII (1865), 395. — Situation

commerciale et industrielle des colonies anglaises, XVI (1866), 262. — Les bâtiments cuirassés des États-Unis, VI (1862), 546 ; VII (1863), 134. — Des moyens d'attaquer les bâtiments blindés, VI (1862), 303. — Nouveau système de gouvernail ; état d'avancement des bâtiments blindés anglais, VII (1863), 143. — Les naufrages sur les côtes de l'Angleterre, en 1861, et les avertissements de l'amiral Fitz-Roy, VII (1863), 101. — De la situation des ressources carbonifères de la Grande-Bretagne, XIX (1867), 412.

Bellerophon, frégate cuirassée anglaise, XII (1864), 416, 888 ; XXIV (1868), 167. — Sa mise à l'eau, XIV (1865), 417. — Ses essais, XIII (1865), 199 ; XV (1865), 443 ; XVII (1866), 215 ; XVIII (1866), 477 ; XXIII (1868), 533. — Ses qualités nautiques, XX (1867), 838. — Expériences de son artillerie, XX (1867), 460. — Les lignes de sa construction, XXIV (1868), 651, 885. — Son gouvernail, XXIII (1868), 312.

Belleville (Chaudières inexplosibles de M.), par *M. Joublin*, XXII (1868), 516. — Canot à vapeur, XXIII (1868), 875.

Belliqueuse, corvette cuirassée française : Sa mise à l'eau, XV (1865), 445 ; XVI (1866), 214. — Son départ pour l'océan Pacifique, XIX (1867), 481.

Belmonte, corvette brésilienne : Son voyage dans les Amazones en 1862, XII (1864), 433.

Bencoulen (Gisements houillers de), XII (1864), 559.

Benham (Cuisines de M.), XXIV (1868), 104.

Beni-Mzab. Voy. *Sahara*.

Beni-Snassen (Défaite des), des Maïas et des Angades : Expédition du Maroc en 1859, R. A. C., I (1859), 407.

Benoît (Barthélemy), chirurgien de la marine : Rapport médical sur les opérations militaires du Cayor, de février à mai 1861, III (1861), 459.

Benton, canonnière américaine, VII (1863), 436.

Berg, chirurgien de la marine : Étude sur une section de ruminants à cornes creuses du Sénégal, R. A. C., I (1859), 94. — Composition géologique du pays de Kéniéba (Sénégal), R. A. C., II (1860), 70.

Bergen : Rapport sur l'exposition internationale de produits et d'engins de pêche, ouverte en août 1865, XV (1865), 746.

Berger (Aciéries de), XXIII (1868), 328.

Berlioz (Étude sur les machines magnéto-électriques de M.), par *M. A. Trève*, XXIII (1868), 951.

Bermudes (Notice sur les îles), par *M. E. Avalle*, VI (1862), 525.

Bernabé (Procédé de M.) pour la préservation des plaques de cuirasse, XXIV (1868), 312.

Bernard, inspecteur général des travaux maritimes : Notice biographique par *M. V. Chevallier*, XXII (1868), 636.

Bernays (Pompe système), XXIV (1868), 376.

Bernis et Vallot : De la création d'une race de chevaux de trait en Algérie, R. A. C., I (1859), 373.

Berry (A.), lieutenant de vaisseau : Étude sur la détermination rigoureuse de la résistance des carènes, XXI (1867), 664. — Travaux résistants du vent et de la mer rencontrant des navires, XXII (1868), 302.

Berryer (Nicolas-René), ministre de la marine au XVIIIe siècle : Notice par *M. Doneaud*, XXI (1867), 485.

Berthelot (**Sabin**) : Nouveau système de pêche, XIV (1865), 209.

Bessemer : Éclatement d'un canon en acier Bessemer, XXI (1867), 738.

Bibliographie annamite, par *M. Barbié du Bocage*, XVI (1866), 360 ; XVII (1866), 140, 812.

Bibliographie maritime et coloniale. *Voir les tables partielles de chaque volume depuis le tome VII* (1863).

Bien-Hoa (Prise de) (Cochinchine),

IV (1862), 558 ; VI (1862), 395. — Notice sur cette province, par *M. Richard*, XXI (1867), 406.

Biographie : Le commandant Bourdais, I (1861), 815. — Le lieutenant-colonel Testard, II (1861), 211.—L'amiral Le Marant, VI (1862), 687. — Le capitaine de vaisseau de Lavaissière de Lavergne, VII (1863), 285. — Le commandant Russel, VII (1863), 555. — Le capitaine de vaisseau C.-F. de Kerhallet, par *M. A. Moulharac*, VII (1863), 754. — M. Bonnin, ingénieur en chef des ponts et chaussées, par M. *L. Maillard*, IX (1863), 514, 705.— L'amiral Hamelin, X (1864), 401.— Le vice-amiral Dupetit-Thouars, XI (1864), 128. —Le vice-amiral Ch. Pénaud, XI (1864), 131; XVII (1866), 430.—Le contre-amiral de Hell, XIII (1865), 334.— Le contre-amiral Tardy de Montravel, par *Ch. Duplessis*, XIII (1865), 335. — Le vice-amiral Fabvre, XIII (1865), 341. — Le contre-amiral Protet, par *M. F. Baillet-Blainville*, XIII (1865), 344.—L'amiral Romain-Desfossés, XIII (1865), 332, 758. — Le contre-amiral Mengin du Valdailly, par *M. Faron*, XV (1865), 424. — Le contre-amiral d'Aboville, XV (1865), 427. — M. Doret, sénateur, XVI (1866), 659. — Le comte de Saint-Phalle, capitaine de frégate, par *M. A. Cochin*, XVII (1866), 211. — Le vice-amiral Lugeol, XVII (1866), 625. — Mgr. Coquereau, par *l'abbé Cadoret*, XIX (1867), 909. — Le vice-amiral Page, XX (1867), 236. — Le vice-amiral Bonard, XX (1867), 243. — Le comte de Gomer (1718-1798), par *M. A. Doneaud*, XX (1867), 702. — Le capitaine de vaisseau R.-J. Vermot, par *M. A. Moulharac*, XX (1867), 884. — Le contre-amiral marquis Du Bouzet, XXI (1867), 695. — M. Bernard, inspecteur général des travaux maritimes, par *M. V. Chevallier*, XXII (1868), 636. — Le vice-amiral Odet-Pellion, XXII (1868); 854. — M. Reibell, inspecteur général des travaux maritimes, par *M. V. Chevallier*, XXII (1868), 860.

Birmanie anglaise, XVIII (1866), 682.

Biscuits de mer, XXIV (1868), 119.

Bisson, aviso à vapeur : Rapport sur les cas d'asphyxie par l'air confiné des chaudières, observés à bord du *Bisson*, X (1864), 317.

Bittes, XXIV (1868), 67.

Black - Prince, frégate cuirassée anglaise, par *M. Sabattier*, VIII (1863), 500. — Son passage au bassin, XI (1864), 612.

Blakeley : Essais de deux canons Blakeley en octobre 1865, XV (1865), 868. — Canons de 600, en acier fondu martelé, XIII (1865), 583. — Les canons Blakeley du Callao, XIX (1867), 243.

Blanc (Description du cap), par *M. Fulcrand*, I (1861), 507.

Blanche, corvette anglaise non cuirassée : Sa mise à l'eau, XXI (1867), 520 ; ses essais, XXII (1868), 874.

Blindages. Voy. *Cuirasses*.

Bochum (Aciéries de), XXIII (1868), 328.

Bois : Le commerce des bois au Canada en 1861, IV (1862), 494.—Du dépérissement des coques des navires en bois et des moyens de le prévenir, par *M. de Lapparent*, VII (1863), 573. — Renseignements sur les bois de la Cochinchine, X (1864), 672. — Principes de culture et production régulière du chêne de marine, par *M. Burger*, XI (1864), 682 ; XII (1864), 128, 361.— Notice sur les bois de la Nouvelle-Zélande, par *M. Jouan*, XIV (1865), 19. — Excursion dans les forêts qui s'étendent entre Tay-Ninh et Relim, par *M. Korn*, XII (1864), 453. — Les bois de marine à l'Exposition universelle de 1867, XXIII (1868), 38.

Bols, consul général de Belgique : Notice sur la colonie anglaise de l'île Maurice, I (1861), 333.

Bombarde pour mortier, XXIII (1868), 367.

Bombay (Construction de deux monitors pour), XXIII (1868), 533.

Bonard, vice-amiral : Rapports sur la prise de Bien-Hoa et de Baria, IV (1862) 558. — Rapports sur la prise de Vinh-Long, V (1862), 391. — Exploration du grand fleuve du Cambodge, VII (1863), 240. — Notice biographique, XX (1867), 243.

Bone (Note sur le port de), par *M. F. Du Bouchage*, R. A. C., I (1859), 77. — Le commerce et la navigation de l'Algérie avant la conquête française, par *M. Elie de la Primaudaie*, R. A. C., III (1860), 111.

Bonjour : Essais du *Warrior*, traduction, III (1861), 293.

Bonne-Espérance (La colonie du cap de), V (1862), 447; XVII (1866), 335, 507. — Voyage au cap de Bonne-Espérance, XIV (1865), 769.— Notice sur le cap, par M. *E. Avalle*, V (1862), 729.

Bonnefoy (G.), mécanicien principal de la marine : Les machines et les chaudières marines, XXII (1868), 710.

Bonnemain (De), capitaine au 3e spahis: Voyage à Radamès, R. A. C., I (1859), 116.

Bonnet, chirurgien de la marine: Renseignements sur les eaux thermales de la baie du Sud de la Nouvelle-Calédonie, R. A. C., II (1860), 64.

Bonnin, ingénieur en chef des ponts et chaussées: Notice nécrologique, par *M. L. Maillard*, IX (1863), 514, 705.

Bonny (Voyage à), IV (1862), 540.

Borlinetto (Poudre), XIX (1867), 926.

Bornéo (Propriété et valeur de la canne à sucre de), par *D. W. Rost van Tonningem*, VI (1862), 279.

Bossoirs d'ancres, XXIV (1868), 63.

Bostier (Pompe de M.), XXIII (1868), 388.

Boston: Renseignements sur le régime de sa navigation, V (1862), 487.

Botanique : De l'écorce du carapa de la Guyane française, par *M. E. Caventou*, R. A. C., III (1860), 71. — Rapport de M. Brogniard à l'Académie des sciences, à propos d'un mémoire de *M. Courbon*, sur la botanique du littoral de la mer Rouge, I (1861), 401.—Note sur quelques plantes du Haut-Pérou, par *M. le comte Jaubert*, IV (1862), 410.— Flore de la Basse-Cochinchine, XVI (1866), 832.—Exploitation des matières textiles dans les colonies françaises, par M. *Aubry-le-Comte*, XVII (1866), 97.

Boubée, lieutenant de vaisseau: Extrait d'un rapport sur le cyclone des 11 et 12 mars 1868 à Maurice et à la Réunion, XXIII (1868), 422.

Bouboury (Notice sur le), XVIII (1866), 499.

Bouchet, inspecteur adjoint de la marine: Notice sur le port de Rochefort, XIX (1867), 325, 633.

Bouderba (I), interprète de l'armée d'Algérie : Voyage à R'at du 1er août au 1er décembre 1858 (carte), R. A. C., I (1859), 241.

Bouée - barrique de sauvetage, XVIII (1866), 687.

Bouées électriques, par M. *E. Duchemin*, XIX (1867), 251. — Emploi de la lumière électrique pour l'éclairage des bouées, XIX (1867), 929. — Bouée de sauvetage pour les navires, par M. *L. Lewal*, XXII (1868), 812.

Bouët-Willaumez (Comte), sénateur, vice-amiral: Tactique supplémentaire à l'usage d'une flotte cuirassée, XXIII (1868), 265. — Rapport fait au Sénat, en 1868, sur la loi relative à l'emprunt de 2,500,000 francs pour le port et la ville de Brest, XXIII (1868) 773.

Bougainville (Mémoire de) sur l'état de la Nouvelle-France à l'époque de la guerre de Sept Ans (1757), document inédit publié par M. *Pierre Margry*, I (1861), 561.

Bougie (Étude sur le port de), par M. *F. Du Bouchage*, R. A. C., I (1859), 68. — Agriculture, commerce, industrie et travaux publics, R. A. C., II (1860), 304. — Notice et extraits de la galerie des littérateurs de Bougie au VIIe siècle de l'hégire, par M. *A. Cherbonneau*, R. A. C., II (1860), 528. — Le commerce et la navigation de l'Al-

gérie avant la conquête française, par *M. Elie de la Primaudaie*, R. A. C., III (1861), 382.

Bouhey (Machine-outil de M.) pour le travail des métaux, XXIV (1868), 17.

Boulets. Voy. *Projectiles.*

Boulogne-sur-Mer : Exposition internationale de pêche en 1866, XV (1865), 661.

Boulons Palliser, XXIV (1868), 309.

Bounoun (Exploration du), par *M. Braouëzec*, VI (1862), 193.

Bourbon, Voy. *Réunion.*

Bourdais (Nécrologie du commandant), I (1861), 815.

Bourdin (E.) : Le personnel de la réserve navale en Angleterre, VI (1862), 174.

Bourdon (Canot à vapeur de M.), XXIII (1868), 883. — Tiroir de sa machine horizontale, par *M. Hubac*, XXIII (1868), 378.

Bourgarel (J.), chirurgien de la marine : Armes des Néo-Calédoniens, R. A. C., III (1861), 283,

Bourgois (S.), contre-amiral : Renseignements nautiques recueillis à bord du *Duperré* et de *la Forte*, pendant un voyage en Chine, VII (1863), 232, 483. — Réfutation du système des vents de Maury, VIII (1863), 182, 334, 547; IX (1863), 120.—Le *Plongeur*, bateau sous-marin, X (1864), 711. — Notice sur la baie de Peï-Ho, XI (1864), 43 ; XVII (1866), 631; XVIII (1866), 98. — Notice sur le phénomène de la rotation diurne des vents et sur les mouvements généraux de l'atmosphère, XVII (1866) 413. — Lettre de Marié-Davy en réponse à la notice de M. Bourgois sur la rotation diurne des vents, XVII (1866), 847. — Lettre de sir J. Herschel à M. Bourgois sur le vent et le baromètre, XIX (1867), 927. — Méthodes de navigation, d'expériences et d'évolutions pratiquées sur l'escadre de la Méditerranée, XIX (1867), 215, 377.— Des vents dans les régions tempérées et tropicales de l'océan Atlantique, XXII (1868), 677.— De l'équilibre et du mouvement de l'atmosphère, XXIII (1868), 396; XXIV (1868), 757, 1077. — Membre de la commission chargée de faire des rapports sur l'Exposition universelle de 1867.—(Voy. *Exposition universelle.*)

Bourgois, capitaine d'artillerie : Canons sous-marins, XXIV (1868), 320.

Bourne : Son opinion sur les navires cuirassés, XX (1867), 579.

Bourrel, enseigne de vaisseau : Voyage dans le pays des Maures-Brakna, rive droite du Sénégal (juin-octobre 1860), II (1861), 511 ; III (1861), 18.

Boussole (De la déviation de la) sur les navires en fer, par *M. A. Smith*. XVII (1866), 370. — Vérification des boussoles sur les navires foudroyés, XVIII (1866), 251.

Boutakov, contre-amiral de la marine russe : Nouvelles bases de tactique navale, traduction de *M. H. de la Planche*, X (1864), 275, 741 ; XIV (1865), 388. — Lettre de l'amiral Boutakov sur la tactique navale, XII (1864), 213.

Bouvet (Notice sur les), par *M. E. Fabre*, XVIII (1866), 394, 779; XX (1867), 203, 933 ; XXI (1867), 911.

Bouyer, lieutenant de vaisseau : Culture du coton à la Guyane hollandaise, VII (1863), 61.

Bowser (Cuisine de M.), XXIV (1868), 105.

Boxer : Fusée en bois, XXIV (1868), 1134. — Obus à balle, XXIV (1868), 899.

Boyne (Notice sur), par *M. Doneaud*, XXI (1867), 590.

Brakna. Voy. *Maures.*

Braouëzec (J.-E.), consul de France à Sierra-Leone : L'hydrographie du Sénégal et nos relations avec les populations riveraines, I (1861), 101. — Exploration du Bounoun (Sénégal), VI (1862), 193.

Brault (L.), lieutenant de vaisseau : De la beauté dans l'architecture navale. XX (1867), 521.

Brazil, corvette cuirassée brésilienne, XXIV (1868), 661.

Brème : État de la marine mar-

chande de la Belgique, de la Prusse et des villes anséatiques, I (1861), 143.

Brésil : La marine de guerre en 1861, III (1861), 617. — Renseignements sur le régime de sa navigation, V (1862), 292. — Combat naval de Riachuelo, XV (1865), 214. — Souvenirs d'une campagne sur les côtes du Brésil et de la Plata, de 1863 à 1866, par *M. Gasquy*, XVIII (1866), 717. — Hydrographie des côtes du Brésil, par *M. E. Mouchez*, XVIII (1866), 701. — (*Voy. Marine militaire du Brésil.*)

Brest : Notice sur le port, par *MM. Eymin* et *Doneaud*, XVII (1866), 225, 477. — Le port et la ville de Brest; Rapport fait au Sénat en 1868 par M. le vice-amiral Bouët-Willaumez, sur la loi relative à l'emprunt de 2,500,000 fr.; XXIII (1868), 773.

Bridet (H.-G.), lieutenant de vaisseau : Un cyclone à la Réunion en janvier 1860, R.A.C., II (1860), 408. — Le cyclone de la Réunion (25-26 février 1860), R. A. C., III (1860), 80. — Remarques et observations sur le cyclone qui a passé près de la Réunion, les 16 et 17 février 1861, I (1861), 517. — Les ouragans de l'hémisphère austral, IV (1862), 500; V (1862), 296.

Brise-lames (Le navire), de M. Dupré, XXI (1867), 731.

Brito-Capello : Ouragan du 13 décembre 1864 à Lisbonne, XVII (1866), 842.

Broca (P. de), lieutenant de vaisseau : Étude sur l'industrie huîtrière des Etats-Unis, VII (1863), 191, 530. 729 ; VIII (1863), 364, 581. — Pêche du maquereau à la ligne sur le littoral de la Nouvelle-Angleterre, VIII (1863), 753.

Brogniart : Rapport à l'Académie des sciences sur un mémoire de M. Courbon, sur la botanique du littoral de la mer Rouge, I (1861), 401.

Bronenocetz, monitor russe, XI (1864), 151, 823; — XII (1864), 875.

Brooklyn (L'arsenal de), XI (1864), 151.

Bressard de Corbigny, capitaine

de frégate : Un voyage à Madagascar en 1862, V (1862), 581, 601.

Brouard : Système de voiture, XXIV (1868), 92.

Brown : Appareil pour gouverner, XXIII (1868), 316. — Appareil pour amener les embarcations, XXIII (1868), 889. — Machine-outil, XXIV (1868), 23.

Brunswick (Notice sur le nouveau), par *M. E. Aittala*, VI (1862), 264.

Buanderies (Des) économiques à la Réunion, par *M. Hugoulin*, IV (1862), 767.

Buckau (Aciéries de Gruson à), XXIII (1868), 329.

Budgets de la marine : État comparé des budgets de la marine en France et en Angleterre, exercice 1861-62, I (1861), 461 ; exercice 1862-63, par *M. Latour-Dumoulin*, VII (1863), 326 ; exercice 1863, par *M. de Casabianca*, XIX (1867), 248 ; XXII (1868), 219.

ANGLETERRE : Budgets de la marine, exercice 1861-62, I (1861), 446 ; exercice 1862-63, IV (1862), 783 ; exercice 1863-64, VII (1863), 606 ; exercice 1864-65, X (1864), 717 ; exercice 1865-66, XIII (1865), 680 ; exercice 1866-67, XVII (1866), 5 ; exercice 1867-68, XXI (1867), 422 ; exercice 1868-69, XXIV (1868), 191. — Le budget et l'armée de l'Inde anglaise pour 1861-62, IV (1862), 780.

ÉTATS-UNIS : Budgets de la marine de 1861 à 1864, XIII (1865), 369 ; exercice 1865-66, XIII (1865), 586 ; exercice 1866-67, XVI (1866), 864.

FRANCE : Renseignements sur les budgets de la marine et des colonies de 1758 à 1868, XXIV (1868), 445. — De la forme du budget du ministère de la marine et des colonies en 1832, 1857 et 1866, XVIII (1866) 191. — Budgets de la marine et des colonies, exercice 1862, II (1861), 289 ; exercice 1863 et crédits supplémentaires de 1862, V (1862), 774 ; exercice 1864, VIII (1863), 792, 811 ; exercice 1865, XI (1864), 389, 438 ; exercice 1866, XIV (1865), 641 ; exer-

cice 1867, XVIII (1866), 119 ; exercice 1868, XXI (1867), 152 ; exercice 1869, XXIV (1868), 403. — Budgets locaux des colonies françaises, exercice 1865, XIII (1865), 574 ; exercice 1866, XIX (1867), 250.

Hollande : Budget de la marine, exercice 1867, XXI (1867), 521 ; exercice 1868, XXIV (1868), 1127.

Italie : Budget de la marine, exercices 1861 à 1867, XXI (1867), 801 ; exercice 1868, XXIII (1868), 535.

Portugal : Budget de la marine, exercice 1866-67, XXII (1868), 653.

Prusse : Budget de la marine, exercice 1867, XX (1867), 501 ; exercice 1869, XXIV (1868), 273.

Russie : Budget de la marine, exercice 1865, XIII (1865), 575 ; exercice 1867, XXI (1867), 264.

Buénos - Ayres (Renseignements sur le régime de la navigation de), V (1862), 290.

Buffel (De), bélier cuirassé à tourelles hollandais : Sa mise à l'eau, XXII (1862), 876 ; XXIV (1868), 266.

Bulletin des principaux actes concernant la marine et les colonies françaises, I (1861), 168, 328, 466, 618, 818. — II (1861), 242, 433, 665. — III (1861), 219, 405, 623. — IV (1862), 202, 415, 603, 847. — V (1862), 397, 595, 819. — VI (1862), 183, 384, 576, 712.

— VII (1863), 147, 334, 559, 771. — VIII (1863), 203, 425, 633, 816. — IX (1863), 179, 357, 517, 698. — XI (1864), 138. — XIII (1865), 349. — XVI (1866), 653.

Buret, capitaine de frégate : Préparation du hareng dans les ateliers de salaison des ports de la Manche, XI (1864), 524. — La pêche du hareng en 1864, XIII (1865), 433.

Burger, sous-inspecteur des forêts : Principes de culture et production régulière du chêne de marine, XI (1864), 682 ; XII (1864), 128, 361.

Burley : Canon sous-marin, XXIV (1868), 317.

Busson-Billault, député au Corps législatif : Extrait du rapport fait au nom de la commission du Corps législatif chargée d'examiner le projet de loi portant fixation du budget de l'exercice 1864, VIII (1863), 792. — Discours prononcé le 11 juin 1861 au Corps législatif dans la discussion du budget de la marine et des colonies pour 1862, II (1861), 330. — Extrait du rapport fait au Corps législatif sur les projets de lois relatifs aux suppléments de crédits des exercices 1867 et 1868, aux budgets ordinaires et extraordinaires de 1869, XXIV (1868), 403.

Buys-Ballot : Lettre sur la météorologie, XX (1867), 497.

C

Cabestans (Les) : système Harfield, XXIV (1868), 59. — Cabestan à vapeur de M. Mathew, XXIV, 294. — Cabestan David, XXIV, 60. — Guindeau Salette, XXIV, 62. — Guindeau Malo, XXIV, 62.

Câbles-chaînes, XXIV (1868), 54.

Câbles télégraphiques : Pose d'un câble électrique sous-marin entre Alger et Toulon, par *M. Ploix*, R. A. C., III (1860), 630. — Id., entre l'Irlande et Terre-Neuve, XVIII (1866), 255. — La télégraphie sous-marine, par *M. G. Pradelle*, XIV (1865), 34.

Cacao : Sa culture et sa production, par *M. Aubry-le-Comte*, XVI (1866), 578.

Cadiou, capitaine de frégate : Les Principautés roumaines et le commerce du Bas - Danube, XI (1864), 66, 234.

Cadix : Renseignements sur le régime de sa navigation, V (1862), 472.

Cadoret (Eug.) : Notice biographique sur Mgr Coquereau, XIX (1867), 909.

Café de Nossi-Bé (Note sur le), XII (1864), 639. — Culture et production du

café dans les colonies, par *M. Aubry-le-Comte*, XV (1865), 349.

Cafrerie anglaise (Notice sur la) par *M. E. Avalle*, IV (1862), 746.

Cagliari : Renseignements sur le régime de sa navigation, V (1862), 306.

Caillet (X.), lieutenant de vaisseau : Recensement de la population indigène des îles Taïti et Moorea, de 1848 à 1860, III (1861), 506.

Caisse générale des retraites pour la vieillesse, par *M. Victor Robert*, R. A. C., II (1860), 421.

Calcul : Tables de réduction des journées en effectifs moyens, XI (1864), 339.

Caledonia, frégate cuirassée anglaise, VIII, 516. — Ses essais, XI (1864), 375. — Ses qualités nautiques, XX (1867), 840.

Cales de halage (Les), XXIV (1868), 690.

Caligny : Note sur la fondation de l'ancien port de Cherbourg, XXII (1868), 420.

Callao : Renseignements sur le régime de sa navigation, V (1862), 311. — Attaque du Callao par les Espagnols, XVII (1866), 635. — Les canons Blakeley du Callao, XIX (1867), 243.

Calvé, commissaire général de la marine : Notice sur le port de Toulon, XV (1865), 453, 801.

Cambodge : Exploration du grand fleuve du Cambodge, par *M. le vice-amiral Bonard*, VII (1863), 240. — Bois principaux, culture du coton, de l'indigo et du mûrier, VIII (1863), 541. — Le royaume du Cambodge, VIII (1863), 698. — Lettres sur le Cambodge, XIV (1865), 403. — Exploration du Mé-kong, XVIII (1866), 252; XX (1867), 498; XXI (1867), 710; XXII (1868), 222; XXIII (1868), 761. — Mort de M. le commandant de Lagrée, chef de l'expédition du Mé-kong, XXIII (1868), 761. — (Voy. aussi *Mé-Kong*.)

Canada : Mémoire de Bougainville sur l'état de la Nouvelle-France à l'époque de la guerre de Sept Ans (1757), document inédit publié par *M. Pierre Margry*, I (1861), 561. — Le commerce des bois du Canada en 1861, IV (1862), 494. — Notice sur le Canada, par *M. E. Avalle*, VI (1862), 236. — Confédération des colonies anglaises de l'Amérique du Nord, XIII (1864), 401 ; XXI (1867), 514. — Situation commerciale et industrielle du Canada, par *M. G. Bell*, XVI (1866), 263.

Canne à sucre. Voy. *Sucre*.

Canonnage (Enseignement du) sur le vaisseau-école d'application le *Jean-Bart*, XXI (1867), 701. (Voy. *Artillerie*.)

Canonnières : L'*Absalon*, canonnière danoise, XXII (1868), 428. — Le *Beacon*, canonnière à hélice jumelle, XXI (1867), 520. — Le *Benton*, canonnière américaine, VII, 436. — L'*Eshern-Scare*, canonnière danoise, XXII (1868), 428. — Le *Lapwing*, canonnière anglaise, XXIII (1868), 252. — Le *Monocacy*, canonnière américaine, XXIII (1868), 1035. — La *Medusa*, canonnière brésilienne, XVII (1866), 631. — Le *Philomel* et le *Ringdove*, canonnières anglaises, XXIII, 252. — La *Rousalka*, canonnière russe, XXII (1868), 431. — Le *Smerch*, chaloupe russe à deux tours, XI (1864), 825 ; XII (1864), 875 ; XIII (1865), 500 ; XIV (1865), 416. — Le *Staunch*, canonnière anglaise, XXIII (1865), 1057. — La *Tcharodeika*, canonnière cuirassée russe, XXII (1868), 434. — Chaloupe à vapeur pour la Nouvelle-Calédonie, XVII (1866), 202. — Chaloupe canonnière anglaise pour la défense des ports, XX (1867), 998. — (Voy. aussi *Embarcations*.)

Canonniers (Réorganisation de l'institution des), XXII (1868), 880.

Canons. Voy. *Artillerie*.

Canots. Voy. *Embarcations*.

Cap de Bonne-Espérance (Notice sur le), par *M. E. Avalle*, IV (1862), 729. — (Voy. aussi *Bonne-Espérance*.)

Capsules électriques de M. Duchemin, XVIII (1866), 685.

Captain, navire cuirassé anglais à tourelles : Comparaison de ce navire avec le *Wilhelm Ier*, navire cuirassé prussien, XXI (1867), 971. — Dé

tails sur ce navire, XXIII (1868), 581 ; XXIV (1868), 167.

Carapa (L'écorce de) de la Guyane française, par *M. Eug. Caventou*, R. A. C., III (1860), 71.

Carènes : Conservation des carènes à la mer, XII (1864), 199. — Du nettoyage des carènes au moyen de l'appareil à air comprimé, par *M. Lullier*, XIII (1865), 771 ; XVII (1866), 837. — Conservation du fer dans l'eau de mer, XIV (1865), 184. — Composition Gisborne pour la conservation des carènes, XV (1865), 213. — Etude sur la détermination rigoureuse de la résistance des carènes, par *M. A. Berry*, XXI (1867), 664. — Les carènes en fer et les balanes ou cravans, par *M. A. Jouvin*, XXI (1867), 901. — Moyens de préserver les cuirasses et les carènes des navires, XXIV (1868), 300. — Préservation des plaques de cuirasses et des coques en fer, XXIV (1868), 310. — Procédé de M. Roux, pour la conservation des carènes, XXIV (1868), 311. — Procédé Bernabé, XXIV (1868), 312. — Procédé Daft, XXIV (1868), 313. — Procédé Mulley, XXIV (1868), 314. — (Voir aussi *Conservation des carènes*.)

Carlsrühe (Ateliers de construction de), XXIII (1868), 331.

Carlsund (Treuil à vapeur de M.), XXIV (1868), 292.

Carolines (Campagnes des), par *M. A. Kratz*, XVI (1866), 356.

Carrey (E.): La Guyane, IX (1863), 665.

Carville (Chaudières de M.), par *M. Joublin*, XXII (1868), 515.

Casamance : Expéditions militaires de la Casamance et du Cayor, I (1861), 383. — La Casamance, par *M. A. Vallon*, VI (1862), 456. — Notice sur le comptoir de Sedhiou, VIII (1863), 743.

Castelfidardo (Essais de la frégate cuirassée italienne), XI (1864), 377.

Castries (Notice sur), par *M. Deneaud*, XXI (1867), 590.

Cave (Stephen), membre du parlement anglais : Le travail aux Indes occidentales, R. A. C., II (1860), 40.

Cave, lieutenant de vaisseau : Notes sur Madagascar et les Comores. Madagascar : les Hovas, la côte orientale, Sainte-Marie, XX (1867), 320 ; la côte occidentale, XX (1867), 603 ; les Comores : Mayotte, XX (1867), 964 ; Anjouan, XX (1867), 969 ; Mohéli, XX (1867), 971 ; la grande Comore, XX (1867), 976 ; Nossi-Bé, XX (1867), 980.

Caventou (Eug.) : De l'écorce de Carapa à la Guyane française, R. A. C., III (1860), 71.

Cayor : Expéditions militaires dans le Cayor et la Casamance, I (1861), 376, 610. — Rapport sur les opérations militaires de février à mai 1861, par *M. Barthélemy Benoit*, III (1861), 458. — Affaires du Cayor de 1862 à 1864, XI (1864), 724.

Cécille (G.-O.), vice-amiral, sénateur : Discours prononcés au Sénat sur la question des pêches maritimes, I (1861), 689, 697.

Ceinture de sauvetage du capitaine Ward, XX (1867), 249.

Ceylan : Notice sur Ceylan, par *M. E. Avalle*, II (1861), 485. — Notice sur cette île, par *M. Richard Fog*, II (1861), 499. — Situation commerciale et industrielle, par *M. G. Bell*, XVI (1866), 271.

Chaamda. Voy. *Sahara*.

Chaleur (Notions élémentaires sur la), VIII (1863), 708 ; IX (1863), 152, 330, 480. — Théorie des effets mécaniques de la chaleur, leçons faites à la Sorbonne, par *M. Reech*, recueillies et rédigées par *M. E. Leclert*, XXIV (1868), 790.

Chalmers (Muraille), XXIV (1868), 308.

Chaloupes. Voy. *Canonnières*.

Chandernagor (Notice sur, IX (1863), 247.

Chapelas-Coulvier-Gravier : Les météores filants de janvier 1868, XXIII (1868), 766.

Charbon. Voy. *Combustibles*.

Charente (Expériences magnétiques de MM. Craufurd et Hopkins sur la), XXII (1868), 576.

Charleston : Renseignements sur le régime de sa navigation, V (1862), 489. —Siége de Charleston, par *M. A. Kratz*, XIV (1865), 530.

Charner, vice-amiral : Rapport sur la prise de Ki-hoa, I (1861), 546. —Prise de Mytho, 809.

Charodeika. Voy. *Tcharodeika*.

Charpy (Appareil plongeur de M.), XXIV (1868), 924.

Charrière (A.), chef de bataillon d'infanterie de marine : Les gisements aurifères de la Guyane française, R. A. C., III (1860), 365.

Chasseloup-Laubat (Le marquis de) : Discours prononcés à la Société de géographie le 16 décembre 1864, XIII (1865), 565; le 26 avril 1865, XIV (1865), 399; le 18 décembre 1865, XVI (1866), 434; le 27 avril 1866, XVII (1866), 382; le 17 décembre 1866, XIX (1867), 476. — Discours prononcé à la Société de sauvetage des naufragés, le 14 avril 1866, XVII (1866), 380.

Chata paraguayenne, XVIII (1866), 479.

Chatel : Appareils d'éclairage, XXIV (1868), 599.

Chatham, arsenal maritime de l'Angleterre, par *M. V. Chevallier*, I (1861), 12.

Chatham (Lumière), XXIII (1868), 1068.

Chaudières : Rapport de M. Fonssagrives sur les cas d'asphyxie par l'air confiné des chaudières, observés à bord du *Bisson*, X (1864), 317. Les chaudières marines et fixes à l'Exposition universelle de 1867, par *M. Joublin* : Historique succinct de la chaudière à vapeur, XXII (1868), 504. — Chaudières-types de la marine impériale, XXII, 510. — Chaudières de M. Claparède, XXII, 512. — Chaudière anglaise à surfaces de chauffe ondulées et à tirage inférieur, XXII, 513. — Chaudière Fields à bouilleurs verticaux garnis d'un plongeur, XXII, 514. — Chaudières autrichiennes, XXII, 514.— Chaudières de M. Carville, XXII, 515. —Chaudières inexplosibles de M. Bel-leville, XXII, 516. — Chaudière pyrotechnique pour steamers sous-marins du docteur Payerne, XXII, 517.—Tubes amovibles pour chaudières marines, XXII, 519. — Chaudières tubulaires à foyer intérieur, de M. Chevallier, XXII 522. — Générateur tubulaire mixte de M. J. Lecherf, XXII, 523. — Foyer à creusets parallèles de M. Sauret, XXII 524. — Foyer fumivore de M. Chodzko, XXII, 526. — Générateur tubulaire à foyer et à faisceau tubulaire mobile, pour le nettoiement, de M. Farcot, XXII 526. — Chaudières inexplosibles à vapeur instantanée et surchauffée, de MM. Hédiard et Joly, XXII, 527. — Chaudière anglaise en fonte de fer, XXII, 528. — Chaudière de Thomson, XXII, 528. — Chaudière à bouilleurs et à foyer intérieur de MM. Hermann-Lachapelle et Ch. Glover, XXII, 529.— Moteur à chaudière inexplosible, non tubulaire, de MM. A. Marité et Wibard, XXII, 530. — Machine à ammoniaque de M. Frot, XXII, 530. — Générateurs fixes, XXII, 530. — Enveloppes destinées à empêcher le rayonnement des parois des chaudières, XXII, 533. — Appareils de surchauffe : surchauffeur de M. Delafond, XXII, 535. — Surchauffeur à lames, XXII, 536. — Appareils fumivores, XXII, 536.—Conclusions, XXII, 538.

Chauffeurs de la flotte (Ecoles théoriques et pratiques des mécaniciens et des), XX (1867), 799.

Chaussade (Les plaques de blindage des forges de la), XXIV (1868), 301.

Chaux (Fabrication de la) grasse nécessaire à l'industrie sucrière ou à l'industrie des bâtiments ; emploi de la chaux maigre des coraux à l'agriculture, par *M. Hugoulin*, IV (1862), 269.

Chêne : Principes de culture et production régulière du chêne de marine, par *M. Burger*, XI (1864), 682; XII (1864), 128, 361.

Chéops, batterie - bélier pour le gouvernement égyptien, XII (1864), 871.

Cherbonneau (A.) , professeur d'arabe à la chaire de Constantine : Notice et extraits du voyage d'El-Abdéry, à travers de l'Afrique septentrionale, au septième siècle de l'hégire, R. A C., II (1860), 282. — Notice et extraits de la Galerie des littérateurs de Bougie au viiᵉ siècle de l'hégire, R. A. C., II (1860), 528. — Indication de la route de Tuggurt à Tombouctou et aux monts de la Lune, R. A. C., III (1860), 289.

Cherbourg (Notice sur le port de), par *M. de Bon*, XIX (1867), 769; — XX (1867), 89. — De Cherbourg à Anvers, par *M. Jonglez de Ligne*, XXI (1867), 566. — Note sur la fondation de l'ancien port de Cherbourg, XXII (1868), 420.

Cheval : De la création d'une race de chevaux de trait en Algérie, par *MM. Vallot* et *Bernis*, R. A. C., I (1861), 373.

Chevalier (Chaudières tubulaires à foyer intérieur de M.), XXII (1868), 522.

Chevalier (Michel), sénateur : Discours prononcés au Sénat, sur la question des pêches maritimes, I (1861), 648, 705. — Rapport fait au Sénat le 28 juin 1861, sur la loi relative au régime des douanes aux colonies de la Martinique, de la Guadeloupe et de la Réunion, II (1861), 157. — Discours prononcé à la Société de géographie le 18 décembre 1865, XVI (1866), 436.

Chevallier (V.), ingénieur en chef des ponts et chaussées : Les arsenaux maritimes de l'Angleterre, I (1861), 1.— Les ports de refuge exécutés par le gouvernement anglais, I (1861), 239. — Notice biographique sur **M**. Bernard, inspecteur général des travaux maritimes XXII (1868), 636.—Notice biographique sur M. Reibell, inspecteur général des travaux maritimes, XXII (1868), 860.

Chili : Bombardement de Valparaiso, XVII (1866), 635.

Chine : La Chine d'après les Exposés de la situation de l'empire, année 1861, IV (1862), 229; année 1863, IX (1863), 693; année 1864, XIII (1865), 475;

année 1865, XVI (1866), 490; année 1866, XIX (1867), 764. — Renseignements sur le régime de sa navigation, V (1862), 494.—Commerce et navigation de l'année 1864, XVI (1866), 640.—Exploration du fleuve Yang-tse-Kiang, par *M. C. Pigeard*, V (1862), 549. — L'insurrection des Taïpings, VI (1862), 37. — État actuel des provinces du Yang-tse-Kiang, XI (1864), 759. — Navigation et commerce de ces provinces, par *M. Laurens*, IX (1863), 197. — Note sur la pisciculture en Chine, par *M. P. Dabry*, X (1864), 243. — Notice sur la baie de Peï-ho dans le golfe de Pe-tche-li, par *M. Bourgois*, XI (1864), 43; XVII (1866), 681; XVIII (1866), 98. — Règlements sur l'émigration à Macao, XIII (1865), 619. — Expédition de Corée, XIX (1867), 477.

Chodzko (Foyer fumivore de M. de), par *M. Joublin*, XXII (1868), 526.

Choiseul (Notice sur), par *M. Doneaud*, XXI (1867), 580.

Choléra - Morbus (Mémoire sur l'épidémie de) qui a régné à la Réunion en 1859, par le Dʳ *A. Petit*, III (1861), 541.

Christian (J.), lieutenant de vaisseau : Nouveau système d'hélice, XI (1864) 147.

Cible (Le projectile et la), XX (1867), 999. — (Voy. aussi *Artillerie*.)

Cigare (Bateau-) : Le *Winan's Yacht*, XI (1864), 379, 812. — Sa mise à l'eau, XVI (1866), 867; XVII (1866), 390.

Circonscriptions maritimes de la France, II (1861), 197.

Cisaille hydraulique de MM. Tangye, XXIV (1868), 31.

Civita-Vecchia : Renseignements sur le régime de sa navigation, V (1862), 467.

Claparède : Chaudières de M. Claparède, par *M. Joublin*, XXII (1868), 512. — Canot à vapeur pour les colonies, XXIII (1868), 873. —Treuil à vapeur, XXIV (1868), 293.

Classes (Les) maritimes sous Colbert et Seignelay, par *M. J. de Crisc-*

noy, XII (1864), 565. — (Voy. aussi *Inscription maritime*.)

Clerk : Tampon hydraulique destiné à modérer le recul des canons, XXIV (1868), 557.

Clifford : Appareil pour amener les embarcations, XXIII (1868), 887.

Climat. Voy. *Météorologie*.

Clinomètre (Le), XXIII (1868), 604.

Cluny. Voy. *Saint-Joseph de Cluny*.

Coca (Le) du Pérou, X (1864), 202.

Cochenille : Etude climatérique au point de vue de la culture du nopal à cochenille et de quelques cultures secondaires, R. A. C., I (1859) 347.

Cochin (A) : L'esclavage dans les colonies de la Hollande, II (1861), 372. — Notice sur le comte de Saint-Phalle, capitaine de frégate, XVII (1866), 211.

Cochinchine : Aperçu sur la Basse-Cochinchine, par *M. L. Rieunier*, I (1861), 177. — Prise des forts de Ki-hoa, I (1861), 546. — Prise de Mytho, I (1861), 554, 809. — Prise de Bien-hoa et de Baria, IV (1862), 558. — Prise de Vinh-long, V (1862), 391. — Historique de l'expédition, VI (1862), 389. — Prise de Saïgon, VI (1862), 391. — Commerce du port de Saïgon, année 1860, III (1861), 537 : année 1862, X (1864), 217 ; année 1863, XI (1864), 156 ; XII(1864), 398 ; année 1865, XVII (1866), 186 ; XXII (1868), 200. — De la culture du coton, IV (1862), 405 ; XI (1864), 622 ; XVIII (1866), 93. — Organisation administrative, VI, 397. — Situation géographique, commerciale et agricole, VI, 408. — Le code annamite, note sur l'esclavage, VII (1863), 71. — Notes sur le Cambdoge, VIII (1863), 541. — Le royaume du Cambodge, VIII (1863), 698. — Expédition de Go-cong, IX (1863), 166. — Echange des ratifications du traité conclu avec le royaume d'Annam, texte du traité, IX (1863), 168. — Produits argileux de la Basse-Cochinchine, X (1864), 397. — Productions et cultures de la Basse-Cochinchine, par *M. C. Jaeger*, X (1864), 539. — Création du *Courrier de Saïgon*, X (1864), 601. — Le riz en Cochinchine, X (1864), 602 ; XX (1867), 720. — Mesures annamites les plus usitées, X (1864), 609. — Renseignements sur les bois, X (1864), 672. — Le budget de la Cochinchine, exercice 1864, XI (1864), 157. — Excursion dans les forêts qui s'étendent entre Tay-Ninh et Relim, par *M. Korn*, XII (1864), 453. — Les soies de la Basse-Cochinchine, XII (1864), 641. — Une tournée chez les Moï, par *M. B. de Larclause*, XII (1864), 642. — Notice sur la Cochinchine française : résumé historique, XIV (1865), 121 ; topographie, 132 ; météorologie, 141 ; population, 144 ; gouvernement et administration, 146 ; forces militaires, 151 ; justice, 152 ; culte, 299 ; assistance publique, 299 ; instruction publique, 303 ; finances, 306 ; agriculture, 313 ; industrie, 319 ; commerce, 322 ; navigation, 322 ; service postal, 334. — Lettres sur le Cambodge, XIV (1865), 403. — Aperçu sur la faune ichthyologique de la Basse-Cochinchine, XV (1865), 652. — Aperçu sur les ressources de la partie nord de la province de Gia-dinh, XVI (1866), 407. — Bibliographie annamite, par *M. Barbié du Bocage*, XVI (1866), 360 ; XVII (1866), 140, 812. — Flore de la Basse-Cochinchine, XVI (1866), 832. — Expédition de la plaine des Joncs, XVII (1866), 642. — La France en Cochinchine, par *M. Ed. Du Hailly*, XVIII (1866), 744. — Saïgon et ses environs au commencement de 1866, par *M. P.-C. Richard*, XVIII (1866), 530. — La Cochinchine française, par *le même* : province de Mitho, XIX (1867), 661 ; province de Bien-hoa, XXI (1867), 406. — Prise de possession des trois provinces occidentales de la Cochinchine, XXI (1867), 717. — Notes pour servir à l'ethnographie de la Cochinchine, par *M. Richard*, XXI (1867), 92. — Exploration du grand fleuve du Cambodge, par *M. le vice-amiral Bonard*, VII (1863), 240. — Nouveaux renseignements sur l'exploration du Cambodge, XVIII (1866), 252. — Exploration du Mé-kong, XX (1867), 498 ; XXI (1867), 710 ; XXII (1868),

222. — Mort de M. le commandant de Lagrée, chef de l'expédition du Mé-kong, XXIII (1868), 761.

Cockerill (Bateau), XXIII (1868), 609.—Dimensions et résultats des expériences de ce bateau, XXIII, 612.

Code annamite : Note sur l'esclavage en Cochinchine, VII (1863), 71.

Code commercial des signaux, par *M. Sallandrouze de Lamornaix*, XII (1864), 795; XVII (1866), 204.

Coignard (Pompes de M.), XXIV (1868), 365. — Machine à coudre les voiles, XXIV (1868), 636.

Coles : Comparaison du navire à coupole, système Coles, et du *Monitor*, V (1862), 704.—Notes sur les navires à tourelles, par *M. le vice-amiral Pâris*, XI (1864), 5, 197.—Le *Royal-Sovereign*, VIII (1863), 520; sa mise à l'eau, X (1864), 811; ses essais, XI (1864), 376, 816; XII (1864), 195; XIII (1865), 784; sa mise à la réserve, XII (1864), 873; expériences de son artillerie, XIV (1865), 628; XVI (1866), 211. — Le *Prince-Albert*, VIII (1863), 520; XIX (1867), 242; sa mise à l'eau, XI (1864), 610. — Canon sous-marin du capitaine Coles, par *M. le vice-amiral Pâris*, XI (1864), 231. — Le *Turret*, XIX (1867), 925. — Opinion du capitaine Coles sur les navires cuirassés, XX (1867), 583. — Comparaison du *Captain* et du *Wilhelm Ier*, XXI (1867), 971. — Le *Captain*, XXIII (1868), 581; XXIV (1868), 167. — Le système des bâtiments à tourelles opposé au système des bâtiments à batterie, XXIV (1868), 162. — (Voy. aussi *Artillerie*, *Monitors* et *Navires à tourelles*.)

Colique sèche (Rapport sur les causes de la), par *M. le Dr L.-A. Petit*, III (1861), 175.

Colling : Système de voilure, XXIV (1868), 92.

Colomb (De), lieutenant-colonel d'infanterie : Notice sur les oasis du Sahara et les routes qui y conduisent (carte), R. A. C., III (1861), 29, 301, 495.

Colomb, capitaine de la marine royale anglaise : La tactique navale moderne, XV (1865), 491. — Système des signaux, XXIV (1868), 591, 595, 1137.

Colombie anglaise (Notice sur la), par *M. E. Avalle*, VI (1866), 517.

Colonies anglaises : Le travail aux Indes occidentales, par *M. Stephen Cave*, R. A. C., II (1860), 40. — Le gouvernement des Indes orientales, R. A. C., II (1860), 49. — Immigration à la Trinité, R. A. C., II (1860), 434. — Immigration indienne à Maurice, R. A. C., II (1860), 488; VII (1863), 29. — Résultats économiques de l'émancipation commerciale, R. A. C., II (1860), 505. — Organisation de la justice dans l'Inde, par *M. Pinet de Menteyer*, R. A. C., III (1860), 165. — Dépenses coloniales de l'Angleterre de 1853 à 1857, I (1861), 134.

Législation et administration des colonies anglaises, par *M. E. Avalle :* Aperçu général, II (1861), 163. — *Possessions d'Europe :* Iles Ioniennes, II (1861), 442; — Malte, 444; — Gibraltar, 446; — Helgoland, 447; — Ile de Man, 447; — Jersey, 449; — Guernesey, Aurigny, 451. — *Possessions d'Asie :* Inde, II (1861), 452; — Ceylan, 485; — Ile du Prince-de-Galles, 492; — Malacca, 493; — Singapore, 493; — Hong-Kong, 496; — Labuan, 497; — Aden, 498. — *Possessions d'Afrique :* Maurice, IV (1862), 450; — Cap de Bonne-Espérance, 729; — Cafrerie, 746; — Natal, 747; — Sainte-Hélène et Ascension, 751; — Etablissements de la Côte-d'Or, 756; — Sierra-Leone, 759; — Gambie, 762. — *Possessions de l'Amérique du Nord :* Canada, VI (1862), 236; — Nouveau-Brunswick, 264; — Nouvelle-Ecosse, VI (1862), 499; — Terre-Neuve, 507; — Ile du Prince-Edouard, 513; — Colombie, 517; — Vancouver, 520. — Nouvelle-Bretagne, 521; — Bermudes, 525.

Notice sur l'Ile Maurice, par *M. Bols*, I (1861), 333. — Les colonies anglaises à l'Exposition universelle de Londres en 1862, par *M. C. Pigeard*, III (1861), 256; IV (1862), 50. — L'immigration dans les colonies anglaises de 1848 à 1860, I (1861), 802; — de 1843 à 1863, XI (1864),

623. — Résumé des renseignements recueillis sur le service de l'immigration à la Trinidad et à la Barbade, par *MM. E. Delsaux* et *A. L. Michaux*, III (1861), 413; IV (1862), 29. — L'immigration à la Guyane anglaise, par *M. N.-P. Maugey*, IV (1862), 5. — Dépenses militaires des colonies anglaises en 1860, IV (1862), 281. — De la vente des terres incultes et du rachat de l'impôt foncier aux Indes, IV (1862), 483. — La colonie du cap de Bonne-Espérance, V (1862), 447; XVII (1866), 335, 507. — L'industrie du sucre à Maurice, VI (1862), 581. — De la situation présente de l'Angleterre vis-à-vis de ses colonies, par *M. G. Bell*, XIII (1865), 395. — Confédération et défense des possessions anglaises de l'Amérique du nord, XIII (1865), 395; XIV (1865), 847; XXI (1867), 514. — Expédition militaire de la Gambie anglaise, I (1861), 387. — La Gambie, par *M. Pichard*, XIV (1865), 225. — Voyage au cap de Bonne-Espérance, XIV (1865), 769. — Colonies anglaises de la côte occidentale d'Afrique, traduction de *M. E. Hervé* : La Gambie, XV (1865), 64, 822; Sierra-Leone, 380, 825; Côte-d'Or, 391, 827; Lagos, 572, 821. — Défense maritime des colonies anglaises, XV (1865), 431. — Dépenses militaires et civiles des colonies anglaises au compte de la métropole, XVI (1866), 205. — Situation commerciale et industrielle, par *M. G. Bell*, XVI (1866), 262. — Rapport sur la Birmanie en 1864-65, XVIII (1866), 682. — Prise de possession par les Anglais de plusieurs îles à guano, XVIII (1866), 683. — La colonie de Sierra-Leone et les pays circonvoisins, XXI (1867), 537.

Colonies danoises des Indes occidentales : finances, commerce, immigration, VI (1862), 86. — L'immigration dans l'île de Sainte-Croix, VI (1862), 111.

Colonies espagnoles : Industrie du sucre à Cuba en 1860, I (1861), 559. — Statistique criminelle de Porto-Rico, en 1864, XIV (1865), 628. — Projet d'émancipation des esclaves à Cuba, XV (1865), 434. — **Abolition** de l'esclavage dans les colonies espagnoles, XVI (1866), 403. — Organisation et budget, exercice 1867-68, XXI (1867), 978.

Colonies françaises. Notices sur les colonies françaises : Note préliminaire, V (1862), 185; — Réunion, VII (1863), 349; — Mayotte, VIII (1863), 249; — Nossi-Bé, 267; — Sainte-Marie de Madagascar, 278; — Sénégal, VIII (1863), 459, 728; — Etablissements français de la Côte-d'Or et du Gabon, IX (1863), 31; — Etablissements français dans l'Inde, IX (1863), 247; — Saint-Pierre et Miquelon, IX (1863), 556; — Martinique, XI (1864), 270, 543; — Guadeloupe, XII (1864), 74, 289; — Guyane, 693; — Cochinchine, XIV (1865), 121, 299; — Etablissements de l'Océanie, XIV (1865), 511, 793; — Nouvelle-Calédonie, XVI (1866), 227, 590.

Tableaux de population, de culture, de commerce et de navigation : Année 1859 : Population, V (1862), 10; — Cultures, 32; — Commerce, 46. — Mouvements de la navigation commerciale, 146. — Année 1860 : Population, VIII (1863), 10; — Cultures, 32; — Commerce, 46; — Mouvements de la navigation commerciale, 146. — Année 1861 : Population, X (1864), 10; — Cultures, 32; — Commerce, 46; — Mouvements de la navigation commerciale, 146. — Année 1862 : Population, XIII (1865), 10; — Cultures, 32; — Commerce, 46; — Mouvements de la navigation commerciale, 146. — Année 1863 : Population, XVI (1866), 10; — Cultures, 32; — Commerce, 46; — Mouvements de la navigation commerciale, 146. — Année 1864 : Population, XIX (1867), 10; — Cultures, 32. — Commerce, 46; — Mouvements de la navigation commerciale, 146. — Année 1865 : Population, XXII (1868), 10; — Cultures, 32; — Commerce, 46; — Mouvements de la navigation commerciale, 146.

Exposé de la situation de l'em-

PIRE : Année 1860, I (1861), 162. — Année 1861, IV (1862), 217. — Année 1863, IX (1863), 682. — Année 1864, XIII (1865), 462. — Année 1865, XVI (1866), 474. — Année 1866, XIX (1867), 745. — Année 1867, XXII (1868), 453.

EXPÉDITIONS MILITAIRES : Rapport de M. le vice-amiral Charner sur l'expédition de Cochinchine : Prise des forts de Ki-hoa, I (1859), 546. — Prise de My-tho, I (1859), 554, 809.—Rapport de M. le contre-amiral Bonard : Prise de Bien-hoa et de Baria, IV (1862), 558. — Prise de Vinh-long, V (1862), 391. — Historique de l'expédition de Cochinchine, VI (1862), 389. — Expédition de Go-cong, IX (1863), 166. — Traité conclu avec l'empire d'Annam, IX (1863), 168. — Expédition de la plaine des Joncs, XVII (1866), 642. — Prise de possession des provinces de Vinh-long, de Chau-doc et de Ha-tien (Basse-Cochinchine), en juin 1867, XXI (1867), 717. — Expédition dans les pays de Sine et de Saloum (Sénégal), R. A. C., I (1859), 24. — Destruction de Guémou, au Sénégal, 17-29 octobre 1859, R. A. C., I (1859), 398. — Expédition du Cayor et de la Casamance, I (1859), 376, 610. — Opérations militaires au Sénégal, de 1862 à 1864, XI (1864), 724. — Expédition du Rip (Sénégambie), XVI (1866), 850. — Expédition en Nouvelle-Calédonie (1-3 septembre 1859), R. A. C., I (1859), 394.

BUDGETS : Exercice 1862, II (1860), 291 ; exercice 1863, V (1862), 774 ; exercice 1864, VIII (1863), 792 ; exercice 1865, XI (1864), 438 ; exercice 1866, XIV (1865), 641 ; exercice 1867, XVIII (1866), 119 ; exercice 1868, XXI (1867), 152 ; exercice 1869, XXIV (1868), 403. — Budgets locaux, exercice 1865, XIII (1865), 574 ; exercice 1866, XIX (1867), 250.

CONSTITUTION : Documents officiels relatifs au sénatus-consulte sur la constitution des colonies de la Martinique, de la Guadeloupe et de la Réunion, XVII (1866), 707.

RÉGIME COMMERCIAL : Documents offi-ciels relatifs à la loi du 3 juillet 1861 sur le régime douanier des colonies de la Martinique, de la Guadeloupe et de la Réunion, II (1861), 52. — Modification du régime commercial de la Guyane, XIII (1865), 380. — Modification du régime commercial du Sénégal, XIII (1865), 380.

STATISTIQUE COMMERCIALE : Année 1859, R. A. C., I (1859), 414 ; III (1860), 134 ; année 1860, I (1861), 325 ; II (1861), 400 ; III (1861), 538 ; année 1861, VI (1862), 332 ; année 1862, XIII (1865), 573. — État comparatif du commerce et de la navigation dans les colonies françaises en 1859 et en 1860, III (1860), 540.—Tableaux du commerce des colonies françaises : année 1859, V (1862), 46 ; année 1860, VIII (1863), 146 ; année 1861, X (1864), 46 ; année 1862, XIII (1865), 46 ; année 1863, XVI (1866), 46 ; année 1864, XIX (1867), 46 ; année 1865, XXII (1868), 46. — État des denrées du cru des Antilles exportées en 1859 et en 1860, I (1861), 327 ; en 1860 et 1861, IV (1862), 557 ; en 1862 et 1863, X (1864), 801. — Commerce de 1848 à 1860, V (1862), 216. — Exportations des colonies françaises en 1864, XIII (1865), 573.

EXPOSITIONS : Les colonies françaises et l'Algérie au concours général d'agriculture en 1860, par *M. Jules Duval*, R. A. C., III (1861), 853. — Les colonies françaises à l'Exposition nationale de Nantes en 1861, III (1861), 359. — Catalogue des produits des colonies françaises envoyés à l'Exposition de Londres en 1862, IV (1862), 613. — Rapport sur les produits odoriférants des colonies françaises à l'Exposition de Londres en 1862 ; par *M. Rimmel*, VII (1863), 114. — Liste des récompenses obtenues à l'Exposition de Londres en 1862, VI (1862), 167. — Rapports sur les travaux de l'Exposition permanente des colonies, année 1861, IV (1862), 721 ; année 1862, IX (1863), 471 ; année 1867, XXIV (1868), 213.

IMMIGRATION : L'immigration indienne, par *M. Leclerc*, R. A. C., II (1860), 103. — Rapport de *M. J. Beau-*

jean, sur le voyage du *Richelieu*, transportant un convoi d'Indiens immigrants de Pondichéry à la Martinique, R. A. C., III (1860), 662. — Note sur l'immigration à la Réunion en 1860, I (1861), 362. — Convention du 1er juillet 1861 pour régler l'immigration dans les colonies françaises, II (1861), 500. — Rapport de *M. A. Gaigneron* sur le voyage du *Suger* transportant un convoi d'indiens immigrants de Pondichéry à la Guadeloupe, V (1862), 712. — Rapport de *M. Souzy* sur l'immigration africaine aux Antilles, IX (1863), 90. — Instruction pour les colons immigrants à la Nouvelle-Calédonie, XII (1864), 225. — Rapport de *M. Plomb* sur un voyage de rapatriement d'Indiens à bord du *Nicolas-Poussin*, des Antilles à Pondichéry, XIV (1865), 474, 757.

Documents divers: Population des colonies françaises en 1857, R. A. C., III (1860), 738. — Études sur les origines judiciaires dans les établissements français de l'Inde, IV (1862), 153. — Produits de Saint-Pierre et Miquelon, X (1864), 399. — Sessions des conseils généraux des Antilles et de la Réunion, session 1863, X (1864), 399. — Établissement des Sœurs de Saint-Joseph de Cluny à la Réunion, X (1864), 605; dans l'Inde, 607; à Saint-Pierre et Miquelon, 812; au Sénégal, 812. — Produits tirés des eaux et des rivages, par *M. Aubry-le-Comte*, XIII (1865), 409. — Culture et production du tabac, par *M. Aubry-le-Comte*, XIV (1865), 56.

Antilles : Les usines centrales aux Antilles, R. A. C., III (1861), 330. — Statistique agricole de la Martinique, par *M. de Montyel*, II (1861), 396. — La Martinique en 1696, IV (1862), 570, 827. — Sources thermales de la Guadeloupe, R. A. C., I (1859), 61. — Les désastres de la Guadeloupe en septembre 1865, XVI (1866), 430. — (Voy. aussi *Martinique et Guadeloupe*.)

Cambodge : Exploration du grand fleuve du Cambodge, par *M. le vice-amiral Bonard*, VII (1863), 240. — Lettres sur le Cambodge, XIV (1865), 403. — Exploration du Cambodge, XVIII (1866), 252. — Exploration du Mé-kong, XX (1867), 498 ; XXI (1867), 710; XXII (1868), 222; XXIII (1868), 761.

Cochinchine : Aperçu sur la Basse-Cochinchine, par *M. L. Rieunier*, I (1861), 177. — La ville de Saïgon, par *M. Rieunier*, I (1861), 186. — Commerce du port de Saïgon en 1860, III (1861), 537. — La Cochinchine française, VI (1862), 389. — Le Code annamite : note sur l'esclavage, VII (1863), 71. — Le Commerce de Saïgon en 1862, par *M. Rieunier*, X (1864), 217; en 1863, XII (1864), 398. — Produits argileux de la Basse-Cochinchine, X (1864), 397. — Productions et cultures de la Basse-Cochinchine, par *M. C. Jaeger*, X (1864), 539. — Création du *Courrier de Saïgon*, X (1864), 601. — Le riz en Cochinchine, X (1864), 602; XX (1867), 720. — Mesures annamites les plus usitées, X (1864), 609. — Renseignements sur les bois de la Cochinchine, X (1864), 672. — Mouvement maritime de Saïgon, en 1863, XI (1864), 156. — Le Budget de la Cochinchine, exercice 1864, XI (1864), 157. — Culture du coton en Cochinchine, XI (1864), 622. — Excursion dans les forêts qui s'étendent entre Tay-Ninh et Relim, par *M. Korn*, XII (1864), 453. — Les soies de la Basse-Cochinchine, XII (1864), 641. — Une tournée chez les Moï de la Cochinchine, par *M. B. de Larclause*, XII (1864), 642. — Aperçu sur la faune ichthyologique de la Basse-Cochinchine, XV (1865), 652. — Bibliographie annamite, par *M. Barbié du Bocage*, XVI (1866), 360; XVII (1866), 140, 812. — Aperçu sur les ressources de la partie Nord de la province de Gia-dinh, XVI (1866), 407. — Coup d'œil sur la flore de la Basse-Cochinchine, XVI (1866), 832. — Commerce et navigation de la Cochinchine en 1865, XVII (1866), 186. — Saïgon et ses environs au commencement de 1866, par *M. P. Richard*, XVIII (1866),

330.— La Cochinchine française, par *le même :* la province de Mitho, XIX (1867), 661 ; la province de Bien-hoa, XXI (1867), 406. — La France en Cochinchine, par *M. Ed. Du Hailly*, XVIII (1866), 744. — Notes pour servir à l'ethnographie de la Cochinchine, par *M. Richard*, XXI (1867), 92.

CÔTE-D'OR ET GABON : Nouvelles d'Assinie, I (1861), 389. — Notice sur le Gabon, par *M. F. Touchard*, III (1860), 1. — Description de la rivière Rhamboé et de ses affluents (Sénégal), III (1861), 401. — Exploration du fleuve Ogo-Wai, par *M. le docteur Griffon du Bellay*, IX (1863), 66, 296. — Notice sur le Dabou, IX (1863), 31. — Les Établissements de la Côte-d'Or, par *M. O. Desnouy*, XVIII (1866), 493. — Renseignements sur le commerce et les intérêts français à la Côte-d'Or, XX (1867), 588. — Note sur les objets de pacotille propres aux échanges à la Côte-d'Or, XXIII (1868), 999.

GUYANE : De l'élève des vers à soie à la Guyane, par *M. A. Michely*, R. A. C., II (1861), 173. — De l'écorce du Carapa de la Guyane, par *M. Eug. Carentou*, R. A. C., III (1861), 71. — Les gisements aurifères de la Guyane, par *M. A. Charrière*, R. A. C., III (1861), 365. — Nos relations avec les Nègres et les Indiens du Haut-Maroni, par *M. Sibour*, I (1861), 117. — Excursion dans le Haut-Maroni, par *M. Ronmy*, I (1861), 779. — La Guyane, par *M. E. Carrey*, IX (1863), 665. — Produits de la Guyane française, XI (1864), 829. — Compagnie aurifère de l'Approuague, XX (1867), 992. — Notice sur la transportation à la Guyane française et à la Nouvelle-Calédonie, XXI (1867), 58, 350.

MAYOTTE, NOSSI-BÉ ET MADAGASCAR : Le Tripoli de Mayotte, IX (1863), 670. — Notes sur Madagascar et les Comores, par *M. P. Cave*, Madagascar : les Hovas, la côte orientale, Sainte-Marie, XX (1867), 320 ; la côte occidentale, XX (1867), 603 ; Comores : Mayotte, XX (1867), 964 ; Anjouan, XX (1867),

969 ; Mohéli, XX (1867), 971 ; la Grande-Comore, XX (1867), 976 ; Nossi-Bé, XX (1867), 980. — Note sur le café de Nossi-Bé, XII (1864), 639. — Camp de la compagnie indigène de Nossi-Bé, XIX (1867), 693.

NOUVELLE - CALÉDONIE : Renseignements sur les eaux thermales de la Nouvelle-Calédonie, par *MM. Jacquemard et Bonnet*, R. A. C., II (1861), 62. — Notice sur la Nouvelle-Calédonie, par le père *Montrouzier*, R. A. C., II, (1861), 209, 362. — Excursion dans le Sud de la Nouvelle-Calédonie, par *M. Lombardeau*, R. A. C., III (1861), 741. — Essais sur la Nouvelle-Calédonie, par *MM. Viellard* et *Deplanche*, VI (1861), 52, 203, 475, 615 ; VII (1863), 81. — Placers de la Nouvelle-Calédonie et de la Guyane, X (1864), 201. — Un ouragan à la Nouvelle-Calédonie en février 1864, XII (1864), 253. — Note sur la Nouvelle-Calédonie, destinée à servir d'instruction aux colons immigrants dans cette colonie, XII (1864), 225. — Rapport sur les gisements de fer chromé dans la partie Sud de la Nouvelle-Calédonie, par *M. J. Garnier*, XVIII (1866), 335. — Excursion dans la partie Sud-Ouest de la Nouvelle-Calédonie faite en mars 1866, par *M. Garnier*, XIX (1867), 896. — Notice sur les îles Loyalty, par *M. Jouan*, I (1859), 363.

RÉUNION : Éruption du volcan de l'île de la Réunion (19 mars 1860), par *M. Hugoulin*, R. A. C., II (1860), 483. — Le port de Saint-Pierre à la Réunion, par *M. F. Frappier*, R. A. C., III (1860), 686. — L'Agriculture à la Réunion, I (1861), 357. — Topographie de l'île de la Réunion, par *M. Maillard*, V (1862), 424.

SÉNÉGAL : Composition géologique du pays de Kéniéba (Sénégal), par *M. A. Berg*, R. A. C., II (1860), 70. — Statistique du commerce du Sénégal de 1848 à 1859, R. A. C., II (1860), 194. — Population du Sénégal et de ses dépendances en 1860, R. A. C., II (1860), 386. — L'hydrographie du Sénégal et

nos relations avec les populations riveraines, par *M. J.-E. Braouezec*, I
(1861), 101. — Mémoire sur l'épidémie
de fièvre jaune qui a sévi à l'île de
Gorée, pendant le 4e trimestre de l'année 1859, I (1861), 194. — La Casamance, par *M: A. Vallon*, VI (1862),
436.—Notice sur le Oualo, par *M. Azan*,
IX (1863), 395, 607 ; X (1864), 327, 466.
— Le fleuve du Sénégal, par *M. Aube*,
XII (1864), 266. —Culture du cotonnier
au Sénégal, XIII (1865), 256, 569. —
Le ver à soie du Sénégal, XIV (1865),
412. — Situation de la colonie agricole de Saint-Joseph-de-Ngasobil, par
Mgr de Kobès, évêque de Modon, XV
(1865), 79. — Le port de Dakar, en
1866, par *M. A. Vallon*, XX (1867),
382.

TAHITI : Produits agricoles de Tahiti, R. A. C., II (1860), 197. — Recensement de la population indigène des
îles Tahiti et Moorea de 1848 à 1860,
par *M. Caillet*, III (1861), 506. —
(*Pour des détails plus précis sur les
colonies, voir le nom de chaque colonie.*)

Colonies hollandaises : Surinam
(Guyane), par *M. Favard*, R. A. C., I
(1859), 149. — Les Colonies hollandaises en 1859, par *M. de Jonquières*,
R. A. C., I (1859), 309. — Situation
des Indes néerlandaises, R. A. C., III
(1860), 430. — Régime des concessions
de terre destinées à la culture de canne
dans les Indes, par *M. Héritte*, R. A.
C., III (1860), 650. — L'esclavage dans
les colonies hollandaises, par *M. A.
Cochin*, II (1861), 372. — Les
colonies hollandaises, IV (1862),
248. — Le budget des Indes néerlandaises, en 1862, par *M. Auvray*, VI
(1862), 115. — Abolition de l'esclavage
dans les colonies néerlandaises des Indes
occidentales, VI (1862), 269. — Culture
du coton à la Guyane hollandaise, par
M. Bouyer, VII (1863), 61. — Exploitation des sucreries de l'État à Java,
X (1864), 621. — Gisements houillers
de Bencoulen (Sumatra), XII (1864),
559. —Java, ou Comment on gouverne
une colonie, par *M. Money*, XIV (1865),
5, 503 ; XV (1865), 48, 324, 546, 847 ;
XVI (1866), 276, 618, 815 ; XVII (1866),
80, 353.—Culture du quinquina à Java
pendant l'année 1864, XVI (1866), 799 ;
année 1865, XIX (1867), 421. — Règlement administratif de la colonie de Surinam, XVII (1866), 112.— Rapport sur
l'abolition de l'esclavage à la Guyane
au 31 décembre 1865, XXI (1867), 342.

Colonies portugaises : Les établissements portugais de la côte S. O.
de l'Afrique, VI (1862), 607.

Colonies russes : Les Russes sur
le fleuve Amoor, par *M. Ch. Pigeard*,
IV (1862), 288. — Colonies russes de
l'Amérique du Nord, XV (1865), 659.

Colonisation de la Nouvelle-Calédonie, R. A. C., II (1861), 204. — Colonisation du Groënland, IX (1863),
467. — Java, ou Comment on gouverne
une colonie, par *M. Money*, XIV (1865),
5, 503 ; XV (1865), 48, 324, 546, 847 ;
XVI (1866), 276, 618, 815 ; XVII (1866),
80, 353.

Combat naval de Hampton-Roads
(8 et 9 mars 1862), IV (1862), 806. —
Combat naval d'Heligoland entre les
Danois et les Austro-Prussiens (6 mai
1864), XI (1864), 380. — Combat entre
l'*Alabama* et le *Kerseage*, XI (1864),
625, 827. — Rapport du contre-amiral
Farragut sur le combat naval de Mobile, XII (1864), 423. — Combat naval
de Riachuelo (Paraguay), XV (1865), 214.
—Bataille de Lissa, XVIII (1866), 221,
458.—Mémoire de l'amiral Persano, XIX
(1867), 554. — A propos du combat de
Lissa, XIX (1867), 199. — Enseignements à tirer du combat de Lissa, XXII
(1868), 317. — Combat naval entre le
navire grec l'*Arcadion* et l'*Izzedin*, de
la marine turque, XXI (1867), 722.

Combats à éperon (Des), par
M. C. Cordes, XXIV (1868), 478. — Des
ordres de bataille dans les combats à
éperon, par *M. A. de Keranstret*, XXIII
(1868), 628.

Combustibles : Emploi du pétrole
comme combustible dans la marine militaire des États-Unis, XI (1864), 378.

— Gisements houillers de Bencoulen (Sumatra), XII (1864), 559. — De la situation des ressources carbonifères de la Grande-Bretagne, par *M. Geo Bell*, XIX (1867), 412. — Emploi du pétrole comme combustible à bord des navires à vapeur, XXI (1867), 273. — Les combustibles destinés au chauffage des chaudières à vapeur, par *M. D. Morel*, XXII (1868), 467. — Emploi des huiles minérales au chauffage des chaudières des navires à vapeur, XXIII (1868), 1069.

Comino : Notice sur cette île, par *M. E. Avalle*, II (1861), 444.

Commentry (Les plaques de blindage des forges de), XXIV (1868), 302.

Commerce. ALGÉRIE : Étude sur les ports de commerce de la province de Constantine, par *M. F. Du Bouchage*, lieutenant de vaisseau, R. A. C., I (1859), 65. — Commerce et navigation de l'Algérie avant la conquête française, par *M. Elie de la Primaudaie*, R. A. C., II (1860), 437 ; III (1860), 94, 239, 382, 601, 702, 770. — Commerce de l'Algérie avec la France et l'étranger pendant les années 1859 et 1860, R. A. C., II (1860), 98, 201, 580. — Note sur le commerce du Souf, dans le Sahara algérien, par *M. Henry Duveyrier*, R. A. C., III (1860), 637. —Commerce de la France avec l'Algérie (Revue rétrospective, (1831-1859), R. A. C., III (1860), 850.

COLONIES ANGLAISES : Résultats économiques de l'émancipation commerciale des colonies anglaises, par *M. Améro*, R. A. C., II (1860), 505. — Résumé des renseignements recueillis sur le service de la douane à la Trinidad et à la Barbade, par *MM. L. A. Delsaux et A. L. Michaux*, IV (1862), 29. — Statistique du commerce des colonies anglaises de la côte occidentale d'Afrique de 1854 à 1864, XV (1865), 822. — Situation commerciale et industrielle des colonies anglaises, par *M. G. Bell*, XVI (1866), 262.

COLONIES FRANÇAISES : Statistique commerciale : année 1859, R. A. C., I (1859), 414 ; R. A. C., III (1860), 134 ; III, 540 ; année 1860, I (1861), 325 ; II (1861), 400 ; III (1861), 538, 540 ; 1er trimestre 1861, VI (1862), 332 ; année 1864, XIII (1865), 573. — Tableaux du commerce des colonies françaises : Année 1859, V (1862), 46 ; année 1860, VIII (1863), 146 ; année 1861, X (1864), 46 ; année 1862, XIII (1865), 46 ; année 1863, XVI (1866), 46 ; année 1864, XIX (1867), 46 ; année 1865, XXII (1868), 46. — Commerce des colonies françaises de 1848 à 1860, V (1862), 216. — Exportation des colonies françaises en 1864, XIII (1865), 573. — Statistique du commerce au Sénégal de 1848 à 1859, R. A. C., II (1861), 194. — Résumé du commerce de la France avec les côtes occidentales d'Afrique depuis 1847 jusqu'en 1859, R. A. C., III (1860), 287. — État comparatif des exportations de la Réunion et des Antilles françaises, en 1859 et en 1860, I (1861), 327. — Commerce de la Réunion, I (1861), 357. — Commerce du port de Saïgon, année 1860, III (1861), 537 ; année 1862, X (1864), 217 ; année 1863, XI (1864), 156 ; XII (1864), 398. — État des denrées du cru des colonies de la Martinique, de la Guadeloupe et de la Réunion, exportées en 1860 et en 1861, IV (1862), 557 ; en 1862 et 1863, X (1864), 801. — Renseignements relatifs au placement des produits des Antilles françaises en Norwége, IX (1863), 291. — Modification du régime commercial de la Guyane et du Sénégal, XIII (1865), 380. — Commerce et navigation de la Cochinchine en 1865, XVII (1866), 186. — Renseignements sur le commerce et les intérêts français entre la Côte-d'Or et le Congo, XX (1867), 588.

DOCUMENTS DIVERS : Notes sur le commerce de l'Afrique centrale, R. A. C., II (1860), 417. — Les flottes de l'Espagne et le commerce européen aux Indes occidentales, à la fin du XVIIe siècle, documents inédits publiés par *M. Pierre Margry*, III (1861), 573. — Commerce des colonies danoises des

Indes occidentales, VI (1862), 86. — Navigation et commerce du Yang-tse-Kiang, par *M. Laurens*, IX (1863), 202. — Essai sur l'histoire du commerce des Indes orientales, par M. *V.-A. Barbié du Bocage*, X (1864), 680; XI (1864), 581; XII (1864), 172, 385, 616, 768. — Commerce du Bas-Danube, par *M. Cadiou*, XI (1864), 66, 234. — Le commerce français dans le Danube, par *M. A. de Fontenay*, XXII (1868), 736. — Les signaux et le Code commercial, par M. *Sallandrouze de Lamornaix*, XII (1864), 795; XVII (1866), 204. — Commerce de la France pendant l'année 1864, XIII (1865), 469; en 1865, XVI (1866), 482. — Commerce et navigation de la Chine en 1864, XVI (1866), 640. — Statistique de la justice maritime commerciale, année 1863, XIV (1865), 564; année 1864, XXIV (1868), 527.—(Voyez aussi *Marine marchande*.)

Comores (Notes sur Madagascar et les;, par *M. Cave*, XX (1867), 320, 603, 963.

Compagnie des Indes. Voy. *Indes*.

Compagnie transatlantique. Voy. *Paquebots*.

Compas (Les) sur les bâtiments en fer, par *M. Evans Hopkins*, traduction par *M. A. Vallon*, IX (1863), 444. — De la régularisation des compas en Russie, par *M. Darondeau*, XVI (1866), 397. — De la déviation des compas à bord des navires en fer, XIX (1867), 471. — Compas de contrôle, XX (1867), 248. — Compas correcteur de route et de relèvement du commandant Roux, XXII (1868), 206. — Désaimantation des navires en fer, pour réduire les déviations des compas, traduction de *M. F. Labrosse*, XXII (1868), 332, 544. — Déviation des compas, par *M. L. Pagel*, XXIV (1868), 843.

Comptes rendus bibliographiques. *Voir ces comptes rendus à la table de chaque volume, depuis le tome VII* (1863).

Condensateurs d'eau douce, XXIV (1868), 111.

Confédération des colonies anglaises de l'Amérique du Nord, XIII (1865), 395; XIV (1865), 847; XXI, (1867), 514.

Confédération de l'Allemagne du Nord. Voy. *Prusse*.

Congo (Notice sur le), par *M. Vallon*, IX (1863), 589. — Renseignements sur le commerce et les intérêts français au Congo, XX (1867), 588.

Connector : bateau à vapeur articulé, XII (1864), 418.

Conseil, député : Discours prononcé le 26 juin 1861, au Corps législatif, dans la discussion sur le régime des douanes dans les colonies de la Martinique, de la Guadeloupe et de la Réunion, II (1861), 134. — Discours prononcé le 17 juin 1861 dans la discussion du projet de loi relatif aux pensions de l'armée de mer, II (1861), 587.

Conseils généraux des Antilles et de la Réunion, session 1863, X (1864), 399.

Conservation des bois. Voy. *Bois*.

Conservation des carènes à la mer, XII (1864), 199. — Du nettoyage des carènes au moyen de l'appareil à air comprimé, XIII (1865), 771; XVII (1866), 837. — Conservation du fer dans l'eau de mer, XIV (1865), 184. — Composition Gisborne, XV (1865), 213. — Etude sur la détermination rigoureuse de la résistance des carènes, par *M. A. Berry*, XXI (1867), 664. — Les carènes en fer et les balanes ou cravans, par *M. A. Jouvin*, XXI (1867), 901. — Préservation des plaques de cuirasses et des coques en fer, XXIV (1868), 310. — Procédé de M. Roux, XXIV (1868), 311. — Procédé Bernabé, XXIV (1868), 312. — Procédé Daft, XXIV (1868), 313. — Procédé Mulley, XXIV (1868), 314.

Constantine : Le commerce et la navigation de l'Algérie avant la conquête française, par *M. Elie de la Primaudaie*, R. A. C., III (1860), 239. — Etude sur les ports de commerce de la province de Constantine, par *M. F. Du Bouchage*, lieutenant de vaisseau, R. A. C., I (1859), 65.

Constitution des colonies françaises : Documents officiels relatifs au sénatus-consulte sur la constitution des colonies de la Martinique, de la Guadeloupe et de la Réunion, XVII (1866), 707.

Constructions navales : Paquebots transatlantiques des Etats-Unis, par *M. Pastoureau-Labesse*, R. A. C., II (1860), 1. — Constructions navales de la Tyne (Angleterre) en 1861, V (1862), 592. — Notes sur les navires cuirassés et quelques paquebots à vapeur de la marine anglaise, par *MM. Sabattier* et *de Fréminville*, VIII (1863), 499. — Le bois ou le fer dans la construction des bâtiments en Angleterre, VIII (1863), 289. — Constructions navales à Greenock (Ecosse) en 1861, IV (1862), 88. — Constructions navales en Russie en 1863, X (1864), 199. — Machines pour les constructions navales, système Thompson, X (1864), 595. — Constructions navales des Etats-Unis en 1864, X (1864), 594, 802. — Navire à réduit central du capitaine Symonds, par *M. le vice-amiral Pâris*, XI (1864), 216. — Bateaux à vapeur articulés, XII (1864), 418. — Les navires cuirassés, par *M. le vice-amiral Pâris*, XV (1865), 5. — Projet d'une frégate cuirassée à rentrée, XV, 16. — Impressions d'une traversée à bord du paquebot transatlantique le *Péreire*, par *M. le vice-amiral Pâris*, XVII (1866), 447. — De la beauté dans l'architecture navale, par *M. L. Brault*, XX (1867), 521. — Rapport sur les conditions de sûreté des navires en fer, XX (1867), 727. — Navires à vapeur de construction longitudinale, XX (1867), 991. — Institut des constructeurs maritimes en Angleterre, XX (1867), 726. — Travaux résistants du vent et de la mer rencontrant des navires, par *M. Berry*, XXII (1868), 302. — Des formes et des proportions des navires cuirassés, par *M. Reed*, XXIII (1868), 712. — Le système des bâtiments à tourelles opposé au système des bâtiments à batterie, par *M. C. Coles*, XXIV (1868), 162. — De la construction des navires de guerre en vue

de combiner le tir des extrémités avec le tir par le travers, par *M. T.-E. Symonds*, XXIV (1868), 188. — De la construction des navires, XXIV (1868), 640. — Systèmes divers de construction, XXIV (1868), 640. — Système diagonal, XXIV (1868), 642. — Constructions en fer, XXIV (1868), 646. — Navires cuirassés, XXIV (1868), 648. — Navires de l'amiral Halsted, XXIV (1868), 657. — Constructions fer et bois, XXIV (1868), 670.

Convention du 1er juillet 1861 pour régler l'émigration indienne dans les colonies françaises, II (1861), 590.

Coquereau, aumônier en chef de la marine (Notice biographique sur Mgr), par *M. l'abbé Cadoret*, XX (1867), 909.

Coques (Du dépérissement des) des navires en bois et des moyens de la prévenir, par *M. de Lapparent*, VII (1863), 573. — (Voy. aussi *Carènes*.

Cordages. Voy. *Gréements*.

Cordes, lieutenant de vaisseau : Théorie des relèvements polaires et leur application à diverses questions de tactique navale, XIX (1867), 580 ; XX (1867), 123. — Théorie des relèvements polaires, XXI (1867), 497. — Des combats à éperon, XXIV (1868), 478.

Corée (Expédition de), XIX (1867), 477.

Cornélie (Voyage de la) dans l'Océanie occidentale, en 1861, IV (1862), 533.

Cornelissen (J.-E.) : Etude de la température de la mer au large du cap de Bonne-Espérance, XXIII (1868), 403.

Cornudet, conseiller d'Etat : Discours prononcé le 26 juin 1861, au Corps législatif, dans la discussion sur le régime des douanes aux colonies de la Martinique, de la Guadeloupe et de la Réunion, II (1861), 149, 151.

Corradi (Treuil à vapeur de M.), XXIV (1868), 291.

Correcteur de route et de relèvement, par *M. Roux*, XXII (1868), 203.

Coston (Feux), XXIV (1868), 589.

Cote-d'Or : Nouvelles de la Côte-

d'Or, I (1861), 388. — Notice sur les établissements anglais de la Côte-d'Or, IV (1862), 356. — Notice sur les établissements français : *Grand-Bassam, Assinie* et *Dabou.* Résumé historique, IX (1863), 31 ; topographie, 37 ; météorologie, 39 ; population, 40 ; religion, 40 ; gouvernement, 41 ; administration, 41 ; forces militaires, 41 ; agriculture, 41 ; commerce et navigation, 42. —*Gabon.* Résumé historique, IX (1863), 44 ; topographie, 46 ; météorologie, 50 ; population, 51 ; gouvernement et administration, 53 ; forces militaires, 54 ; culte et assistance publique, 55 ; justice, 56 ; finances, 57 ; agriculture, 59 ; commerce et navigation, 60 ; service postal, 64. — Notice sur la Côte-d'Or, traduite par *M. Ed. Hervé,* XV (1865), 391. — Les établissements français de la Côte-d'Or, par *M. Desnouy,* XVIII (1866), 493. — Renseignements sur le commerce et les intérêts français, à la Côte-d'Or, XX (1867), 388. — Note sur les objets de pacotille propres aux échanges à la Côte-d'Or, XXIII (1868), 999.

Coton : Culture du coton et du lin au XIIe siècle de l'ère chrétienne, traduit par *M. Ch. Héricart de Thury,* R. A. C., II (1860), 305. — Production du coton en Algérie, par *M. Pecquet du Bellet,* R. A. C., II (1860), 330. — De la culture du coton en Cochinchine, IV (1862), 405 ; XI (1864), 622. — Le Coton à la côte occidentale d'Afrique, par *M. Aubry-le-Comte,* VI (1862), 447. — Le cotonnier arbre du Pérou, traduit par *M. P. Ramel,* VII (1863), 322. — Culture du coton dans le Cambodge, VIII (1863), 544. — Renseignements généraux sur la culture du coton, par *M. Aubry-le-Comte,* IX (1863), 101. — Culture du cotonnier au Sénégal, par *M. Azan,* VIII (1863), 445 ; XIII (1865), 256, 509. — Culture du coton en Gambie, XIV (1865), 250. — Situation de la colonie agricole de Saint-Joseph de Ngasobil, par *Mgr de Kobès,* XV (1865), 79. — Culture du coton à la Guyane hollandaise, par *M. Bouyer,*

VII (1863), 61. — Culture et production du coton dans les colonies françaises, par *M. Aubry-le-Comte,* XVIII (1866), 73.

Coulvier - Gravier : Les étoiles filantes, X (1864), 229. — Note sur les étoiles filantes, XIII (1865), 782. — Les globes filants, XIV (1865), 622. — Météorologie de l'année 1866, déduite des étoiles filantes, XVII (1866), 398. — Note sur les étoiles filantes, XX (1867), 489.

Coupvent-Desbois, contre-amiral : Températures sous-marines, XVI (1866), 208.

Courants (Les) et le mouvement des glaces sur les côtes d'Islande, par le capitaine *Irminger,* III (1861), 238. — *Errata,* IV (1862), 419.

Courbon, ingénieur de la marine : Mémoire sur une exploration dans la mer Rouge ; rapport de *M. Sainte-Claire-Deville,* I (1861), 391 ; par *M. Valenciennes,* 399 ; rapport de *M. Brongniart,* 401.

Couronne (Mâture de la), XXIV (1868), 74.

Courrier de Saïgon : Fondation de ce journal, X (1864), 603.

Cravans (Les carènes en fer et les balanes ou), par *M. A. Jouvin,* XXI (1867), 901.

Crète : Combat naval du navire grec l'*Arcadion* avec l'*Izzedin,* de la marine turque, XXI (1867), 722.

Cric hydraulique de MM. Tangye, XXIV (1868), 30.

Crisenoy (J. de) : Les Écoles navales et les officiers de vaisseau depuis Richelieu jusqu'à nos jours, X (1864), 759 ; XI (1864), 86. — Renseignements sur les écoles navales étrangères, XII (1864), 331. — Le personnel de la marine militaire et les classes maritimes sous Colbert et Seignelay, XII (1864), 565. — Sauvetage des naufragés sur les côtes de France, XV (1865), 783. — La campagne maritime de 1692, XIV (1865), 433.

Crocodile, navire hollandais à tourelles, XXIV (1868), 266.

Croisière : Croisière de l'escadre anglaise de la Manche, année 1866, XVIII (1866), 866; XX (1867), 833; année 1867, XXIII (1868), 682; XXIV (1868), 263; année 1868, XXIV (1868), 265. — Croisière de l'escadre anglaise de la Méditerranée, année 1867, XX (1867), 254. — Les navires de croisière et leur armement, par *M. le vice-amiral Touchard*, XXIII (1868), 5.

Cronstadt (Fortifications en fer des forts de), XII (1864), 886.

Cuba : Industrie du sucre en 1860, I (1861), 559; *erratum*, 824. — Renseignements sur le régime de la navigation de Cuba, V (1862), 475. — Projet d'émancipation des esclaves à Cuba, XV (1865), 434.

Cuirasses : Conservation des cuirasses dans l'eau de mer, XII (1864), 199 ; XIV (1865), 184. — Composition Gisborne, XV (1865), 213. — Du nettoyage des carènes au moyen de l'appareil à air comprimé, XIII (1865), 771 ; XVII (1866), 837. — Pénétration des boulets et résistance des plaques de cuirasses, XVIII (1866), 680. — Projectiles et cuirasses, XX (1867), 725. — Le projectile et la cible, XX (1867), 999. — Blindage des navires et des forts, XXI (1867), 728. — Les plaques de blindage : plaques des forges impériales de la Chaussade, XXIV (1868), 301 ; plaques de MM. Pétin et Gaudet, 302; plaques des forges de Commentry, 302; plaques de l'usine de MM. Marrel, 302; murailles Chalmers, 308; Redford, 308; Jacobs, 308; Morath, 308; Duffy, 309; Palliser, 309; préservation des plaques de cuirasses et des coques en fer, 310; procédé de M. Roux, 312; procédé Bernabé, 312; procédé Daft, 313; procédé Mulley, 314.

Cuisines : Cuisines de M. Benham, XXIV (1868), 104. — Cuisines de MM. Bowser et fils, 105. — Cuisines de M. Pontier, 108. — Cuisines de M. Varren, 108. — Cuisines de M. Egrot, 110.

Cultures. Voy. *Agriculture*.

Cunard (La Compagnie) : Mise à l'eau du paquebot le *Scotia*, II (1861), 281.

Cunningham : Manœuvre mécanique des canons du capitaine Cunningham, par *M. le vice-amiral Pâris*, XI (1864), 225. — Mâture et machine à brasser les vergues du capitaine *Cunningham*, par *M. Pâris*, XV (1865), 642. — Expériences sur la machine à manœuvrer les gros canons, XXI (1867), 964. — Système de voilure, XXIV (1868), 92.

Curaçao : Notice sur cette colonie hollandaise, par *M. de Jonquières*. R. A. C., I (1859), 325.

Cyclones : Un cyclone à la Réunion en janvier 1860, par *M. Bridet*, R. A. C., II (1860), 408. — Le cyclone de la Réunion des 25 et 26 février 1860, par *le même*, R. A. C., III (1860), 80. — Remarques sur le cyclone qui a passé près de la Réunion, les 16 et 17 février 1861, par *le même*, I (1861), 517. — Notions sur les cyclones, par *M. F. Labrosse*, XVIII (1866), 272. — Le cyclone des 11 et 12 mars 1868 à Maurice et à la Réunion, XXIII (1868), 422. — (Voy. aussi *Météorologie*.)

D

Dabou (Notice sur), IX (1863), 31. — Notice sur le pays de Dabou par *M. Desnouy*, XVIII (1866), 499.

Dabry (P) : Note sur la pisciculture en Chine, X (1864), 243.

Daft (Système de M.) pour la préservation des plaques de cuirasses, XXIV (1868), 313.

Dahlgreen (L'amiral) : Rapport sur les navires cuirassés aux États-Unis en 1864, XIII (1865), 612.

Dahomey (Le royaume de), par

M. A. Vallon, II (1861), 332; III (1861), 329. — Renseignements sur le commerce et les intérêts français dans ce pays, XX (1867), 597.

Dakar (Le port de), en 1866, par *M. Vallon*, XX (1867), 382.

Damiette : Renseignements sur le régime de sa navigation, V (1862), 301.

Danaé, navire anglais non cuirassé : Ses essais, XXII (1868), 211.

Dandoy-Malliard : Petit outillage pour le travail des métaux, XXIV (1868), 27.

Danemark : Voy. *Colonies danoises, Marine militaire, Navigation, Navires cuirassés.*

Dantzig : Renseignements sur le régime de sa navigation, V (1862), 465.

Danube : Navigation du Danube, année 1860, I (1861), 526; année 1861, IV (1862), 820. — Les principautés danubiennes et le commerce du Danube, par *M. Cadiou*, XI (1864), 66, 234. — Le commerce français dans le Danube, par *M. A. de Fontenay*, XXII (1868), 736.

Darondeau, ingénieur hydrographe en chef de la marine : De la régularisation des compas en Russie, XVI (1866), 397.

David : Appareil pour gouverner, XXIII (1868), 318. — Appareil pour amener les embarcations, XXIII (1868), 890. — Cabestan, système David, XXIV (1868), 60. — Ancre David, XXIV (1868), 54.

David (Pierre) et la compagnie des Indes de 1729 à 1752, document inédit publié par *M. P. Margry*, XVIII (1866), 435.

Davidson : Horizon de brume, XXIV (1868), 331.

Davies : Marteau-pilon, XXIV (1868), 12.

De Bon, commissaire général de la marine : Notice sur le port de Cherbourg, XIX (1867), 769; XX (1867), 89.

Decante, lieutenant de vaisseau : Les moyens propres à assurer la ventilation des bâtiments de guerre, XXIV (1868), 1096.

Decaux : Rapport sur les indigos du Sénégal, R. A. C., I (1859), 91.

Decken (Ch. de) : Exploration de l'Afrique équatoriale, XIV (1865), 197. — Expédition dans l'Afrique orientale, XVI (1866), 661.

Défense, frégate cuirassée anglaise, VIII (1863), 507; son passage au bassin, XI (1864), 613.

Défenses des côtes : Les défenses de Spithead, XIII (1865), 361. — Canon français de 42 centim. pour la défense des côtes, XX (1867), 245. — Essai des forts cuirassés à Shœburyness en 1868, XXIII (1868), 752, 940. — La question des défenses maritimes en Angleterre en 1868, XXIII (1868), 925. — De la défense des côtes et de l'application du fer aux fortifications, par *M. Jervois*, XXIV (1868), 489. — De la défense des côtes pendant la guerre maritime des États-Unis, traduction de *M. de la Chauvinière*, XXIV (1868), 923.

Défenses fixes (Les) et les défenses mobiles à Portsmouth, V (1862), 693.

Delafond (Surchauffeur de M.) par *M. E. Joublin*, XXII (1868), 535.

Delapolx de Frémtnville, ingénieur de première classe de la marine : Notes sur les navires cuirassés et quelques paquebots à vapeur de la marine anglaise, VIII (1863), 499. — Membre de la commission chargée de faire des rapports sur l'Exposition de 1867. — (Voy. *Exposition universelle.*)

Delbalat, ingénieur hydrographe de première classe, membre de la commission chargée de faire des rapports sur l'Exposition universelle de 1867. — (Voy. *Exposition universelle.*)

Dellys : Résumé des études géologiques faites en 1857, par *M. Vill* R. A. C., II (1860), 333.

Delsaux (L.-A.), chef d'escadron d'artillerie : Résumé des renseignements recueillis sur le service de l'immigration à la Trinidad, III (1861), 413. — Résumé des renseignements recueillis sur le service de la douane à la Trinidad et à la Barbade, IV (1862), 29.

Delvigne (Les porte-amarres de M.), par *M. Pothier*, XXI (1867), 294.

Denayrouze, lieutenant de vais-

seau : Nouvel appareil plongeur, XIII (1865), 771 ; XVII (1866), 837.

Denny : Appareil pour manœuvrer la barre de gouvernail, XXIII (1868), 315.

Deplanche, chirurgien de la marine : Essais sur la Nouvelle-Calédonie, VI (1862), 52, 203, 475, 615 ; VII (1863), 81.

Deptford : Les arsenaux maritimes de l'Angleterre, par *M. V. Chevallier*, I (1861), 2.

Désaimantation dés navires en fer pour réduire les déviations des compas, traduction de *M. F. Labrosse*, XXII (1868), 332, 544. — (Voir aussi *Compas.*)

Desfossés (Romain-Joseph), amiral, sénateur : Rapport sur une pétition adressée au Sénat par deux mille trois ent cinquante-cinq patrons et marins pêcheurs de Boulogne, Calais, Gravelines et Dunkerque, I (1861), 633.—Discours prononcés au Sénat sur la question des pêches maritimes, I (1861), 706, 769. — Mort de l'amiral Romain-Desfossés, XIII (1865), 332, 758.

Désirade (La) : Notice sur cette colonie anglaise, par *M. E. Avalle*, XII (1864), 89.

Desnouy (E.) : Les établissements français de la Côte-d'Or, XVIII (1866), 493.

Dessin (Écoles de) de la marine, XX (1867), 798.

D'Estaing : Les guerres de l'Inde en 1759, document inédit publié par *M. Léon Renard*, XII (1864), 163.

Detombay (Marteau-pilon), XXIV, (1868), 8.

Déviations des compas. Voy. *Compas.*

Deville (Sainte-Claire). Voy. *Sainte-Claire.*

Devonport, arsenal maritime anglais, par *M. V. Chevallier*, I (1861), 47.

D'Houdetot (Les engins de sauvetage du comte), par *M. Pothier*, XXI (1867), 292.

Dictator : Navire cuirassé américain,

VII (1863), 439; X (1864); 390; XXII (1863), 272; son artillerie, XII (1864), 211.

Dislère (P.), sous-ingénieur de deuxième classe de la marine : Notes sur la marine américaine, XXII (1868), 261. — Secrétaire de la commission chargée de faire des rapports sur l'Exposition universelle de 1867. — (Voy. *Exposition universelle de 1867.*)

Djérid (Excursion dans le) ou Pays des Dattes (Sud de la Tunisie), par *M. Henry Duveyrier*, R. A. C., II (1860), 542.

Docks (Les), XXIV (1868), 690.

Doneaud (A.), professeur à l'École navale : Notice sur le port de Brest, XVII (1866), 225, 477. — Notice sur le comte de Gomer, XX (1867), 702. — La marine française au XVIIIᵉ siècle, XXI (1867), 465, 580.

Dom Pedro II, navire cuirassé brésilien : Sa mise à l'eau, XIII (1865), 203.

Doremieux (Cables-chaînes de M.) XXIV (1868), 57.

Doret, sénateur : Sa mort, XVI (1866), 659.

Douanes : Documents officiels relatifs à la loi du 3 juillet 1861 sur le régime douanier des colonies de la Martinique, de la Guadeloupe et de la Réunion, II (1861), 52. — Modification du régime douanier du Sénégal et de la Guyane, XIII (1865), 380. — Résumé des renseignements recueillis sur le service de la douane à la Trinidad et à la Barbade, par *MM. L.-A. Delsaux et A.-L. Michaux,* IV (1862), 29. — (Voy. *Commerce.*)

Double-enders, XXII (1868), 284.

Doudard de Lagrée, capitaine de frégate, chef de l'expédition du Mékong : Sa mort, XXIII (1868), 761.

Douglas (Pompes de M.), XXIV (1868), 349.

Douvres : Notice sur ce port, par *M. V. Chevallier*, I (1861), 241.

Droits des neutres. Voy. *Neutralité.*

Drouyn de Lhuys : Les neutres pendant la guerre d'Orient., XXIII (1868), 658.

Dubois : Rapport sur la fabrication de l'huile de foie de morue aux îles Saint-Pierre et Miquelon, II (1861), 285.

Du Bouchage (F.), lieutenant de vaisseau : Etude sur les ports de commerce de la province de Constantine, R. A. C., I (1859), 65.

Du Bouzet (Notice nécrologique sur le contre-amiral, marquis), XXI (1867), 695.

Duchemin : Capsules électriques, XVIII (1866), 685. — Phosphorescence de la mer, XVIII (1866), 888. — Les bouées électriques, XIX (1867), 251.

Ducommun (Machine-outil), XXIV (1868), 20.

Ducrest de Villeneuve, capitaine de vaisseau : Rapport sur l'exposition internationale de pêche de Boulogne-sur-Mer en 1866, XIX (1867), 835.

Duffy (Muraille), XXIV (1868), 309. — Canon sous-marin, XXIV (1868), 316.

Dufresne. Voy. *La Chauvinière*.

Du Hailly (Ed.) : La France en Cochinchine, XVIII (1866), 744.

Dumas-Vence, capitaine de frégate : Rapport sur la pêche du hareng pendant l'année 1867, XXII (1868), 383. — Notice sur les ports de la Manche et de la mer du Nord, XXIV (1868), 695.

Du Miral : Extrait du rapport fait au Corps législatif sur les projets de loi portant fixation des budgets ordinaire et extraordinaire de l'exercice 1867 et des suppléments de crédit de l'exercice 1866, XVIII (1866), 119.

Dumont (Pompe de M.), XXIV (1868), 371.

Dunderberg, navire cuirassé : sa mise à l'eau, VII (1863), 440 ; XV (1865), 214, 436 ; détails sur ce navire, XX (1867), 255, 503.

Dunette de sauvetage, XIX (1867), 699.

Dunkerque (La rade de), par M. *Jonglez de Ligne*, XI (1864), 177.

Duperré : Renseignements nautiques recueillis à bord de ce navire et de *la Forte* pendant un voyage en Chine, par M. *S. Bourgois*, VII (1863), 252, 483.

Dupetit-Thouars, vice-amiral : Notice nécrologique, XI (1864), 128.

Duplessis (Ch.), chef de bureau au ministère de la marine et des colonies : Notice sur le contre-amiral Tardy de Montravel, XIII (1865), 335.

Dupré : Le navire brise-lames, XXI (1867), 731.

Dupuy de Lome, conseiller d'État, membre de l'Institut, inspecteur général du génie maritime : Discours prononcés au Corps législatif dans la discussion sur le budget de la marine et des colonies, exercice 1862, II (1861), 312 ; exercice 1863, V (1862), 791 ; exercice 1864, VIII (1863), 803 ; exercice 1865, XI (1864), 455 ; exercice 1866, XIV (1865), 667 ; exercice 1867, XVIII (1866), 133 ; exercice 1868, XXI (1867), 179 ; exercice 1869, XXIV (1868), 429. —Discours prononcé le 17 juin 1861 dans la discussion du projet de loi sur les pensions de l'armée de mer, II (1861), 624. — Note sur les machines à vapeur à trois cylindres égaux avec introduction directe dans un seul, XXI (1867), 5. — Machines marines (système Woolf), par M. *Mouche*, XXIII (1868), 894, 910.

Duranton : Culture du tabac en Algérie, R. A. C., I (1859), 82.

Duval (Jules) : Les Colonies et l'Algérie au concours général et national d'agriculture de Paris en 1860, rapport du jury spécial, R. A. C., III (1861), 853.

Duval : Petit outillage pour le travail des métaux, XXIV (1868), 27.

Duveyrier (Henry) : Lettre à la Société de géographie, sur le pays des Beni-Mzab et sur celui des Chaanba occidentaux (carte), R. A. C., II (1860), 125. — Excursion dans le Sud de la Tunisie, R. A. C., II (1860), 413. — Excursion dans le Djérid ou Pays des Dattes (Sud de la Tunisie), R. A. C., II (1860), 542. — Voyage dans le Sahara, R. A. C., III (1860) 439. — Notice sur le commerce du Souf dans le Sahara algérien, R. A. C., III (1860), 637. — Notes sur la régence de Tripoli, R. A. C., III (1860), 767.

E

Eaux minérales. Voy. *Hydrologie.*

Ébrié (Notice sur le pays d'), par *M. Desnouy*, XVIII (1866), 493.

Eclairage des villes et des usines à l'île de la Réunion, par *M. Hugoulin*, III (1861), 139, 274, 443. — Expériences de lumière électrique, XV (1865), 208. — Application de la lumière électrique à l'éclairage sous l'eau, XV (1865), 210. — Étude sur les machines magnéto-électriques, par *M. A. Trève*, XXIII (1868), 951 ; XXIV (1868), 594, 607. — Les appareils d'éclairage à l'Exposition de 1867 : appareils de M. Châtel, XXIV (1868), 599 ; appareils de M. Nunn, XXIV (1868), 602 ; lampes d'habitacle de M. Shéridan, XXIV (1868), 603 ; éclairage au pétrole, XXIV (1868), 604 ; lampes Wavish, XXIV (1868) 606 ; lampes Marmet, XXIV (1868), 607 ; de la lumière électrique, XXIV (1868), 607 ; éclairage au gaz oxy-hydrogène, XXIV (1868), 612 ; l'éclairage au magnésium, XXIV (1868), 612.

Éclipse. Voy. *Astronomie.*

Écoles de la marine : Les écoles d'enseignement primaire et professionnel de la marine à l'Exposition de 1867 : Établissement des pupilles, à Brest, XX (1867), 758, École des mousses, XX, 765 ; écoles élémentaires des équipages de la flotte, XX, 775 ; écoles élémentaires des apprentis des ports, XX, 781 ; écoles de maistrance, XX, 788 ; écoles de dessin, XX, 798 ; écoles théoriques et pratiques des mécaniciens et chauffeurs de la flotte, XX, 799 ; écoles régimentaires de l'infanterie, de l'artillerie de marine et des bataillons de fusiliers marins, XX, 807 ; écoles d'hydrographie, XX, 825. — Réorganisation du vaisseau-école des canonniers, XXII (1868), 880

École des canonniers. Voyez *Canonniers.*

Écoles navales (Les) et les officiers de vaisseau depuis Richelieu jusqu'à nos jours, par *M. de Crisenoy*, X (1864), 759 ; XI (1864), 86. — Renseignements sur les écoles navales étrangères, par *M. J. de Crisenoy*, XII (1864), 331.

École du génie maritime (Création d'une) en Angleterre, XII (1864), 208.

Écosse : Note sur les poids et mesures en usage dans le commerce des harengs en Ecosse, III (1861), 234. — Le port de Glasgow, II (1861), 209. — Constructions navales à Greenock en 1861, IV (1862), 88.

Égrot (Cuisine de M.), XXIV (1868), 110.

Égypte. Voy. *Marine militaire, Navigation* et *Navires cuirassés.*

El-Abdéry (Voyage d') à travers l'Afrique septentrionale, au septième siècle de l'Hégire, notice et extraits par *M. A. Cherbonneau*, R. A. C., II (1860), 282.

Électricité : Expériences de lumière électrique, XV (1865), 208. — Application de la lumière électrique à l'éclairage sous l'eau, XV (1865), 210. — Les bouées électriques, par *M. E. Duchemin*, XIX (1867), 251. — Emploi de la lumière électrique pour l'éclairage des bouées, XIX (1867), 929. — Les capsules électriques de Duchemin, XVIII (1866), 685. — Étude sur les machines magnéto-électriques, par *M. A. Trève*, XXIII (1868), 951. — Machines photo-magnéto-électriques de la compagnie l'*Alliance*, XXIV (1868), 594, 607.

Éléphants (Notice sur la baie des) VI (1862), 613.

Ellis (William) : Madagascar, R. A. C., II (1861), 238, 387.

Elst : Marteau-pilon, XXIV (1868), 7.

Elwell : Machine-outil, XXIV (1868), 18.

Emancipation commerciale des colonies anglaises (Résultats économiques de l'), par *M. Améro*, R. A. C., II (1860), 505. — (Voy. aussi *Esclavage* et *Immigration*.)

Embarcations : Chaloupe à vapeur pour la Nouvelle-Calédonie , XVII (1866), 202. — Appareils pour la mise à la mer des embarcations, XX (1867), 734. — Chaloupe-canonnière, XX (1867), 993. — Embarcations pour bâtiments de guerre, XXIII (1868), 860. — Embarcations à vapeur : chaloupes à vapeur françaises, XXIII (1868), 868; chaloupe à vapeur anglaise, XXIII (1868), 869; machines de MM. Penn et Rennie, XXIII (1868), 872; canot à vapeur de M. Claparède, XXIII (1868), 873; canot à vapeur à chaudière Belleville, XXIII (1868) , 875; canots à vapeur suédois, XXIII (1868), 879; canots à vapeur des forges et chantiers de la Méditerranée, XXIII (1868), 880; canots à vapeur de MM. White, Gouin , Oriolle et Bourdon, XXIII (1868), 881, 882. — Appareils pour amener et hisser les embarcations à la mer : Kynastor , XXIII (1868), 886; Clifford, XXIII (1868), 887; May, XXIII (1868), 888; Rodgers, XXIII (1868), 888; Brown et Level , XXIII (1868) , 889; Massey , XXIII (1868), 889; David, 890; Revault 891.

Emigration chinoise à Macao : Règlements, XIII (1865), 619. — (Voy. *Immigration*.)

Engrais artificiels applicables à la culture de la canne à sucre , par *M. Hugoulin*, VII (1863), 711; VIII (1863), 594. — Note sur les phosphates naturels de Sombrero, IV (1862), 776. — Emploi de la chaux maigre des coraux à l'agriculture, par *M. Hugoulin*, IV (1862), 269.

Enquête sur la marine marchande de la France, V (1862), 339. — (Voy. aussi *Inscription maritime*.)

Enseignement (Les écoles d') primaire et professionnel de la marine à l'Exposition universelle de 1867, XX (1867), 757. — Enseignement du canonnage sur le vaisseau-école d'application le *Jean-Bart*, XXI (1867), 701.

Enterprise, navire cuirassé anglais, VIII (1863), 523; X (1864), 597 ; sa mise à l'eau, XI (1864), 149; ses essais, XI (1864), 614; XII (1864), 198.

Éperon : Des ordres de bataille dans les combats à éperon, par *M. A. de Keranstret*, XXIII (1868), 628. — Des combats à éperon, par *M. C. Cordes*, XXIV (1868), 478. — (Voy. aussi *Navires cuirassés* et *Tactique navale*.)

Epidémie de fièvre jaune qui a sévi sur l'île de Gorée pendant le 4e trimestre de l'année 1859, mémoire de *M. Bel*, I (1861), 194.

Equilibre statique. Observations et remarques sur la loi de l'équilibre statique, XXI (1867), 494.

Equimina (Notice sur la factorerie d'), VI (1862), 613.

Equipages de la flotte (Écoles élémentaires des) : XX (1867), 775.

Esclavage : L'Esclavage dans les colonies de la Hollande, par *M. A. Cochin*, II (1861) , 372. — Abolition de l'esclavage dans les colonies néerlandaises des Indes occidentales, VI (1862), 269. — L'esclavage dans le code annamite, VII (1863) , 78. — Projet d'émancipation des esclaves à Cuba, XV (1865), 434. — Abolition de l'esclavage dans les colonies espagnoles, XVI (1866), 403. — Rapport sur les résultats de l'abolition de l'esclavage à la Guyane hollandaise au 31 décembre 1865, XXI (1867), 342.

Eshern-Scare, canonnière cuirassée danoise, XXII (1868), 428.

Espagne (Les flottes de l') et le commerce européen aux Indes occidentales à la fin du XVIIe siècle, document inédit sur l'histoire de la marine, publié par *M. Pierre Margry*, III (1861), 573. — (Voy. *Colonies, Marine militaire* et *Navires cuirassés*.)

Essen (Aciéries de Krüpp à), XXIII (1868), 325.

Essex, navire cuirassé américain, VI (1862), 550 ; VII (1863), 437.

Estacades (Des), traduction de M. *de la Chauvinière*, XXIV (1868), 950.
—Estacades japonaises, par *M.A.Paris*, XXIV (1868), 225.

Etablissements impériaux de la marine française : Indret, par *M. Babron*, XXIII (1868), 123; XXIV (1868) 495.

Etats-Unis : De la vente des terres domaniales aux États-Unis, III (1861), 303. — Extraits de l'Exposé de la situation de l'empire pendant l'année 1861, IV (1862), 226.— (Voy. *Artillerie, Budgets, Marine militaire, Navires cuirassés, Navigation.*)

Etoiles (Les) filantes, par *M. Coulvier-Gravier*, X (1864), 229; XIII (1865), 782; XVII (1866), 398; XX (1867), 489.

Eucalyptus globulus (L') de Tasmanie, par *M. Ramel*, III (1861), 515.

Evan. Voy. *Hopkins.*

Evelyn, lieutenant-colonel anglais : Palmipède-gouvernail, XXIII (1868), 59.

Evolueurs mécaniques, XXIII (1868), 320.

Evolutions. Voy. *Tactique navale.*

Expéditions militaires : ABYSSINIE : Expédition des Anglais en 1868, XXIII (1868), 69 ; XXIV (1868), 235.

ALGÉRIE : Défaite des Angades, Beni-Snassen et Maïas en 1859, R. A. C., I (1859), 407.

CHINE : Notice sur la baie du Peï-Ho, par *M. le contre-amiral Bourgois*, XI (1864), 43; XVII (1866), 681; XVIII (1866), 98. — Résumé des opérations militaires des forces alliées dans la province de Shang-Haï, pendant le mois de février 1862, VI (1862), 46. — Expédition de Corée, XIX (1866), 477.

COCHINCHINE : Prise des forts de Ki-Hoa, I (1861), 546; prise de Mytho, I (1861), 809. — Prise de Bien-Hoa et de Baria, IV (1862), 558; prise de Vinh-Long, V (1862), 391; VI (1862), 396. — Historique de l'expédition de Cochinchine, VI (1862), 389. — Expédition de Go-Cong, IX (1863), 166; traité conclu avec l'empire annamite, IX (1863), 168. —Expédition de la plaine des Joncs, XVII (1866), 642. — Prise de possession des provinces de Vinh-Long, de Chau-Doc et de Ha-Tien (Basse-Cochinchine), en juin 1867, XXI (1867), 717.

NOUVELLE-CALÉDONIE : Expédition des 1-3 septembre 1859, R. A. C., I (1859), 394.

SÉNÉGAL : Expédition dans le pays de Sine et de Saloum, R. A. C., I (1859), 24. — Destruction de Guémou, au Sénégal, 17-29 octobre 1859, R. A. C. I (1859), 398. — Expédition militaire du Cayor et de la Casamance, I (1861), 376, 610. — Rapport médical sur les opérations militaires du Cayor, de février à mai 1861, par *M. Barthélemy Benoît*, III (1861), 459. — Opérations au Sénégal de 1862 à 1864, XI (1864), 724. — Expédition militaire du Rip, XVI (1866), 850.

Explorations. Voy. *Voyages.*

EXPOSÉ DE LA SITUATION DE L'EMPIRE. *Voy. Situation de l'Empire.*

Expositions : Programme d'une Exposition internationale de pêche aux Pays-Bas (septembre 1861), I (1861), 630. — Rapport sur l'Exposition internationale de pêche des Pays-Bas de 1861, III (1861), 194. — Les colonies françaises à l'Exposition nationale de Nantes en 1861, III (1861), 359. — Les colonies anglaises à l'Exposition universelle de Londres en 1862, par *M. C. Pigeard*, III (1861), 256; IV (1862), 50. — Catalogue des produits des colonies françaises envoyés à l'Exposition universelle de Londres en 1862, IV (1862), 613. — L'Exposition universelle de Londres en 1862, extrait d'un rapport de *M. Aubry-le-Comte*, VI (1862), 143. — Liste des récompenses obtenues par les colonies françaises à l'Exposition universelle de Londres en 1862, VI (1862), 167.—Rapport sur les produits odoriférants des colonies françaises à l'Exposition universelle de Londres en 1862, par *M. Rimmel*, VII (1863), 114.— Exposition de pêche en Norvége en 1864, X (1864), 600. — Exposition internationale de produits et d'engins de pêche ouverte à Bergen en août 1865, rapport, XV (1865), 746. — Exposition

internationale de pêche de Boulogne-sur-Mer, en 1866, par *M. Ducrest de Villeneuve*, XV (1865), 661 ; XIX (1867), 835. — Rapports sur les travaux de l'Exposition permanente des colonies, année 1861, IV (1862), 721 ; année 1862, IX (1863), 471 ; année 1867, XXIV (1868), 215. — Exposition de pêche et d'aquiculture d'Arcachon en 1866, XVI (1866), 665 ; XX (1867), 5. — Les phares à l'Exposition universelle de 1867, par *M. Léon Renard*, XXI (1867), 15. — Les engins de sauvetage à l'Exposition de 1867, par *M. E. Pothier*, XXI (1867), 289. — L'aquarium marin de l'Exposition universelle de 1867, XXI (1867), 763. — Les écoles d'enseignement primaire et professionnel de la marine, XX (1867), 757.

RAPPORTS D'UNE COMMISSION DE MÉCANICIENS PRINCIPAUX DE LA MARINE SUR LES MACHINES ET LES CHAUDIÈRES MARINES A L'EXPOSITION UNIVERSELLE DE 1867 : Combustibles destinés au chauffage des chaudières à vapeur, par *M. D. Morel*, XXII (1868), 467. — Les chaudières marines et fixes, par *M. E. Joublin*, XXII, 503. — Les machines, par *M. G. Bonnefoy*, XXII, 710. — Propulseurs, par *M. Postec*, XXIII (1868), 46. —Tiroirs, pompes et appareils fumivores, par *M. H. Haëc*, XXIII, 370. — Machine à 2 et 3 cylindres pour les grands bâtiments et pour les embarcations, par *M. L. Mouche*, XXIII, 893.

RAPPORTS DE LA COMMISSION DU MINISTÈRE DE LA MARINE ET DES COLONIES SUR L'EXPOSITION UNIVERSELLE DE 1867 : Les bois de marine, XXIII (1868), 38. — Des gouvernails et appareils pour gouverner, XXIII, 296. —Les canons en acier fondu, XXIII, 325. — Les canons de l'arsenal de Woolwich, XXIII, 361. — Les mines et les torpilles sous-marines en Autriche, XXIII, 557. — Les navires à tourelles, XXIII, 579. — Des propulseurs hydrauliques, XXIII, 609. — Artillerie rayée du système Whitworth, XXIII, 797. — Appareils et instruments de pointage, XXIII, 836. — Note sur diverses installations relatives au service de l'artillerie à bord des bâtiments, XXIII, 857. — Embarcations pour bâtiments de guerre, XXIII, 860. — Embarcations à vapeur, XXIII, 868. — Appareils pour amener et hisser les embarcations à la mer, XXIII, 886. — Des marteaux-pilons et appareils de forge, XXIV (1868), 5. — Machines-outils employées au travail des métaux, XXIV, 16. — Machines-outils employées au travail du bois, XXIV, 33. — Appareils de mouillage et de manœuvre des ancres, XXIV, 49. — Mâtures, voilures et gréements, XXIV, 68. — Cuisines, cuisines distillatoires, condensateurs d'eau douce et filtrée, XXIV, 104. — Substances alimentaires, XXIV, 116. — Cabestans et treuils à vapeur, XXIV, 289. — Ventilation des navires, XXIV, 295. — Plaques de blindage, systèmes de cuirassement, moyens de préservation des blindages et des carènes, XXIV, 300. — Canons sous-marins, XXIV, 315. — Instruments d'astronomie nautique, XXIV, 323. — Pompes, XXIV, 339. — Appareils pour la transmission des ordres dans le bâtiment, XXIV, 384. — Appareils et systèmes de signaux ayant pour objet la transmission des ordres, à distance, à la mer, XXIV, 569. — Appareils d'éclairage propres au service de la marine, XXIV, 599. — Régulateurs pour machines à vapeur, XXIV, 614. — Machines à coudre les voiles, etc, XXIV, 634. — Construction des navires, XXIV, 640. — Docks, cales de halage, etc, XXIV, 690. — Sillomètres, XXXIV, 909. — Appareils plongeurs, XXIV, 923.

Eymin : Notice sur le port de Brest, XVII (1866), 225, 477.

Eynaud, sous-ingénieur de la marine : Le navire à tourelles américain le *Miantonomoh*, XIX (1867), 545.

F

Fabre (E.) : Les Bouvet, XVIII (1866), 394, 779; XX (1867), 203, 933; XXI (1867), 911.

Fabrication du sucre. Voy. *Sucre.*

Fabvre (Mort du vice-amiral), XIII (1865), 341.

Faidherbe (Le général) : L'avenir du Sahara et du Soudan, VIII (1863), 221. — Voyage de MM. Mage et Quintin dans l'intérieur de l'Afrique, XVIII (1866), 666.

Farcot : Générateur tubulaire à foyer et à faisceau tubulaire mobile, pour le nettoiement des chaudières, par *M. Joublin*, XXII (1868), 526. — Marteau-pilon Farcot, XXIV (1868), 7. — Théorie des régulateurs marins isochrones, à bras et à bielles croisés à deux centres d'oscillations, de MM. Farcot et fils, par *M. Huin*, XXIV (1868), 718. — Régulateurs de MM. Farcot, XXIV (1868), 620.

Faron, commissaire général de la marine : Notice sur le contre-amiral Mengin du Valdailly, XV (1865), 424.

Farragut, contre-amiral américain: Rapport sur le combat naval de Mobile, XII (1864), 424.

Fauque de Jonquières (De), capitaine de vaisseau, membre de la commission chargée de faire des rapports sur l'Exposition universelle de 1867. — (Voy. *Exposition universelle.*)

Fava (L'abbé) : Une mission française dans l'île de Zanzibar, IV (1862), 231.

Favard : La colonie de Surinam (Guyane hollandaise), R. A. C., I (1859), 149.

Favin - Levêque, capitaine de vaisseau : Rapport sur la pêche de la morue en Islande pendant l'année 1867, XXII (1868), 373.

Favourite, corvette cuirassée anglaise : Note sur cette corvette, VIII

(1863), 523; sa mise à l'eau, XI (1864), 823; ses essais, XVII (1866), 201.

Fer chromé. Voy. *Minéralogie.*

Féroé (Notice sur les pêches des îles), par *M. Irminger*, IX (1863), 8.

Ferrol (L'arsenal de), XII (1864), 199.

Fétu (Machine-outil) pour le travail des métaux, XXIV (1868), 17.

Field : Chaudière à bouilleurs verticaux garnis d'un plongeur, par *M. Joublin*, XXII (1868), 514. — Machine Field, par *M. Mouche*, XXIII (1868), 923.

Fièvre-Jaune (Mémoire sur l'épidémie de) qui a sévi sur l'île de Gorée, pendant le 4e trimestre de l'année 1859, par *M. Bel*, I (1861), 194.

Filets (Nouveau procédé de laçage de) à la main, par *M. J. Légal*, VII (1863), 214. — (Voy. *Pêches.*)

Filtres (Les), XXIV (1868), 112.

Fishbourne, capitaine de la marine royale anglaise : Lecture sur l'artillerie de marine, XII (1864), 26, 346, 488.

Fitz-Roy (L'amiral) : La télégraphie météorologique en Angleterre, V (1862), 405. — Les naufrages sur les côtes d'Angleterre en 1861, et les avertissements de l'amiral Fitz - Roy, par *M. G. Bell*, VII (1863), 101. — L'amiral Fitz-Roy et le lieutenant Maury, XIX (1867), 917. — Le livre du temps, par l'amiral Fitz-Roy, traduction de *M. Macleod*, XI (1864), 300, 422, 768; XII (1864), 140, 466, 816; XIII (1865), 320, 729; XIV (1865), 740; XV (1865), 88, 596, 691. — (Voy. *Météorologie.*)

Flandre, frégate cuirassée française : Sa mise à l'eau, XI (1864), 821.

Flèches porte-amarres. Voy. *Porte-amarres.*

Fleuriot de Langle (A.) (Vicomte de), contre-amiral : Études sur

la météorologie navale, XV (1865), 669.

Flore de la Basse-Cochinchine, XVI (1866), 832.

Folin (L. de) : Notions théoriques des principes sur lesquels reposent les mouvements et les évolutions du navire, XIV (1865), 731.

Fonderie de çanons de Pittsbourg aux États-Unis, XII (1864), 635.—(Voy. aussi *Aciéries*.)

Fonssagrives (De), médecin en chef de la marine : Rapport sur les cas d'asphyxie par l'air confiné des chaudières, observés à bord du *Bisson*, X (1864), 317.

Fontarabie. Voy. *Milhet*.

Fontenay (A. de), lieutenant de vaisseau : Le commerce français dans le Danube, XXII (1868), 736.

Forêts : Renseignements sur les diverses essences de bois de la Cochinchine, X (1864), 672.—Aperçu sur la production actuelle et future de nos forêts domaniales, par *M. Burger*, XI (1864), 682; XII (1864), 128, 361. — Excursion dans les forêts de la frontière de la Cochinchine et du Cambodge, par *M. Korn*, XII (1864), 453. — Notice sur les bois de la Nouvelle-Zélande, par M. *Jouan*, XIV (1865), 19. — Les bois de marine à l'Exposition de 1867, XXIII (1868), 38.

Forges : Les apppareils de forge à l'Exposition de 1867, XXIV (1868), 5; marteau-pilon Farcot, 7; marteau Vander Elst, 7; marteaux Detombay, Keller, Sellers, Sturgeon, Ramsbottom, 8; marteau Thwaites, 10; presse à forger Haswelt, 11; martinet Massey, 12; marteau Davies, 12; marteau Schmerber, 13; forges Schaller, 14.

Forte (Renseignements nautiques recueillis à bord du *Duperré* et de la) pendant un voyage en Chine, par *M. S. Bourgois*, VII (1863), 252, 483.

Fortifications cuirassées : Les fortifications cuirassées , XI (1864), 155. — Les fortifications en fer de Cronstadt, XII (1864) , 886. — Les défenses de Spithead , XIII 1865), 361. — Expériences de tir sur des fortifications cuirassées, XVIII (1866), 881. — Les torpilles comme moyens de défense de guerre, XX (1867), 349. — Fortifications de Kertch, XX (1867), 996. — Blindage des navires et des forts, XXI (1867), 728. — Expériences sur la résistance des fortifications cuirassées en Amérique au mois de septembre 1866. par *M. Dislère*, XXII (1868), 267. — Les masques métalliques de Gibraltar, XXII (1868), 871. — La question des défenses maritimes en Angleterre en 1868 , XXIII (1868), 925. — De la défense des côtes et de l'application du fer aux fortifications, par *M. Jervoise*, XXIV (1868), 489. — De la défense des côtes pendant la dernière guerre maritime des États-Unis, traduction de *M. de la Chauvinière*, XXIV (1868), 928. — (Voir aussi : *Cuirasses, Défense des côtes et Forts de mer*.)

Forts de mer : Les forts de mer à Plymouth et à Spithead, XX (1867), 740. — Blindage des navires et des forts, XXI (1867), 728. — Les forts de mer en 1867, XXI (1867), 749. — Les forts cuirassés à la Chambre des communes en 1868, XXIII (1868), 240. — Les forts cuirassés et la grosse artillerie, XXIII (1868), 528, — Essai de forts cuirassés à Shoeburyness, XXIII (1868), 752, 940. — La question des défenses maritimes en Angleterre en 1868, XXIII (1868), 925.

Foucault (Régulateurs de M.), XXIV (1868), 620.

Fourchambault : Aciéries de Martin, XXIII (1868), 338.

Fourneyron (Pompe de M.), par *M. Hubac* , XXIII (1868), 386 ; XXIV (1868), 347.

Fouta-Djalon (Voyage dans le) côtes occidentales d'Afrique (février-juin 1860), par *M. A. Lambert*, II (1861), 1.

Foy (Richard), lieutenant de vaisseau : Voyage sur transport l'*Hérault* en Australie et en Océanie en 1858, III (1861), 487.

France. Voy. *Artillerie, Budgets*,

Colonies françaises, Commerce, Marine militaire, Navigation, Navires cuirassés, Pêches.

France (Les îles de) et de Bourbon sous le gouvernement de Mahé de la Bourdonnais (1735 à 1740), document inédit publié par *M. Pierre Margry*, VI (1862), 334.

Frankland (Ed.) : Influence de la pression atmosphérique sur la durée des fusées des obus, XV (1865), 212.

Frappier (Félix) : Le port de Saint-Pierre, à la Réunion, R. A. C., III (1860), 686.

Fraser : Les canons Fraser, XX (1867), 259 ; XXIII (1868), 368. — Éclatement d'un canon Fraser, XXIV (1868), 1137. — (Voir *Artillerie.*)

Frederich-Carl, frégate cuirassée prussienne : Description de ce navire, XXIV (1868), 659 ; son départ pour la Baltique, XXI (1867), 974.

Fréminville (De). Voy. *Delapoix.*

Frémont : Système de voilure, XXIV (1868), 93.

Frot : Notes sur une machine à ammoniaque, XXII (1868), 530 ; XXIII (1868), 382, 962.

Fulcrand , capitaine du génie : Exploration de la baie d'Arguin, I (1861), 495.

Fumivores : Les appareils fumivores des chaudières marines, par *M. E. Joublin* , XXII (1868), 536 ; le même, par *M. Hubac*, XXIII (1868), 392.

Furcy : Canon sous-marin, XXIV (1868), 315.

Furnari (S.) , docteur-médecin : Recherches ophthalmiques sur l'Algérie, R. A. C., III (1860), 188.

Fusées : Influence de la pression atmosphérique sur la durée des fusées des obus, XV (1865), 212. — Fusée en bois du colonel Boxer, XXIV (1868), 1134. — (Voir *Artillerie, Projectiles.*)

G

Gabon : Notice sur le Gabon, par *M. Touchard*, III (1861), 1. — Description de la rivière Rhamboé et de ses affluents, III (1861), 401. — Exploration du fleuve Ogo-Wai, par *M. le docteur Griffon du Bellay*, IX (1863), 66, 296. — Notice sur le Gabon : Résumé historique, IX (1863), 44 ; topographie, 46 ; météorologie, 50 ; population, 51 ; gouvernement et administration, 53 ; forces militaires et maritimes, 54 ; culte et assistance publique, 55 ; justice, 56 ; finances, 57 ; agriculture, 59 ; commerce et navigation, 60 ; service postal, 64. — Reconnaissance des routes qui mènent du Rhamboé à l'Ogo-Wai, par *M. Serval*, IX (1863), 309. — Statistique commerciale et maritime, année 1862, XIII (1868), 184 ; année 1863, XVI (1866), 189 ; année 1864, XIX (1867), 189 ; année 1865, XXII (1868), 191. — Renseignements sur le commerce et les intérêts français entre la Côte-d'Or et le Congo, XX (1867), 588.

Gaigneron, chirurgien de la marine : l'Immigration indienne, V (1862), 712.

Galache, lieutenant de vaisseau : Nouvelles méthodes pour déterminer la position d'un navire près de la côte, XXI (1867), 689.

Galena, navire cuirassé américain, V (1862), 327 ; VI (1862), 548 ; VII (1863), 429.

Galibert : Appareils respirateurs, XVI (1866), 663.

Gambie (Expédition militaire de la), I (1861), 387. — Notice sur la Gambie, par *M. E. Avalle*, IV (1862), 762. — La Gambie, par *M. Pichard*, XIV (1865), 225. — La Gambie, traduction de *M. E. Hervé*, XV (1865), 64, 822.

Gambier (Notice sur les îles), XIV (1865), 512.

Gand (Régulateur de M.), XXIV (1868), 624.

Garnier (**J.**), ingénieur civil des mines : Rapport sur les gisements de fer chromé dans la partie Sud de la Nouvelle-Calédonie, XVIII (1866), 335. — Excursion dans la partie Sud-Ouest de la Nouvelle-Calédonie faite en mars 1866, XIX (1867), 896.

Gasquy, aide-commissaire de la marine : Souvenirs d'une campagne sur les côtes du Brésil et de la Plata de 1863 à 1866, XVIII (1866), 717.

Gaudet (Aciéries de Pétin et), XXIII (1868), 335.

Gauloise, frégate cuirassée française : Sa mise à l'eau, XIV (1865), 421.

Gaz. Voy. *Éclairage*.

Gellé, lieutenant de vaisseau : Notice sur Porto-Novo, X (1864), 413.

Gênes : Renseignements sur le régime de sa navigation, V (1862), 305.

Génie maritime (Création d'une école de) en Angleterre, XII (1864), 208.

Géographie : Discours prononcés à la Société de géographie de Paris, par S. Exc. le marquis de Chasseloup-Laubat, ministre de la marine, le 16 décembre 1864, XIII (1865), 565 ; le 26 avril 1865, XIV (1865), 399 ; le 27 avril 1866, XVII (1866), 382 ; le 17 décembre 1866, XIX (1867), 476. — Banquet de la Société célébré le 18 décembre 1865, XVI (1866), 433. — Revue géographique, par *M. Barbié du Bocage*, année 1861, IV (1862), 297 ; année 1862, VII (1863), 444, 694 ; année 1863, X (1864), 431 ; année 1864, XIII (1865), 528 ; année 1865, XVII (1866), 262 ; année 1866, XX (1867), 349. — (Voir aussi *Voyages*.)

Géologie : Carte géologique de l'Algérie, R. A. C., I (1859), 21. — Composition géologique du pays de Kéniéba (Sénégal), par *M. A. Berg*, R. A. C., II (1860), 70. — Résumé d'études faites en 1857 dans la subdivision de Dellys (Algérie), avec une carte, R. A. C., II (1860), 333. — Excursion dans le Sud de la Nouvelle-Calédonie, par *M. Lombardeau*, R. A. C., III (1860), 741. — Géologie du littoral de la mer Rouge, rapport de *M. Ch. Sainte-Claire-Deville*, à l'Académie des sciences, sur un mémoire de *M. Courbon*, I (1861), 391. — Le volcan de la Réunion, éruption de novembre 1858, par *M. Hugoulin*, VI (1862), 284. — Rapport sur les gisements de fer chromé dans la partie Sud de la Nouvelle-Calédonie, par *M. J. Garnier*, XVIII (1866), 335. — Excursion dans la partie Sud-Ouest de la Nouvelle-Calédonie faite en mars 1866, par *M. Garnier*, XIX (1867), 896. — (Voir aussi *Minéralogie*.)

Géorgie (Campagne de la), par *M. A. Kratz*, XVI (1866), 348.

Gerbidon : Statistique de la justice maritime commerciale pendant l'année 1862, IX (1863), 316.

Gia-Dinh : Aperçu sur les ressources de la partie Nord de cette province de Cochinchine, XVI (1866), 407. — (Voir aussi *Cochinchine*.)

Gibraltar (Notice sur), par *M. E. Avalle*, II (1861), 446. — Les masques métalliques de Gibraltar, XXII (1868), 871.

Giffard (Injecteur), perfectionné par *M. Turck*, XXII (1868), 710.

Giraud (Horace) : De l'inscription maritime, V (1862), 356.

Gisborne : Composition pour la conservation du fer dans l'eau de mer, XV (1865), 213. — Appareils électriques de M. Gisborne, XXIV (1868), 386.

Glace artificielle (Préparation de la), par *M. Hugoulin*, IV (1862), 60.

Glaces (Les courants et les mouvements des) sur les côtes d'Islande, par *M. Irminger*, III (1861), 238 ; *errata*, IV (1862), 419.

Glasgow (Le port de), II (1861), 209.

Glass (Pompe de M.), XXIV (1868), 357.

Glatton, monitor anglais, XXIV (1868), 888.

Glover (Chaudières à bouilleurs et à foyer intérieur de M. Ch.), par *M. Joublin*, XXII (1868), 529.

Go-Cong (Expédition de), IX (1863), 166. — (Voyez aussi *Cochinchine*.)

Goldsborough, contre-amiral américain : Rapport sur les bâtiments cuirassés aux États-Unis en 1864, XIII (1865), 595.

Goldscheider : Traduction du mémoire du capitaine Irminger sur les courants et le mouvement des glaces sur les côtes d'Islande, III (1861), 238. — Traduction d'un article sur la marine de l'Autriche en 1865, XV (1865), 31.

Gomer, maréch. de camp (1718-1798) : Notice biographique, par *M. A. Doneaud*, XX (1867), 702.

Gorée : Notice sur Gorée, VIII (1863), 739, 746. — Statistique, année 1859 : commerce, V (1862), 110 ; navigation, V-169 ; année 1860 : commerce, VIII (1863), 110 ; navigation, VIII-169 ; année 1861 : commerce, X (1864), 110 ; navigation, X (1864), 110 ; année 1862 : commerce, XIII (1865), 106 ; navigation, XIII-165 ; année 1863 : commerce, XVI (1866), 110 ; navigation, XVI-169 ; année 1864 : commerce, XIX (1867), 110 ; navigation, XIX-169 ; année 1865 : commerce, XXII (1868), 110 ; navigation, XXII, 169. — Mémoire sur l'épidémie de fièvre jaune qui a sévi sur l'île de Gorée, pendant le 4e trimestre de l'année 1859, par *M. J. Bel*, I (1861), 194.

Gorkom : Culture du quinquina à Java, XVI (1866), 799.

Gouëzel (Sillomètre de M.), XXIV (1868), 922.

Gouin (Canot de M.), XXIII (1868), 881.

Gouvernails : Nouveaux systèmes de gouvernails employés dans la marine anglaise, par *M. G. Bell*, VII (1863), 143. — Le gouvernail de fortune de l'*Andromaque*, par *M. Letourneur*, VII (1863), 620. — Notions théoriques des principes sur lesquels reposent les mouvements et les évolutions du navire, XIV (1863), 731. — Hélice-gou-

vernail de M. de Montagu, XXIII (1868), 56.

LES GOUVERNAILS ET APPAREILS POUR GOUVERNER A L'EXPOSITION DE 1867 : Notions élémentaires sur le mouvement giratoire des navires, XXIII (1868), 297. — Position du centre de résistance latérale par rapport au centre de gravité, XXIII-300. — De la masse et du moment d'inertie, XXIII-300. — Angle de barre, XXIII-301. — Règles à suivre pour calculer la surface latérale du gouvernail, XXIII-303. — Expériences de giration anglaises, XXIII-304. — Compensation du gouvernail, XXIII, 306. — Manœuvre de la barre, XXIII, 308. — Effets comparés du gouvernail compensé et du gouvernail ordinaire, XXIII, 309. — Suppression de l'étambot, XXIII, 310. — Gouvernails de l'amiral Halsted, XXIII, 310, 317. — Gouvernail du *Bellérophon*, XXIII, 312. — Temps et nombre d'hommes employés pour manœuvrer la barre, XXIII, 313. — De la longueur des barres dans la marine anglaise, XXIII, 314. — Appareils divers pour manœuvrer la barre, XXIII, 314. — Appareils de MM. Napier, Denny, Artige et Lindberg, XXIII, 315. — Appareil de MM. Huxhams et Brown, XXIII, 316. — Appareil de M. David, XXIII, 318. — Des évoluteurs mécaniques, XXIII, 320. — Tableau de vitesse giratoire et proportion des gouvernails dans la marine anglaise, XXIII, 324.

Gouvernement des colonies. Voy. *Constitution des colonies*.

Gozzo : Notice sur cette île, par *M. E. Avalle*, II (1861), 444.

Grand-Bassam : Notice sur Grand-Bassam, IX (1863), 31. — Notice sur la même colonie, par *M. Desnouy*, XVIII (1866), 493.

Grandmont (A.-G. de) : Rapport sur la ponte des poissons de mer, IX (1863), 433.

Granier de Cassagnac, député : Rapport fait au nom de la commission chargée d'examiner le projet de loi relatif au régime des douanes aux co-

lonies de la Martinique, de la Guadeloupe et de la Réunion, II (1861), 102. — Discours prononcé le 26 juin 1861 dans la discussion de ce projet de loi, II (1861), 125.

Grasset, capitaine de frégate : Note sur les traversées de retour du golfe du Mexique en France, X (1864), 294, 522.

Great-Eastern (Le), II (1861), 275. — Accident arrivé à ce bâtiment du 12 au 13 septembre 1861, III (1861), 530.

Grèce. Voy. *Marine militaire, Navigation, Navires cuirassés.*

Gréements (Des), XXIV (1868), 68. — Les cordages, XXIV (1868), 99.

Green (Chaudière anglaise en fonte de fer, de M.), par *M. Joublin,* XXII (1868), 528.

Greenock (Constructions navales à), en 1861, IV (1862), 88.

Greig. Voy. *Amiral Greig.*

Grenade (Règlement de service de la marine sur le lac de), III (1861), 317.

Griffon du Bellay (Le Dr), chirurgien de la marine : Exploration du fleuve Ogo-Wai au Gabon, IX (1863), 66, 296.

Grivel (R.), capitaine de vaisseau : La guerre maritime avant et depuis les nouvelles inventions, XXIV (1868), 134, 459, 704, 976.

Groënland (Notice sur les pêches du), par *M. Irminger,* IX (1863), 17. — Colonisation du Groënland, IX (1863), 467.

Gruson (Aciéries de), XXIII (1868), 329. — Canon Gruson, XXIII, 360.

Guadeloupe : Statistique : Année 1859 : population, V (1862), 14; cultures, V, 36; commerce, V, 64; navigation, V, 154; année 1860 : population, VIII (1863), 14; cultures, VIII, 36; commerce, VIII, 64; navigation, VIII, 154; année 1861 : population, X (1864), 14; cultures, X, 36; commerce, X, 64; navigation, X, 154; année 1862 : population, XIII (1865), 10; cultures, XIII, 32; commerce, XIII, 60; navigation, XIII, 150; année 1863 : population, XVI (1866), 14; cultures, XVI, 36; commerce, XVI, 64; navigation, XVI, 154; année 1864 : population, XIX (1866), 14; cultures, XIX, 36; commerce, XIX, 64; navigation, XIX, 150; année 1865 : population, XXII (1868), 14; cultures, XXII, 36; commerce, XXII, 64; navigation, XXII, 150. — Sources thermales de la Guadeloupe, R. A. C., I (1859), 61. — Étude climatérique au point de vue de la culture du nopal à cochenille et de quelques cultures secondaires, R. A. C., I (1859), 347. — État des denrées du cru de la Guadeloupe exportées en 1859-60, I (1861), 327; année 1860-61, IV (1862), 157; année 1862-63, X (1864), 801; année 1864, XIII (1865), 573; année 1865, XVI (1866), 862. — Documents officiels relatifs à la loi du 3 juillet 1861 sur le régime douanier des colonies, II (1861), 52. — Conseil général, session de 1863, X (1864), 399. — Notice sur la Guadeloupe et ses dépendances : résumé historique, XII (1864), 74; topographie, 83; météorologie, 90; population, 92; immigration, 94; gouvernement et administration, 97; forces militaires, 102; justice, 104; culte et assistance publique, 289; instruction publique, 296; finances, 298; agriculture, 305; industrie, 312; commerce, 344; navigation, 324; douanes, 327; service postal, 328. — Les désastres de la Guadeloupe en septembre 1865, par *M. le vice-amiral Touchard,* XVI (1866), 430. — Documents officiels relatifs au sénatus-consulte sur la constitution des colonies, XVII (1866), 707. — Culture et production du coton à la Guadeloupe, par *M. Aubry-le-Comte,* XVIII (1866), 83.

Guano : Exploitation de l'huile de pingouin et du guano de terre dans l'île de Tova et le golfe de Saint-Georges (côtes de Patagonie), I (1861), 799. — Prise de possession par les Anglais de plusieurs îles à guano, situées sur la côte occidentale de la colonie du Cap, XVIII (1866), 683.

Guémou (Destruction de), au Sé..é-gal, 17-29 octobre 1859, R. A. C., I (1859), 398.

Guérin-Menneville : De l'élève des vers à soie à la Guyane française, R. A. C., II (1860), 173.

Guernesey, par *M. E. Avalle,* II (1861), 451

Guerre (La) maritime avant et depuis les nouvelles inventions, par *M. R. Grivel,* XXIV (1868), 134, 459, 704, 976.

Guerre des États-Unis : Combat naval de Hampton-Roads, IV (1862), 806. — Attaque du bélier confédéré *Albemarle,* XI (1864), 616. — Combat entre l'*Alabama* et le *Kerseage,* XI (1864), 625, 827. — Résumé des opérations militaires de la guerre d'Amérique, par *M. Arthur Kratz:* Campagnes de la Virginie, XII (1864), 5; XV (1865), 113; campagnes dans l'Ouest, XII (1864), 844; XIII (1865), 248, 745; siége de Charleston, XIV (1865), 550; siége de Mobile, XV (1865), 126; campagne de Géorgie, XVI (1866), 348; campagnes dans les Carolines, XVI, 356; prise de Richmond, XVI, 786. — Règles à observer à l'égard des navires des États-Unis, en 1865, XIV (1865), 618. — Correspondance relative aux réclamations anglaises et américaines (affaire de l'*Alabama*), XXII (1868), 820; XXIII (1868), 149. — De la défense des côtes pendant la dernière guerre maritime aux États-Unis, traduit par *M. de la Chauvinière,* XXIV (1868), 928. — Les torpilles employées dans le combat de Mobile en 1864, XXIV (1868), 961.

Guerre de l'Espagne avec le Pérou : Bombardement de Valparaiso et attaque du Callao, XVII (1866), 635. — Les canons Blakeley du Callao, XIX (1867), 243.

Guerre de l'Italie et de l'Autriche : Bataille navale de Lissa, XVIII (1866), 221, 458. — A propos du combat de Lissa, par *M. le vice-amiral Touchard,* XIX (1867), 199. — Mémoire de l'amiral Persano sur la bataille navale

de Lissa, XIX (1867), 554. — Enseignements à tirer du combat de Lissa, XXII (1868), 317.

Guerre du Chili et du Pérou avec l'Espagne : Bombardement de Valparaiso et attaque du Callao, XVII (1866), 635.

Guerre du Danemark : Combat naval d'Hélgoland entre les Danois et les Austro-Prussiens (6 mai 1864), XI (1864), 380.

Guerre du Paraguay : Combat naval du Riachuelo, XV (1865), 214. — Opérations militaires, XVII (1866), 639; XVIII (1866), 479, 717, 893; XXII (1868), 657; XXIV (1868), 367.

Guillaume Ier. Voy. *Wilhelm I*er.

Guinand (E.) : Compte général de l'administration de la justice maritime pendant les années 1859, 1860 et 1861, XVI (1866), 554.

Guindeau Harfield, XXIV (1868), 59. — Guindeaux Salette et Malo, 62.

Guyane anglaise (L'immigration à la), par *M. N.-P. Maugey,* IV (1862), 5.

Guyane française : Statistique, année 1859 : population, V (1862), 16; cultures, V, 38; commerce, V, 78; navigation, V, 158. — Année 1860 : population, VIII (1863), 16; cultures, VIII, 38; commerce, VIII, 78; navigation, VIII, 158. — Année 1861 : population, X (1864), 16; cultures, X, 38; commerce, X, 78; navigation, X, 158. — Année 1862 : population, XIII (1865), 12; cultures, XIII, 34; commerce, XIII, 74; navigation, XIII, 154. — Année 1863 : population, XVI (1866), 16; cultures, XVI, 38; commerce, XVI, 78; navigation, XVI, 158. — Année 1864 : population, XIX (1867), 16; cultures, XIX, 38; commerce, XIX, 78; navigation, XIX, 158. — Année 1865 : Population, XXII (1868), 16; cultures, XXII, 38; commerce, XXII, 78; navigation, XXII, 158. — Les gisements aurifères de cette colonie, par *M. L. Hardouin,* R. A. C., I (1859), 329. — Les gisements aurifères de la Guyane, par *M. A. Charrière,* R.

A. C., III (1860), 365. — Nos relations avec les nègres et les Indiens du Haut-Maroni, par *M. Sibour*, I (1861), 117. — Excursions dans le Haut-Maroni, par *M. Ronmy*, I (1861), 779. — Voyage d'exploration dans le Haut-Maroni (septembre à novembre 1861), par *M. Vidal*, V (1862), 512, 638. — La Guyane, par *M. E. Carrey*, IX (1863), 665. — Placers de la Guyane, X (1864), 201. — Produits de la Guyane française, XI (1864), 829. — Notice sur la Guyane française, XII (1864), 693. — Modification du régime commercial de la Guyane, XIII (1865) 380. — Culture et production du coton, par *M. Aubry-le-Comte*, XVIII (1866), 87. — Compagnie aurifère de l'Approuague, XX (1867), 992. — Notice sur la transportation à la Guyane et à la Nouvelle-Calédonie, XXI (1867), 58, 350.

Guyane hollandaise : La colonie de Surinam, par *M. Favard*, R. A. C., I (1859), 149. — Culture du coton, par *M. Bouyer*, VII (1863), 61. — Règlement administratif de Surinam, XVII (1866), 112. — Rapport sur les résultats de l'abolition de l'esclavage au 31 décembre 1865, XXI (1867), 342.

Guyenne, frégate cuirassée française : sa mise à l'eau, XV (1865), 445.

Gwynne (Pompes de MM.), XXIV (1868), 361.

H

Habitacle (Lampes d') de M. Shéridan, XXIV (1868), 603.

Halage (Les cales de), XXIV (1868), 690.

Halsted, vice-amiral anglais : Système de gouvernails, XXIII (1868), 310, 317. — Navires à tourelles, XXIII (1868), 582, 594 ; XXIV (1868), 657. — Embarcations à vapeur, XXIII (1868), 878. — Mâtures tripodes, XXIV (1868), 88.

Hambourg : État de la marine marchande de la Belgique, de la Prusse et des villes anséatiques, I (1861), 147. — Renseignements sur le régime de la navigation de Hambourg, V (1862), 302.

Hamelin (Mort de l'amiral), X (1864), 401.

Hammam-Melouan : Notice sur ses eaux thermales, par *M. Ville*, X (1864), 634.

Hampton-Roads : Combat naval entre le *Monitor* et le *Merrimac*, les 8 et 9 mars 1862, IV (1862), 806. — (Voy. *Guerre des États-Unis*.)

Haras : De la création d'une race de chevaux de trait en Algérie, études de *MM. Vallot* et *Bernis*, R. A. C., I (1859), 373.

Hardouin, ingénieur civil : Les gisements aurifères de la Guyane française, R. A. C., I (1859), 329.

Hardy, directeur de la pépinière d'Alger : Essais sur la culture des tabacs en Algérie pendant la saison 1858, R. A. C., III (1860), 56.

Harengs. Voy. *Pêches*.

Harfield (Cabestan de M.), XXIV (1868), 58. — Guindeau, 59.

Harpon à fusée employé à la pêche de la baleine en Islande, par *M. Loizillon*, XVIII (1866), 863.

Harrison : Rapport sur le combat naval de Mobile, XII (1864), 425.

Hartmann (Machine-outil), XXIV (1868), 24.

Harwich : Les ports de refuge exécutés en Angleterre, par *M. V. Chevallier*, I (1861), 240.

Haslar, hôpital anglais, par *M. V. Chevallier*, I (1861), 32.

Haswelt (Presse à forger), XXIV (1868), 11.

Haussmann (Le baron), sénateur, préfet de la Seine : Discours prononcés au Sénat sur la question des pêches maritimes, IV (1861), 701, 776.

Havane (La) : Renseignements sur

le régime de sa navigation, V (1862), 474.

Heathorn (L'affût), XXIII (1868), 597; XXIV (1868), 1124.

Hébert, commissaire de la marine : Notice sur le port de Lorient, XVIII (1866), 5, 346.

Hector, navire cuirassé anglais : VII (1863), 617; VIII (1863), 511. — Sa mise à l'eau, X (1864), 396. — Sa description, X (1864), 564. — Réduction de son armement, X (1864), 806. — Ses qualités nautiques, XX (1867), 839.

Hédiard (Chaudières inexplosibles à vapeur instantanée et surchauffée système), par *M. Joublin*, XXII (1868), 527.

Helgoland : Législation et administration de cet établissement anglais, par *M. E. Avalle*, II (1861), 447. — Combat naval du 6 mai 1864, entre les Danois et les Austro-Prussiens, XI (1864), 380.

Hélice (Manœuvre des navires à), par *M. le vice-amiral Pâris*, I (1861), 305. — Système de M. J. Christian, XI (1864), 147. — Les Propulseurs hélicoïdes, par *M. Postec*, XXIII (1868), 50; roues à hélice, système Perreaux, XXIII (1868), 55 ; hélice-gouvernail de M. de Montagu, XXIII (1868), 56.

Hélices jumelles (Les), par *M. le vice-amiral Pâris*, XI (1864), 145, 367; XII (1864), 415 ; XIII (1865), 375, 788. — Les hélices jumelles, XXIII (1868), 321.

Hélice-gouvernail de M. de Montagu, XXIII (1868), 56.

Héligoland. Voy. *Helgoland.*

Hell (Mort du contre-amiral de), XIII (1865), 334.

Héraud (A.-F.), pharmacien de la marine : Observations météorologiques faites au Sénégal pendant l'année 1860, I (1861), 511.

Hérault (Voyage du transport l') en Australie et en Océanie, en 1858, par *M. Richard Foy*, III (1861), 487.

Hercules, frégate cuirassée anglaise, XIV (1865), 839 ; XV (1865), 438; XVI (1866), 425; XXII (1868), 209;

XXIV (1868), 656. — Sa mise à l'eau, XXII (1868), 867. — Expériences d'artillerie, XX (1867), 465.

Héricart de Thury (Charles), membre de la Société d'agriculture de Paris : Culture du coton et du lin au xII^e siècle de l'ère chrétienne, traduction sur une version espagnole d'un ouvrage arabe, R. A. C., II (1860), 309. — Importation et consommation des vins en Angleterre, R. A. C., III (1860), 437.

Héritte : Régime des concessions de terres destinées à la culture de la canne dans les Indes hollandaises, R. A. C., III (1860), 650.

Hermann-Lachapelle (Chaudière à bouilleurs et à foyer intérieur de M.), par *M. Joublin*, XXII (1868), 529.

Héroïne, frégate cuirassée française : Sa mise à l'eau, X (1864), 196.

Herschel : Le vent et le baromètre, XIX (1867), 927.

Hervé (E.) : Traduction d'articles sur les colonies anglaises de la côte occidentale d'Afrique : La Gambie, XV (1865), 64, 822; Sierra-Leone, 380, 825; Côte-d'Or, 391, 827; Lagos, 572, 821.

Heurtault, lieutenant de vaisseau : La pêche de la morue à Terre-Neuve, récit d'un naufrage dans les glaces, X (1864), 509.

Hicks (Machine à vapeur), par *M. Bonnefoy*, XXII (1868), 731.

Histoire de l'Algérie : Notice et extraits du Eunouan Ed-Diraïa ou galerie des littérateurs de Bougie au vII^e siècle de l'Hégire, par *M. A. Cherbonneau*, R. A. C., II (1860), 528. — Le commerce et la navigation de l'Algérie avant la conquête française, par *M. Élie de la Primaudaie*, R. A. C., II (1860), 437; III (1860), 94, 239, 382, 601, 702, 770.

Histoire de la marine française : Mémoire envoyé en 1693 sur la découverte du Mississipi et des nations voisines, par le sieur de La Salle, en 1678, et depuis sa mort, par le sieur de Tonty, document inédit publié par

M. P. Margry, 1 (1861), 409. — Mémoire de Bougainville sur l'état de la Nouvelle-France à l'époque de la guerre de Sept Ans (1757), document inédit publié par *M. Pierre Margry*, I (1861), 561. — Mort du commandant Bourdais, I (1861), 815. — Mort du lieutenant-colonel Testard, II (1861), 211. — Une ambassade des Français en Russie sous Louis XIII, document inédit publié par *M. Pierre Margry*, II (1861), 213. — L'Inde et les nations européennes en Asie à la fin du XVIIe siècle, document inédit publié par *M. Pierre Margry*, II (1861), 402. — Les relations de la France avec le royaume de Siam avant les ambassades de 1684 et de 1685, document inédit publié par *M. Pierre Margry*, III (1861), 364. — Les flottes de l'Espagne et le commerce européen aux Indes occidentales, à la fin du XVIIIe siècle, document inédit publié par *M. Pierre Margry*, III (1861), 573. — Études sur les origines judiciaires dans les établissements français de l'Inde, IV (1862), 153. — La Martinique en 1696, document inédit publié par *M. Pierre Margry*, IV (1862), 570, 827. — Saint-Domingue en 1692, document inédit publié par *M. Pierre Margry*, V (1862), 794. — Les îles de France et de Bourbon sous le gouvernement de Mahé de la Bourdonnais, document inédit publié par *M. Pierre Margry*, VI (1862), 334. — Notice biographique sur le vice-amiral Le Marant, VI (1862), 687. — Notice biographique sur le capitaine de vaisseau de Lavaissière de Lavergne, VII (1863), 285. — Notice biographique sur le commandant Russel, VII (1863), 555. — Notice sur le capitaine de vaisseau C.-F. de Kerhallet, par *M. A. Moulharac*, VII (1863), 754. — Une campagne en 1786, document inédit publié par *M. Léon Renard*, VII (1863), 758. — Mort de l'amiral Hamelin, X (1864), 401. — Les écoles navales et les officiers de vaisseau, depuis Richelieu jusqu'à nos jours, par *M. de Crisenoy*, X (1864), 759; XI (1864), 86. — La guerre de l'Inde en 1759, document inédit publié par *M. Léon Renard*, XII (1864), 163. — Le personnel de la marine militaire et les classes maritimes sous Colbert et Seignelay, par *M. J. de Crisenoy*, XII (1864), 565. — Mort de l'amiral Romain-Desfossés, XIII (1865), 332, 758. — Mort du contre-amiral de Hell, XIII (1865), 334. — Mort du contre-amiral Tardy de Montravel, par *M. Ch. Duplessis*, XIII (1865), 335. — Mort du vice-amiral Fabvre, XIII (1865), 341. — Mort du contre-amiral Protet, par *M. F. Baillet-Blainville*, XIII (1865), 344. — La campagne maritime de 1692, par *M. J. de Crisenoy*, XIV (1865), 433. — Mort du contre-amiral Mengin du Valdailly, par *M. Faron*, XV (1865), 424. — Mort du contre-amiral d'Aboville, XV (1865), 427. — Notices sur les ports militaires de la France : Toulon, par *M. Calvé*, XV (1865), 453, 801; Brest, par *MM. Eymin et Doneaud*, XVII (1866), 225, 477; Lorient, par *M. Hébert*, XVIII (1863), 5, 346; Rochefort, par *M. Bouchet*, XIX (1867), 325, 633; Cherbourg, par *M. de Bon*, XIX (1867), 769; XX (1867), 89. — Mort de M. Doret, sénateur, XVI (1866), 659. — Mort du comte de Saint-Phalle, par *M. A. Cochin*, XVII (1866), 211. — Notice sur le vice-amiral Ch. Pénaud, XI (1864), 131; XVII (1866), 430. — Mort du vice-amiral Lugeol, XVII (1866), 625. — Pierre David et la Compagnie des Indes de 1729 à 1752, document inédit publié par *M. P. Margry*, XVIII (1866), 435. — Précis historique de la marine française, XVIII (1866), 552, 813; XXI (1867), 854. — Les Bouvet, par *M. E. Fabre*, XVIII (1866), 394, 779; XX (1867), 203, 933; XXI (1867), 911. — Notice sur monseigneur Coquereau, par *M. l'abbé Cadoret*, XIX (1867), 909. — Le vice-amiral Page, XX (1867), 236. — Le vice-amiral Bonard, XX (1867), 243. — Notice sur le capitaine de vaisseau R.-J. Vermot, par *M. A. Moulharac*, XX (1867), 884. — La marine française au

XVIII° siècle au point de vue de l'administration et des progrès scientifiques, par *M. A. Doneaud*, XXI (1867), 465, 580. — Notice sur le contre-amiral Du Bouzet, XXI (1867), 695. — Note sur la fondation de l'ancien port de Cherbourg, XXII (1868), 420. — Notice sur M. Bernard, inspecteur général des travaux maritimes, par *M. V. Chevallier*, XXII (1868), 636. — Notice sur le vice-amiral Odet-Pellion, XXII (1868), 854. — Notice sur M. Reibell, inspecteur général des travaux maritimes, par *M. V. Chevallier*, XXII (1868), 860. — De la guerre maritime avant et depuis les nouvelles inventions, par *M. R. Grivel*, XXIV (1868), 134, 459, 704, 976.

Histoire du commerce : Essai sur l'histoire du commerce des Indes Orientales, par *M. V.-A. Barbié du Bocage*, X (1864), 680; XI (1864), 581; XII (1864), 172, 385, 616, 768.

Histoire naturelle : Étude sur une section de ruminants à cornes creuses du Sénégal, par *M. C. Berg*, R. A. C., I (1859), 94. — Rapport de *M. Valenciennes* à l'Académie des sciences sur un Mémoire de *M. Courbon*, sur la Zoologie du littoral de la mer Rouge, I (1861), 399. — Histoire naturelle de la Nouvelle-Calédonie, par *le P. Montrouzier*, R. A. C., II (1860), 222. — Mammologie et ornithologie algériennes, par *M. Loche*, R. A. C., II (1860), 142. — Les richesses naturelles de Madagascar, par *M. Simonin*, V (1862), 628. — (Voir *Agriculture, Anthropologie, Botanique, Géologie, Minéralogie, Zoologie*.)

Hodeson : Tiroir des machines à deux cylindres et à bielle renversée, par *M. Hubac*, XXIII (1862), 373.

Hollande. Voy. *Budgets, Colonies hollandaises, Marine militaire, Navigation, Pêches*.

Holyhead, port anglais, par *M. V. Chevallier*, I (1861), 280.

Honduras : Renseignement sur le régime de sa navigation, V (1862), 305.

Hong-Kong, établissement anglais, par *M. E. Avalle*, II (1861), 496.

Hopkins (Evans) : Des compas sur les bâtiments en fer, traduction de *M. A. Vallon*, IX (1863), 444. — Méthode de désaimantation des navires en fer pour réduire les déviations des compas, traduction de *M. F. Labrosse*, XXII (1868), 332, 544. — De l'instensité et des changements du magnétisme polaire, XXIII (1868), 762.

Hôpital d'Aslar (Angleterre), par *M. V. Chevallier*, I (1861), 32.

Hornet, canonnière anglaise : sa mise à l'eau, XXIII (1868), 253.

Hotspur, bélier anglais, XXIV (1868), 883.

Hougnet (Régulateur de M.), XXIV (1868), 626.

Houilles. Voy. *Combustibles*.

Hubac (H), mécanicien principal de la marine : Les tiroirs, pompes et appareils fumivores à l'Exposition de 1867, XXIII (1868), 370.

Hugoulin, pharmacien principal de la marine : Éruption du volcan de l'île de la Réunion (19 mars 1860), R. A. C., II (1860), 483 ; éruption de novembre 1858, VI (1862), 284. — Mission d'études confiée par la chambre d'agriculture de la Réunion à M. Hugoulin, II (1861), 364. — De l'éclairage des villes et des usines à l'île de la Réunion, III (1861), 139, 274, 443. — Préparation de la glace artificielle, IV (1862), 60. — Fabrication de la chaux grasse nécessaire à l'industrie sucrière ou à l'industrie des bâtiments, emploi de la chaux maigre des coraux à l'agriculture, IV (1862), 269. — De la préparation du sucre par le procédé de la double carbonatation, IV (1862), 421. — Des buanderies économiques à la Réunion, IV (1862), 767. — Exploitation du natron à la Réunion ; préparation de la soude, V (1862), 219. — Fabrication du sel marin à la Réunion, V (1862), 663. — Préparation du sucre de canne par l'emploi du sulfite de soude, VI (1862), 129. — Application des presses hydrauliques à l'extraction

des huiles et au débarquement des marchandises à la Réunion, VI (1862), 528. — Utilisation des résidus des sucreries, VI (1862), 592. — Vinaigre de mélasse et de vésou, VII (1863), 124. — Revivification du noir animal, par la voie humide, dans l'industrie sucrière, VII (1863), 301. — Des engrais artificiels applicables à la culture de la canne, VII (1863), 711; VIII (1863), 594. — Création de prairies artificielles à la Réunion, IX (1863), 106. — Nouveau procédé de préparation des peintures en bâtiments, XXII (1868), 439.

Huile (Exploitation de l') de pingouin et du guano de terre dans l'île de Tova et le golfe de Saint-Georges (côtes de Patagonie), I (1861), 799. — Application des presses hydrauliques à l'extraction des huiles et au débarquement des marchandises à la Réunion, par *M. A. Hugoulin*, VI (1862), 528.

Huile de foie de morue (Fabrication de l'), aux îles Saint-Pierre et Miquelon, II (1861), 285.

Huiles minérales employées au chauffage des chaudières des navires à vapeur, XXIII (1868), 1069. — Emploi du pétrole comme combustible dans la marine militaire des États-Unis, XI (1864), 378. — Emploi du pétrole comme combustible à bord des navires à vapeur, XXI (1867), 273. — Éclairage au pétrole, XXIV (1868), 604.

Huin, sous-ingénieur de première classe de la marine : Théorie des régulateurs marins isochrones à bras et à bielles croisés à deux centres d'oscillations de MM. Farcot et fils, XXIV (1868), 718.

Huîtres : Études sur l'industrie huîtrière des États-Unis, par *M. P. de Broca*, VII (1863), 191, 530, 729; VIII (1863), 364, 581. — L'industrie huîtrière en Angleterre, XVI (1866), 734. —)Voir *Pêches*.)

Hutchinson (Projectile discoïde du général), XXIV (1868), 267.

Huxham : Appareil pour gouverner, XXIII (1868), 316.

Hydraulique : Le *Nautilus*, navire anglais à moteur hydraulique, XVII (1866), 394. — Essais du *Waterwitch*, navire cuirassé anglais à moteur hydraulique, XVIII (1866) 680; XXI (1867), 524. — Des propulseurs hydrauliques, XXIII (1868), 61, 609. — Cric, presse, poinçonneuse et cisaille hydrauliques de MM. Tangye, XXIV (1868), 31. — Des pompes hydrauliques, XXIV (1868), 339.

Hydrographie : Hydrographie du fleuve le Sénégal et nos relations avec les populations riveraines, par *M. J. Bévoouëzec*, I (1861), 101. — Le service de l'hydrographie de la marine anglaise, I (1861), 531. — Les courants et le mouvement des glaces sur les côtes d'Islande par *M. Irminger*, III (1861), 238; errata, IV (1862), 419. — Hydrographie du golfe Saint-Laurent, IV (1862), 90. — Les travaux hydrographiques de la Russie en 1861, V (1862), 588. — Observations hydrographiques faites par la frégate la *Novara* dans son voyage de circumnavigation, IX (1863), 423. — La rade de Dunkerque, par *M. Jonglez de Ligne*, XI (1864), 177. — Notice sur la baie du Peï-ho, par *M. Bourgois*, XI (1864), 43; XVII (1866), 681; XVIII (1866), 98. — Hydrographie des côtes du Brésil, par *M. E. Mouchez*, XVIII (1866), 701. — Les écoles d'hydrographie de la France, XX (1867), 825. — De Cherbourg à Anvers, par *M. Jonglez de Ligne*, XXI (1867), 566. — Observations sur la rivière de Kioto et d'Osaka, par *M. A. Páris*, XXIV (1868), 224. — Notice sur les ports de la Manche et de la mer du Nord, par *M. Dumas-Vence*, XXIV (1868), 695.

Hydrologie : Sources thermales de la Guadeloupe, R. A. C., I (1859), 61. — Sources thermales de la province de Constantine, R. A. C., II (1860), 32. — Eaux thermales de la Nouvelle-Calédonie, par *M. Bonnet*, R. A. C., II (1860), 62. — Sources thermales de la province d'Alger, R. A. C., II (1860),

164. — Sources thermales de la province d'Oran, R. A. C., II (1860), 356. — Cours d'eau de la province d'Oran, R. A. C., II (1860), 476. — Notice sur les eaux thermales de Hammam-Melouan, par *M. Ville*, X (1864), 634.

Hygiène : Note sur les vaccinations et les revaccinations opérées en 1860, dans le 2e régiment d'infanterie de marine, par *M. le docteur A. Le Bozec*, I (1861), 136. — Rapport sur les causes de la colique sèche, par *M. le docteur L.-A. Petit*, III (1861), 175. — (Voir *Médecine.*)

I

Ichthyologie : Aperçu sur la Faune ichthyologique de la Basse-Cochinchine, XV (1865), 652.

Ictinée, bateau sous-marin, XVI (1866), 659.

Imhaus (G.) : Le nouveau procédé Rousseau et ses conséquences pour la fabrication du sucre aux colonies, I (1861), 311.

Immigration : L'immigration indienne, par *M. Leclerc*, R. A. C., II (1860), 105.—L'immigration à la Trinité, R.A.C., II (1860), 434. — L'immigration indienne, à Maurice, R. A. C., II (1860), 488; VII (1863), 29. — L'immigration indienne, par *M. J. Beaujean*, R.A. C., III (1860), 662. — L'immigration à la Réunion, I (1861), 362. — L'immigration dans les colonies anglaises de 1848 à 1860, I (1861), 802. — Convention du 12 juillet 1861 pour régler l'immigration indienne dans les colonies françaises, II (1861), 500. — Résumé des renseignements recueillis sur le service de l'immigration à la Trinidad, par *MM. L.-A. Delsaux* et *A.-L. Michaux*, III (1861), 413. — L'immigration à la Guyane anglaise, par *M. N.-P. Maugey*, IV (1862), 5. — L'immigration indienne, par *M. Gaigneron*, V (1862), 712. — L'immigration de l'île Sainte-Croix, VI (1862), 111. — L'immigration africaine aux Antilles, par *M. Souzy*, IX (1863), 90. — L'immigration dans les colonies anglaises, XI (1864), 623. — Note sur la Nouvelle-Calédonie destinée à servir d'instruction aux colons immigrants dans cette colonie, XII (1864), 225. — L'immigration indienne, par *M. Plomb*, XIV (1865), 474, 757.—(Voir aussi *Colonies.*)

Impôt foncier (De la vente des terres incultes et du rachat de l') dans l'Inde anglaise, IV (1862), 483).

Inconstant, frégate anglaise non cuirassée, XXIV (1868), 272.

Incrustations : Conservation du fer dans l'eau de mer, XIV (1865), 184. — (Voyez aussi *Conservation.*)

Inde : Les guerres de l'Inde en 1759, document inédit publié par *M. Léon Renard*, XII (1864), 163.—L'Inde et les nations européennes en Asie à la fin du XVIIe siècle, document inédit sur l'histoire de la marine française, publié par *M. Pierre Margry*, II (1861), 402. — Pierre David et la Compagnie des Indes de 1729 à 1752, document inédit publié par *M. P. Margry*, XVIII (1866), 433.

Inde française : Statistique : année 1859 : population, V (1862), 22; cultures, V, 42; commerce, V, 123; navigation, V, 177; — année 1860 : population, VIII (1863), 22; cultures, VIII, 42; commerce, VIII, 123; navigation, VIII, 177; — année 1861 : population, X (1864), 22; cultures, X, 42; commerce, X, 123; navigation, X, 177; — année 1862 : population, XIII (1865), 18; cultures, XIII, 38; commerce, XIII, 219; navigation, XIII, 173; — année 1863 : population, XVI (1866), 22; cultures, XVI, 42; commerce, XVI, 123; navigation, XVI, 177; — année 1864 : population, XIX (1867), 22; cultures,

XIX, 42; commerce, XIX, 123; navigation, XIX, 177; — année 1865 : population, XXII (1868), 22; cultures, XXII, 42; commerce, XXII, 123; navigation, XXII, 177.

NOTICES : Notice sur les établissements français : résumé historique, IX (1863), 247; topographie, 253; météorologie, 257; population, 259; émigration, 260; gouvernement et administration, 261; forces militaires, 264; justice, 265; culte et assistance publique, 268; instruction publique, 270; finances, 272; agriculture, 276; commerce, 281; navigation, 285; service postal, 287. — Études sur les origines judiciaires dans les établissements français de l'Inde, IV (1862), 153. — Culture et production du coton, par *M. Aubry-le-Comte*, XVIII (1866), 92.

Indes hollandaises : Situation des Indes hollandaises en 1857, R. A. C., III (1860), 430. — Des possessions coloniales de la Hollande en 1859, R. A. C., I (1859), 309. — Régime des concessions de terre destinées à la culture de la canne, par *M. Héritte*, R. A. C., III (1860), 650. — Le budget des Indes néerlandaises en 1862, par *M. Auvray*, VI (1862), 115. — Abolition de l'esclavage dans les Indes Occidentales néerlandaises, VI (1862), 269. — Java, ou comment on gouverne une colonie, par *M. Money*, XIV (1865), 5, 503; XV (1865), 48, 324, 546, 847; XVI (1866), 276, 618, 815; XVII (1866), 80, 353.

Indes Occidentales (Les flottes de l'Espagne et le commerce européen aux) à la fin du XVIIe siècle, document inédit publié par *M. Pierre Margry*, III (1861), 573.

Indes Occidentales anglaises (Le travail aux), par *M. Stephen Cave*, R. A. C., II (1860), 40.

Indes Occidentales danoises : Notice, VI (1862), 86.

Indes Orientales anglaises : Le gouvernement des Indes anglaises, R. A. C., II (1860), 49. — Organisation de la justice, par *M. Pinet de Menteyer*, R. A. C., III (1860), 165. — De la vente des terres incultes et du rachat de l'impôt foncier, IV (1862), 483. — Le budget et l'armée, IV (1862), 780.

Indes orientales (Essai sur l'histoire du commerce des), par *M. V.-A. Barbié du Bocage*, X (1864), 680; XI (1864), 581; XII (1864), 172, 385, 616, 768.

Independencia, navire cuirassé de la marine du Pérou : Sa mise à l'eau, XV (1865), 445.

Indigo : Indigos du Sénégal, extrait d'un rapport de *M. Décaux*, R. A. C., I (1859), 91.

Indret, établissement de la marine impériale : Notice, par *M. Babron*, XXIII (1868), 123; XXIV (1868), 495.

Industrie huîtrière aux États-Unis, par *M. P. de Broca*, VII (1863), 191, 530, 729; VIII (1863), 364, 684.

Industries : Application des industries de la métropole à la Réunion : De l'éclairage des villes et des usines de l'île de la Réunion, par *M. Hugoulin*, III (1861), 139, 274, 443. — Préparation de la glace artificielle, par le même, IV (1862), 60. — Fabrication de la chaux grasse nécessaire à l'industrie sucrière ou à l'industrie en bâtiments; emploi de la chaux maigre des coraux à l'agriculture, par le même, IV (1862), 269. — De la préparation du sucre par le procédé de la double carbonatation, par le même, IV (1862), 421. — Des buanderies économiques à la Réunion, par le même, IV (1862), 767. — Exploitation du natron à la Réunion; préparation de la soude, par le même, V (1862), 219. — Fabrication du sel marin à la Réunion, par le même, V (1862), 663. — Préparation du sucre de canne par l'emploi du sulfite de soude, par le même, VI (1862), 129. — Application des presses hydrauliques à l'extraction des huiles et au débarquement des marchandises à la Réunion, par le même, VI (1862), 528. — Utilisation des résidus des sucreries, par le même, VI (1862), 592; VII (1863), 124. — Revivification du noir animal,

par la voie humide, dans l'industrie sucrière, par le même, VII (1863), 301. — Des engrais artificiels applicables à la culture de la canne, par le même, VII (1863), 711; VIII (1863), 594. — Création de prairies artificielles à la Réunion, par le même, IX (1863), 106. — Les usines centrales aux Antilles françaises, R. A. C., III (1860), 350.

Infanterie de marine : Jardins potagers pour l'infanterie de marine, XXI (1867), 738.—Écoles régimentaires d'infanterie de marine, XX (1867), 807.

Injecteur Giffard, perfectionné par *M. Turck*, XXII (1868), 710.

Inscription maritime : Discussion sur la question des pêches maritimes dans les séances du Sénat des 4, 11 et 13 mai 1861, I (1861), 633. — Rapport de *M. Rouher*, ministre de l'agriculture, du commerce et des travaux publics, concernant l'historique des divers régimes successivement appliqués en France à la marine marchande (1 mai 1862), V (1862), 339. — De l'inscription maritime, par *M. Horace Giraud*, V 1862), 356. — Projet de loi concernant les ouvriers des professions maritimes (mai 1864), XI (1864), 388. — Le personnel de la marine militaire et les classes maritimes sous Colbert et Seignelay, par *M. J. de Crisenoy*, XII (1864), 565. — Opinion de M. le vice-amiral Ch. Pénaud sur l'inscription maritime, XVII (1866), 442. — L'inscription maritime au Corps législatif en 1866, XVII (1866), 545. — (Voir aussi *Marine marchande*.)

Institut des constructeurs maritimes anglais, XX (1867), 726.

Instruction publique : Les écoles d'enseignement primaire et professionnel de la marine à l'Exposition universelle de 1867, XX (1867), 757.

Investigator (Voyage du navire de guerre anglais) sur le Bas-Niger, traduit par *M. E. Mage*, VIII (1863), 410.

Irminger, capitaine de vaisseau de la marine danoise : Les courants et le mouvement des glaces sur les côtes d'Islande, III (1861), 238 ; *errata*, IV (1862), 419. — Notice sur les pêches du Danemark, des îles Féroé, de l'Islande et du Groënland, IX (1863), 5.

Ironsides, navire cuirassé américain, VI (1862), 547; VII (1863), 430.

Isis, frégate : Voyage de ce bâtiment à Taïti, rapport de *M. Lapierre*, I (1861), 71.

Islande : Pêche de la morue : campagne de 1861, III (1861), 225 ; campagne de 1862, VII (1863), 22 ; campagne de 1863, X (1864), 182 ; campagne de 1864, XIII (1865), 219 ; campagne de 1865, XVI (1866), 199, 296 ; campagnes de 1866, XIX (1867), 358 ; campagne de 1867, XXII (1868), 373. — État des bâtiments armés pour la pêche de la morue (campagne de 1862), IV (1862), 823. — Les courants et le mouvement des glaces sur les côtes d'Islande, par le capitaine *Irminger*, III (1861), 238 ; *errata*, IV (1862), 419. — Notices sur les pêches d'Islande, par *M. Irminger*, IX (1863), 16.

Italie : Voy. *Budgets, Marine militaire, Navigation, Navires cuirassés*.

Izzedin, aviso à vapeur turc : Son combat avec l'*Arcadion*, navire à vapeur grec, XXI (1867), 722.

J

Jabrun : Emploi du noir animal susphosphate dans la sucrerie coloniale, IX (1863), 456. — Note sur la culture du tabac, X (1864), 545.

Jack-Jack (Notice sur le pays de), par *M. Desnouy*, XVIII (1866), 499.

Jackson (Aciéries de), XXIII (1868), 336.

Jacobs (Muraille), XXIV (1868), 308.

Jacquemard, lieutenant de vaisseau : Renseignements sur les eaux thermales de la Nouvelle-Calédonie, R. A. C., II (1860), 62.

Jaeger (C.) : Productions et cultures de la Basse-Cochinchine, X (1864), 539.

Japon : Extrait de l'Exposé de la situation de l'empire pendant l'année 1861, IV (1862), 230. — Renseignements sur le régime de sa navigation, V (1862), 496. — Vocabulaire français-japonais, par M. *G. Soutcovoy*, VI (1862), 716. — Le Japon en 1867, par M. *Layrle*, XXIII (1868), 63, 430. — Observations sur la rivière de Kioto et d'Osaka, par M. *A. Pâris*, XXIV (1868), 224.

Jardins potagers pour l'infanterie de marine, XXI (1867), 738.

Jaubert (le comte) : Note sur quelques plantes du Haut-Pérou, IV (1862), 410.

Java : Note sur le commerce de Java, IV (1862), 258. — Production du sucre, IX (1863), 465. — Exploitation des sucreries, X (1864), 621. — Java, ou comment on gouverne une colonie, par M. *Money*, XIV (1865), 5, 503 ; XV (1865), 48, 324, 546, 847 ; XVI (1866), 276, 618, 815 ; XVII (1866), 80, 353. — Culture du quinquina pendant l'année 1864, XVI (1866), 799 ; année 1865, XIX (1867), 421.

Jean-Bart : L'enseignement du canonnage sur le vaisseau-école d'application, XXI (1867), 701.

Jérôme-Napoléon (Canot du yacht le) XXIII (1868), 879.

Jersey, par M. *V. Chevallier*, I (1861), 277. — Jersey, par M. *E. Avalle*, II (1861), 449.

Jervoise : De la défense des côtes et de l'application du fer aux fortifications, XXIV (1868), 489.

Joal (Notice sur le comptoir de), VIII (1863), 740, 748.

John-Ericsson, monitor suédois : Ses essais, XVIII (1866), 886 ; XIX (1867), 474.

Joly d'Argenteuil (Chaudières inexplosibles à vapeur instantanée et surchauffée, système), par M. *Joublin*, XXII (1868), 527.

Jonanga (Notice sur le lac), au Gabon, par M. *Griffon du Bellay*, IX (1863), 76.

Jonglez de Ligne, auditeur au conseil d'État : La rade de Dunkerque, XI (1864), 177. — De Cherbourg à Anvers, XXI (1867), 566.

Jonques japonaises, par M. *A. Pâris*, XXIV (1868), 226.

Jonquières (A. de) : Des possessions coloniales de la Hollande, en 1859, R. A. C., I (1859), 309.

Jonquières (De). Voy. *Fauque*.

Joséphine (Impératrice) : Inauguration de sa statue à la Martinique, le 29 août 1859, R. A. C., I (1859), 170.

Jouan, capitaine de frégate : Notice sur les îles Loyalty, I (1861), 363. — Notice sur les bois de la Nouvelle-Zélande, XIV (1865), 19.

Joublin (E.), mécanicien principal de 2ᵉ classe de la marine : Les chaudières marines et fixes, XXII (1868), 503.

Jouvin (A.), pharmacien en chef de la marine : Conservation du fer dans l'eau de mer au moyen de la composition Jouvin, XIV (1865), 184. — Les carènes en fer et les balanes ou cravans, XXI (1867), 901.

Juttel (Machine à vapeur, système), par M. *Bonnefoy*, XXII (1868), 722.

Jus, ingénieur civil : Notes sur le Sahara, R. A. C., I (1859), 49.

Justice : Organisation de la justice dans l'Inde anglaise, par M. *Pinet de Menteyer*, R. A. C., III (1860), 165. — Études sur les origines judiciaires dans les établissements français dans l'Inde, IV (1862), 153. — Résumé statistique de la justice maritime pour l'année 1859, par M. *A. Trève*, IV (1862), 360. — Compte de l'administration de la justice maritime pendant les années 1859, 1860 et 1861, par M. *E. Guinand*, XVI (1866), 554. — Statistique de la justice maritime commerciale pour l'année 1862, par M. *Gerbidon*, IX (1863) 316 ; année 1863, XIV (1865), 564 ; année 1864, XXIV (1868), 527.

K

Kabylie : Constitution sociale, R. A. C., I (1859), 1.

Karikal (Notice sur), IX (1863), 255.

Keller (Marteau-pilon), XXIV (1868), 8.

Kéniéba (Sénégal) : Sa composition géologique, par *M. A. Berg*, R. A. C., II (1860), 70.

Keokuk, navire cuirassé américain, VII (1863), 435.

Keranstret (A. de) : Des ordres de bataille dans les combats à éperon, XXIII (1868), 628.

Kerhallet (Notice sur le capitaine de vaisseau C. F. de), par *M. A. Moulharac*, VII (1863), 754.

Kerseage (Combat entre l'*Alabama* et le), XI (1864), 625, 827.

Kertch (Fortifications de), XX (1867), 996.

Kervéguen (le vicomte de), député : Discours prononcé le 11 juin 1861 au Corps législatif dans la discussion du budget de la marine et des colonies, pour 1862, II (1861), 321, 329. — Discours prononcé le 15 juin 1861, au Corps législatif, dans la discussion du projet de loi relatif aux pensions de l'armée de mer, II (1861), 608.

Keyham, usines de machines à vapeur en Angleterre, par *M. V. Chevallier*, I (1861), 52.

Kiel (Le port de), considéré comme futur port de guerre allemand, XXI (1867), 779.

Ki-hoa (Prise des forts de), I (1861), 546 ; VI (1862), 394.

King-William. Voy. *Wilhelm I*er.

Kioto (Observation sur la rivière de) par *M. A. Páris*, XXIV (1868), 224.

Kniaz-Pojarski, navire cuirassé russe, XVI (1866), 658 ; XXIV (1868), 873 ; sa mise à l'eau, XXII (1868), 431.

Kobès (De), évêque de Modon : Culture du coton au Sénégal, XIII (1865), 256 — Situation de la colonie agricole de Saint-Joseph de Ngasobil, XV (1865), 79.

Koldoun, monitor russe, XI (1864), 824. — Expériences de tir à bord de ce bâtiment, XII (1864), 632.

Konig-William. Voy. *Wilhelm I*er.

Korn, sous-ingénieur de la marine : Excursion dans les forêts qui s'étendent entre Tay-Ninh et Relim (Basse-Cochinchine), XII (1864), 453.

Krantz , capitaine de vaisseau : Considérations sur le roulis des bâtiments, XX (1867), 296.

Kratz (Arthur), auditeur au conseil d'État : Résumé des opérations militaires de la guerre d'Amérique, XII (1864), 5, 844 ; XIII (1865), 248, 745 ; XIV (1865), 550 ; XV (1865), 113 ; XVI (1866), 348, 786.

Kremel, batterie cuirassée russe, XIII (1865), 499.

Kronprinz, navire cuirassé prussien : Sa mise à l'eau, XX (1867), 724.

Krüpp : Les canons en acier fondu du système Krüpp, par *M. Turgan*, XVIII (1866), 382. — Les aciéries de Krüpp à Essen, XXIII (1868), 325. — Formes et dimensions des canons Krüpp, XXIII, 350. — Les appareils de pointage dans les canons Krüpp, XXIII, 846.

Kynaston : Appareil pour amener les embarcations, XXIII (1868), 886.

L

Labat (Cale de halage de M.), XXIV (1868), 693.

Laborde (J.) : Lettres sur la révolution de Madagascar en 1863, VIII (1863), 774.

La Bourdonnais (Voy. *Mahé de*).

Labrosse (F.) : Prévision du temps, ou moyens de prévoir la direction et la force du vent à l'aide du baromètre, du thermomètre et du psychromètre, XVIII (1866), 265, 605. — L'amiral Fitz-Roy et le lieutenant Maury, XIX (1867), 917. — Désaimantation des navires en fer pour reduire les déviations des compas, traduction, XXII (1868), 332, 544.

Labrousse, *vice-amiral*, président de la commission chargée de faire des rapports sur l'Exposition universelle de 1867. Voy. *Exposition universelle*.

Labuan : Notice sur cette colonie anglaise, par *M. E. Avalle*, II (1861), 497.

Laçage (Nouveau procédé de), de filets à la main, par *M. J. Légal*, VII (1863), 214.

La Chauvinière (Dufresne de), lieutenant de vaisseau : De la défense des côtes pendant la guerre maritime des États-Unis, traduction, XXIV (1868), 928.

Lacrosse (Le baron de), sénateur : Rapport sur le projet de loi relatif aux pensions de retraite des ouvriers non inscrits, et sur les pensions dites *demi-soldes* des marins inscrits, V (1862), 761.

Lafayette (Le), steamer de la compagnie transatlantique, X (1864), 596.

Laghouat (Itinéraire de) à R'at, par *M. J. Bouderba*, interprète de l'armée d'Algérie (carte), R. A. C., I (1859), 241.

Lagos (Notice sur), traduite par *M. Éd. Hervé*, XV (1865), 572, 821.

Lagrée (Voy. *Doudard de*).

Lambert (A), lieutenant d'infanterie de marine : Voyage dans le Fouta-Dja-lon, côtes occidentales d'Afrique, II (1861), 1.

Lampes : Lampe sous-marine de Guigardet, I (1861), 557. — Lampes d'habitacle de M. Sheridan, XXIV (1868), 603. — Lampes Wavish, XXIV (1868), 606.

Lancastre (Canon rayé de M.), XXIV (1868), 1135.

Lapelin (De), capitaine de vaisseau : Rapport sur la pêche de la morue à Terre-Neuve pendant l'année 1867, XX (1867), 377.

Lapierre (W.), capitaine de frégate : Rapport sur le voyage de la frégate l'*Isis*, à Taïti, I (1861), 71.

Laplanche (H. de), capitaine de frégate : Les navires blindés de la Russie en 1864, traduit du russe, XIII, 493. — Nouvelles bases de tactique navale pour les navires à vapeur, par l'amiral Boutakov, de la marine russe, traduit du russe, X (1864), 275, 741 ; XIV (1865), 388.

Lapparent (De), directeur des constructions navales : Du dépérissement des navires en bois et des moyens de le prévenir, VII (1863), 573. — Rapport sur la conservation des vins, XXIV (1868), 124.

La Primaudaie (E. de) : Le commerce et la navigation de l'Algérie avant la conquête française (carte), R. A. C., II (1860) 437 ; III (1860), 94, 239, 382, 601, 702, 770.

Lapwing, canonnière anglaise : Ses essais, XXIII (1868), 252.

Larclause (B. de) : Une tournée chez les Moï de la Cochinchine, XII (1864), 642.

La Roncière (De) : Note sur la préparation de la morue, X (1864), 598.

La Roncière le Noury (vice-amiral, baron de) : Note sur l'ouragan du 11 janvier 1866, à Cherbourg, XVI (1866), 669.

Lartigue, capitaine de vaisseau :

Résumé des lois qui régissent les ouragans et les tempêtes, XIV (1865), 623. — Observations météorologiques faites à Versailles et au Cap de Bonne-Espérance, XVII (1866), 396. — Tempêtes du 19 au 23 mars 1866 à Buenos-Ayres, sur les côtes de France et à Versailles, XVII (1866), 839. — Études sur le mouvement de l'air à la surface terrestre, XIX (1867), 271.

La Salle (De) (Mémoire envoyé en 1693 sur la découverte du Mississipi, par le sieur) en 1678, et depuis sa mort par le sieur de Tonty, document inédit publié par *M. Pierre Margry*, I (1861), 409.

Latitude : Méthode pour trouver le temps en mer, XXII (1868), 656. — Nouvelle méthode pour calculer la latitude, XXIV (1868), 560.

Latnik, monitor russe, XI (1864), 151, 823.

Latour (Machine de M.), pour déchiqueter, carder et filer les vieux cordages, XXIV (1868), 638.

Latour-Dumoulin, député : Le budget de la marine en France et en Angleterre, VII (1863), 326.

Laurens, enseigne de vaisseau : Navigation et commerce du Yang-tse-Kiang, IX (1863), 197.

Laurent (Verre allongeant de M.A.), XXIV (1868), 325.

Lavaissière de Lavergne (De), capitaine de vaisseau : Notice biographique, VII (1863), 285.

Layrle, capitaine de frégate : Les grandes pêches dans les mers polaires, VI (1862), 5. — Réglementation de la pêche côtière en Angleterre, VI (1862), 421. — Le Japon en 1867, XXIII (1868), 63, 430.

Lazarev. Voy. *Amiral-Lazarev*.

Le Bozec (A.), docteur-médecin : Note sur les vaccinations et les revaccinations opérées en 1860 dans le 2e régiment d'infanterie de marine, I (1861), 136.

Lebreton (le général), député : Discours prononcé le 11 juin 1861 au Corps législatif dans la discussion du budget de la marine et des colonies pour 1862, II (1861), 312, 327. — Discours prononcé le 17 juin 1861 dans la discussion du projet de loi sur les pensions de l'armée de mer, II (1861), 606.

Lecherf (Générateur tubulaire mixte de M.), par *M. Joublin*, XXII (1868), 523.

Leclerc, chirurgien de la marine : Immigration indienne, R. A. C., II (1860), 105.

Leclert (E.), sous-ingénieur de 1re classe de la marine, professeur à l'École d'application du génie maritime : Leçons faites à la Sorbonne par *M. Reech* sur la théorie des machines motrices et des effets mécaniques de la chaleur, recueillies et rédigées par M. Leclert, XXIV (1868), 790.

Le Coëntre : Sondeur ou plomb de sonde, XXIII (1868), 764.

Lecouturier : L'éclipse totale du 18 juillet 1860 (planche), R. A. C., III (1860), 377.

Ledieu (A.), professeur d'hydrographie : Renseignements généraux sur la marine militaire des puissances étrangères, V (1862), 678.

Lefebvre (Jules), contre-amiral, membre de la commission chargée de faire des rapports sur l'Exposition universelle de 1867. Voy. *Exposition universelle*.

Lefèvre (Le Dr) : Le service de santé de la marine à Brest, V (1862), 329.

Lefroy (B. L.) : Rapport sur le voyage du navire de guerre anglais *Investigator* sur le Bas-Niger, traduit par *M. E. Mage*, VIII (1863), 410.

Légal (J.) : Nouveau procédé de laçage de filets à la main, VII (1863), 214.

Législation de la marine marchande en Angleterre, VII (1863), 632 ; VIII (1863), 388, 605. — Législation de la marine marchande en Angleterre et en France, VII (1863), 119.

Législation de la marine et des Colonies françaises : Bulletin des principaux actes concernant la ma-

rine et les colonies, I (1861), 168, 328, 466, 618, 818; II (1861), 242, 433, 665; III (1861), 219, 405, 623; IV (1862), 202, 415, 603, 847; V (1862), 397, 595, 819; VI (1862), 183, 384, 576, 712; VII (1863), 147, 334, 559, 771; VIII (1863), 203, 425, 633, 816; IX (1863), 179, 357, 517, 698; XI (1864), 138; XIII (1865), 349; XVI (1866), 652. — Sommaire des lois, décrets, arrêtés et décisions relatifs à l'organisation et l'administration de la marine et des colonies, rendus depuis le 31 décembre 1860 jusqu'au 17 novembre 1862, IV (1862), 196; VII (1863), 328. — Loi du 26 juin 1861 sur les pensions de l'armée de mer: Rapport et discussion au Corps législatif, II (1861), 546. — Loi du 28 juin 1862 sur les pensions de retraite des ouvriers des ports non inscrits et sur les demi-soldes des marins inscrits, V (1862), 750. — Documents officiels relatifs à la loi du 3 juillet 1861 sur le régime douanier des colonies de la .Martinique, de la Guadeloupe et de la Réunion, II (1861), 52. — Loi sur l'avancement dans l'armée navale (7 mai 1864), XI (1864), 388. — Projet de loi concernant les ouvriers des professions maritimes (mai 1864), XI (1864), 388.

Législation de la pêche de la morue en Norwége, IV (1862), 79.

Législation des colonies anglaises, par *M. E. Avalle* : aperçu général, II (1861), 163; possessions d'Europe, II (1861), 442; possessions d'Asie, II (1861), 452; possessions d'Afrique, IV (1862), 450, 729; possessions de l'Amérique du Nord, VI (1862), 236, 499.

Législation des sucres (Résumé de la), R. A. C., II (1860), 267. — Législation des sucres en France, IX (1863), 450. — Loi sur les sucres du 15 juin 1864, XI (1864), 157. — Législation et production du sucre de canne, par *M. Aubry-le-Comte*, XIV (1865), 261.

Le Marant (Notice sur l'amiral), VI (1862), 687.

Le Mélorel de la Haichois, député : Discours prononcé le 15 juin

1861 au Corps législatif dans la discussion du projet de loi sur les pensions de l'armée de mer, II (1861), 568.

Le Moine, sous-ingénieur : Canons sous-marins, XXIV (1868), 349.

Leoben (Aciéries de Frantz Mayr à) XXIII (1868), 332.

Le Roux (A.), député : Extrait de son rapport sur le budget de 1863, V (1862), 775. — Discours dans la discussion du budget de la marine et de colonies, pour l'exercice 1863, V (1862), 788.

Le Saint, voyageur en Afrique : Lettre, XXII (1868), 886; sa mort, XXIII (1868), 1072.

Leschevin : Télégraphie en Algérie, R. A. C., II (1860), 19.

Lesoffsky, amiral russe : Les monitors, XXIV (1868), 563.

Lestiboudois, conseiller d'État: Rapports sur l'Exposition permanente des colonies françaises pendant l'année 1861, IV (1862), 721; année 1862 IX (1863), 471; année 1867, XXIV (1868), 215.

Letestu (Pompes de M.), XXIV (1868), 348, 353.

Letourneur, lieutenant de vaisseau : Le gouvernail de fortune de l'*Andromaque*, VII (1863), 620.

Level : Appareil pour amener les embarcations, XXIII (1868), 889.

Levicaire (Le docteur) : Notice sur M. le vice-amiral Odet-Pellion, XXII (1868), 854.

Lewal, capitaine de frégate : Lettre sur les roulis et le relèvement polaire, XX (1867), 736. — Nouvelle bouée de sauvetage pour les navires, XXII (1868), 812.

L'Hermite (T.): Notice sur le Mexique, III (1861), 159.

Lin et coton : Leur culture au XIIe siècle de l'ère chrétienne, traduit par *M. Ch. Héricart de Thury*, R. A. C., II (1860), 309. — Renseignements sur l'industrie linière, R.A.C., III (1860), 69.

Lindberg : Appareil pour manœuvrer la barre de gouvernail, XXIII (1868), 315.

Lisbonne : Renseignements sur le

régime de sa navigation, V (1862), 311. — Ouragan du 13 décembre 1864, XVII (1866), 842.

Lissa (Bataille navale de), XVIII (1866), 221, 458. — A propos du combat de Lissa, par *M. le vice-amiral Touchard,* XIX (1867), 199. — Mémoire de l'amiral Persano, XIX (1867), 554. — Enseignements à tirer du combat de Lissa, XXII, (1868), 317.

Lissa, navire cuirassé autrichien, XXIII (1868), 757.

Littérature : Notice et extraits du Eunouan Ed-Diraia, ou galerie des littérateurs de Bougie, par *M. A. Cherbonneau,* R. A. C., II (1860), 528.

Littoral de la Manche : De Cherbourg à Anvers, par M. *Jonglez de Ligne,* XXI (1867), 566. — Notice sur les ports de la Manche et de la mer du Nord, par *M. Dumas-Vence,* XXIV (1868), 695.

Livingstone (Charles) : Exploration de l'Afrique centrale, R. A. C., II (1860), 479.

Loango (Notice sur le), par *M. Vallon,* IX (1863), 589.

Loch : Le Loch de la *Provence,* XIV (1865), 191. — Loch perpétuel dans les navires à tourelles de l'amiral Halsted, XXIII (1868), 604. — Longueur du nœud, par *M. L. Pagel,* XXIV, (1868), 843. — Loch électrique de M. Anfanso, XXIV (1868), 912. — Les Sillomètres, XXIV (1868), 909.

Loche : Mammologie et ornithologie algériennes, R. A. C., II (1860), 142.

Lofoden (La pêche de la morue aux îles) : année 1860, II (1861), 644; année 1861, IV (1862), 497; années 1863 et 1864, XIII (1865), 763; année 1868, XXIII (1868), 769.

Lois. Voy. *Législation.*

Loizillon (L.), enseigne de vais-

seau : Harpon à fusée employé à la pêche de la baleine en Islande, XVIII (1866), 863.

Lombardeau, capitaine d'artillerie : Excursions géologiques dans le Sud de la Nouvelle-Calédonie, R. A. C., III (1860), 741.

Lonquety : Pêche et salaison du hareng : Observations sur l'ordonnance du 14 août 1816, XV (1865), 303.

Lord-Clyde, navire cuirassé anglais : Sa mise à l'eau, XII (1864), 872 ; ses essais, XVI (1866), 211, 866; XIX (1867), 702; ses qualités nautiques, XX (1867), 839.

Lord-Warden, navire cuirassé anglais, XIII (1865), 202 ; sa mise à l'eau, XIV (1865), 620 ; ses essais, XXI (1867), 727 ; expériences d'artillerie, XX (1867), 457, 473.

Lorient (Notice sur le port de), par *M. Hébert,* XVIII (1866), 5, 346.

Loyalty (Notice sur les îles), par *M. Jouan,* I (1861), 363.

Lubeck : État de la marine marchande de la Belgique, de la Prusse et des villes anséatiques, I (1861), 148.

Luc : Petit outillage pour le travail des métaux, XXIV (1868), 27.

Lugeol, vice-amiral : Sa mort, XVII (1866), 625.

Lullier, lieutenant de vaisseau : Nouvel appareil plongeur Rouquayrol, XIII (1865), 771.

Lumière électrique : Emploi de la lumière électrique pour l'éclairage des bouées, XIX (1867), 929. — Étude sur les machines magnéto-électriques de M. Berlioz, par *M. A. Trève,* XXIII (1868), 951. — Machine magnéto-électrique de la compagnie l'*Alliance,* XXIV (1868), 594, 607. — (Voir auss *Electricité.*)

M

Macao (Règlements sur l'émigration chinoise à), XIII (1865), 619.

Macelo : Renseignements sur le régime de sa navigation, V (1862), 295.

Machault (Notice sur), par *M. Doneaud*, XXI (1867), 485.

Machine à ammoniaque de *M. Frot*, XXIII (1868), 962.

Machines motrices (Théorie des) et des effets mécaniques de la chaleur, leçons faites à la Sorbonne par M. *Reech*, recueillies et rédigées par M. *E. Leclert*, XXIV (1868), 790.

Machines à coudre les voiles : Machine de M. Thomas, XXIV (1868), 635 ; machine de M. Coignard, XXIV-636 ; machine de M. Latour pour déchiqueter, carder et filer les vieux cordages, XXIV-638.

Machines à vapeur marines : Usine de machines à vapeur de Keyham, par *M. V. Chevallier*, I (1861), 52.— Nettoyage des chaudières : rapport sur les cas d'asphyxie par l'air confiné des chaudières, observés à bord du *Bisson*, X (1864), 317. — Machines à vapeur pour les constructions navales, X (1864), 595.—Note sur les machines à vapeur à trois cylindres égaux avec introduction directe dans un seul, par *M. Dupuy de Lôme*, inspecteur général du génie maritime, XXI (1867), 5. — Machine du *Wampanoag*, navire américain, XXIII (1868), 1058. — Qualités de marche sous vapeur des navires de l'escadre anglaise de la Manche, XXIII (1868), 1060. — Régulateur pour les machines à vapeur, XXIV (1868), 614. —Travail théorique de la vapeur agissant avec détente, par *M. Mouche*, XXI (1867), 274.

Machines et chaudières marines à l'Exposition universelle de 1867. LES COMBUSTIBLES, par *M. Morel*, XXII (1868), 467. (Pour le détail, voy. *Combustibles.*)

LES CHAUDIÈRES, par *M. Joublin*, XXII (1868), 503. (Pour le détail, voy *Chaudières.*)

MACHINES POUVANT ÊTRE APPLIQUÉES A LA NAVIGATION, par *M. Bonnefoy*: Machine à vapeur de *M.* Juhel, XXII-722 ; machine à vapeur à grande vitesse et à condensation de M. Allen, XXII-724 ; machine rotative de M. Behrens, XXII-727 ; machine de M. Hicks, XXII-731.

MACHINES A DEUX ET TROIS CYLINDRES POUR LES GRANDS BATIMENTS ET LES EMBARCATIONS, par M. *Mouche :* Machines marines, système Wolf, XXIII-894, 910 ; machines du Creusot, XXIII (1868), 908 ; machine conduisant deux hélices, XXIII-918 ; machine à fourreau, de M. Penn, XXIII-918 ; machine pour embarcations, de M. Rennie, XXIII-921 ; machine pour embarcations, de M. Field, XXIII-923.

TIROIRS, POMPES ET APPAREILS FUMIVORES, par *M. Hubac :* tiroir de la machine à trois cylindres de Maudslay, XXIII-370 ; tiroir des machines à deux cylindres et à bielle renversée, de MM. Rawenhill et Hodeson, XXIII-373 ; tiroirs de la machine à grande vitesse du système Allen, XXIII-375 ; tiroir de la machine horizontale à bielle directe, de M. E. Ansaldi, XXIII-377 ; tiroir d'une machine horizontale de M. Bourdon, XXIII-378 ; machine à foyer clos, de M. Sawh, XXIII-380 ; machine de M. Frot, XXIII-382 ; pompe aéro-hydrique, XXIII-383 ; pompe Nillus, XXIII-385 ; pompe Fourneyron, XXIII-386 ; pompe Noria, de M. Bostier, XXIII-388 ; pompes rotatives, XXIII-388 ; tubes mobiles de M. Bérendorf, XXIII-390 ; tubes de M. Langlois, XXIII-391 ; appareils fumivores, XXII-536, XXIII-392 ; grille fumivore, de M. Hill, XXIII-394 ; grille de M. Langen, XXIII-394.

ALIMENTATEURS, POMPES DE CALE ET

PRISES D'EAU, par *M. Bonnefoy:* injecteur Giffard, perfectionné par M. Turck, XXII-710 ; robinets sans frottement de M. Mazeline, XXII-716 ; prise d'eau d'injection de machine, système de M. Monnier, XXII-717 ; palier graisseur avec coussinet de M. Avisse, XXII-718 ; pompes à vapeur, de M. Mazeline, pour l'alimentation des chaudières, XXII-719.

PROPULSEURS, par *M. Postec :* roues à aubes, XXIII-47 ; roues à pales verticales, XXIII-50 ; propulseurs hélicoïdes, XXIII-50 ; roues à hélice, système de M. Perreaux, XXIII-55 ; hélice-gouvernail, de M. de Montagu, XXIII-56 ; palmipède-gouvernail, de M. Evelyn, XXIII-59 ; propulseur hydraulique, XXIII-61.

Machines - outils employées au travail des métaux : machine Fétu et Deliége, XXIV (1868), 17 ; machines Boulrey, XXIV-17 ; machines Warrall, Elwell et Poulot, XXIV-18 ; machine Mazeline, XXIV-20 ; machines Ducummun, XXIV-20 ; machine Sharp et Stewart, XXIV-21 ; machines Penn, XXIV-22 ; machines Sellers, XXIV-22 ; machine Brown et Sharpe, XXIV-23 ; machines Hartmann, XXIV-24 ; machines Reiter, XXIV-25 ; machines Sculfort-Mailliard et Maurice, XXIV-27 ; machines Dandoy-Mailliard et Luc, XXIV-27 ; machines Duval, XXIV-27 ; machines Zimmermann, XXIV-24, 29 ; machines Whithworth, XXIV-29 ; outillage spécial de MM. Tangye, XXIV-30.

Machines - outils employées au travail du bois : scieries, XXIV (1868), 33 ; machines à raboter, à faire des moulures et à rainer, XXIV-36 ; machines à travailler les parquets, XXIV-36 ; machines à faire les mortaises, les tenons et les assemblages à queue d'aronde, XXIV-38 ; machines à faire les moulures courbes et à sculpter, XXIV-42 ; machines à faire les raies des roues et autres travaux analogues, XXIV-45 ; menuisiers universels, XXIV-45 ; machines à affûter les scies, XXIV-47.

Macina. Voy. *Soudan.*

Mackay (Le canon), XI (1864), 153.

Mackrow : Batterie centrale fixe applicable aux navires cuirassés, XXIV (1868), 558.

Mac-Leod, professeur d'anglais à l'école navale du *Borda :* Traduction du *Livre du temps* de l'amiral Fitz-Roy, XI (1864), 300, 422, 768 ; XII (1864), 140, 466, 816 ; XIII (1865), 320, 729 ; XIV (1865), 740 ; XV (1865), 88, 596, 691.

Madagascar : Notes sur Madagascar, R.A.C., I (1859), 133. — Madagascar, par *M. le Dr Milhet-Fontarabie*, R.A.C., II (1860), 78.—Extraits de l'ouvrage anglais du révérend *William Ellis*, R.A.C., II (1860), 238, 387. — Rapport de la mission anglaise envoyée à Madagascar en septembre 1861, IV (1862), 93. — Un voyage à Madagascar en janvier 1862, par *M. Brossard de Corbigny*, V (1862), 561, 601. — Les richesses naturelles de Madagascar, par *M. Simonin*, V (1862), 628. — Révolution de Madagascar, VII, (1863), 774. — Traité conclu entre la France et Madagascar, le 12 septembre 1862, VIII (1863), 787. — Madagascar en 1863, d'après l'Exposé de la situation de l'empire, IX (1863), 696 ; en 1864, XIII (1865), 478 ; XVI (1866), 493 ; en 1866, XIX (1867), 768. — Notes sur Madagascar et les Comores, par *M. P. Cave :* les Hovas, la côte orientale, Sainte-Marie, XX (1867), 320 ; la côte occidentale, 603 ; Mayotte, 964 ; Anjouan, 969 ; Mohéli, 971 ; la Grande-Comore, 976 ; Nossi-Bé, 980. (Voy. aussi *Sainte-Marie de Madagascar.*)

Madura (Note sur), IV (1862), 258.

Mage (E.), lieutenant de vaisseau : Voyage au Tagant en 1859 (Afrique centrale), R.A.C., III (1860), 1. — Les rivières de Sine et de Saloum, VII (1863), 673. — Voyage du navire de guerre anglais *Investigator* sur le Bas-Niger, traduit par *M. E. Mage*, VIII (1863), 410. — Voyage de MM. Mage et Quintin dans l'intérieur de l'Afrique, X (1864), 603 ; XI (1864), 160, 624, 834 ;

XIII (1865), 211; XVI (1866), 412 ; XVII (1866), 846 ; XVIII (1866), 666. — Relation d'un voyage d'exploration au Soudan de 1863 à 1866, XX (1867), 26, 395, 620, 895 ; XXI (1867), 134, 367, 626, 803 ; XXII (1868), 766; XXIII, (1868), 163, 463, 719, 1067.

Magnanime, frégate cuirassée française : sa mise à l'eau, XII (1864), 214 ; ses essais, XVII (1866), 836.

Magnésium (Éclairage au), XXIV (1868), 612.

Magnétisme : Des compas sur les bâtiments en fer, par *M. Evans Hopkins*, traduction de *M. A. Vallon*, IX (1863), 444.—De la déviation de la boussole sur les navires en fer, par *M. A. Smith*, XVII (1866), 370.—De la déviation des compas à bord des navires en fer, XIX (1867), 471. — Théorie des relèvements polaires, XIX (1867), 590'; XX (1867), 123 ; XXI (1867), 497. — Désaimantation des navires en fer pour réduire la déviation des compas, méthode proposée par M. Evans Hopkins, par *M. F. Labrosse*, XXII (1868), 332, 544. — De l'intensité et des changements du magnétisme polaire, XXIII (1868), 762. — Moyen de reconnaître la direction du méridien magnétique à bord d'un navire en fer, XXIV (1868), 561. — Etude sur les machines magnéto-électriques, par *M. A. Trève*, XXIII (1868), 951. — Machine photo-magnéto-électrique de la compagnie *l'Alliance*, XXIV (1868), 594. — De la lumière électrique et des appareils de la compagnie *l'Alliance*, XXIV (1868), 607. — (Voy. aussi *Électricité*.)

Mahé (Notice sur), par *M. E. Avalle*, IX (1863), 247.

Mahé de la Bourdonnais (Les îles de France et de Bourbon sous le gouvernement de) (1735 à 1740), document inédit publié par *M. Pierre Margry*, VI (1862), 334.

Mahmoud, frégate cuirassée turque : sa mise à l'eau, XIII (1865), 203.

Mahopac, monitor américain, XII (1864), 876.

Maïas, Beni-Snassen et Angades

(Défaite des); expédition du Maroc en 1859, R.A.C., I (1859), 407.

Maigrot (Sillomètre automatique de M.), XXIV (1868), 921.

Maillard : Topographie de l'île de la Réunion, V (1862), 424. — Notice sur M. Bonnin, ingénieur en chef des ponts et chaussées, IX (1863), 514, 705.

Maistrance (École de), XX (1867), 788.

Malabar, transport anglais : Sa mise à l'eau, XIX (1867), 470.

Malacca : Notice sur cet établissement anglais, par *M. E. Avalle*, II (1861), 493.

Malaga : Renseignements sur le régime de sa navigation, V (1862), 472.

Malo (Guindeau de M.), XXIV (1868), 62.

Malte : Législation et administration de cette colonie anglaise, par *M. E. Avalle*, II (1861), 444.

Malte-Brun (V.-A.): Coup d'œil sur l'itinéraire de la Vera-Cruz à Mexico, VII (1863), 680.

Mammologie et ornithologie algérienne, par *M. Loche*, R.A.C., II (1860), 142. — (Voy. aussi *Zoologie*.)

Man (Ile de): Notice sur cette colonie anglaise, par *M. E. Avalle*, II (1861), 447.—Les pêches de l'Écosse et de l'île de Man : année 1860, V (1862), 500; année 1861, VI (1862), 685. — Pêche du hareng et de la morue sur les côtes de l'Écosse et de l'île de Man en 1865, XVIII (1866), 316.

Manby (Les engins de sauvetage du capitaine), par *M. Pothier*, XXI (1867), 291.

Mangareva (Notice sur), XIV (1865), 511.

Mangin, ingénieur de 1re classe de la marine, membre de la commission chargée de faire des rapports sur l'Exposition universelle de 1867. Voy. *Exposition universelle*.

Manille : Renseignements sur le régime de sa navigation, V (1862), 476.

Manioc (Panification de la farine de), par *M. Payen*, I (1861), 130.

Manœuvre des navires à hélice, par *M. le vice-amiral Pâris*, I (1861), 305. — Notions théoriques des principes sur lesquels reposent les mouvements et les évolutions des navires, par *M. L. de Folin*, XIV (1865), 731. — (Voir aussi *Tactique navale.*)

Maquereau. Voy. *Pêches.*

Maranham (Brésil): Renseignements sur sa navigation, V (1862), 293.

Marengo, navire cuirassé français : sa mâture, XXIV (1868), 75.

Margry (Pierre) : Publication de documents inédits sur l'histoire de la marine : Mémoire envoyé en 1693 sur la découverte du Mississipi et des nations voisines, par le sieur de La Salle, en 1678, et depuis sa mort, par le sieur de Tonty, I (1861), 409. — Mémoire de Bougainville sur l'état de la Nouvelle-France à l'époque de la guerre de Sept Ans (1757), I (1861), 561.. — Une ambassade des Français en Russie sous Louis XIII, II (1861), 213 ; *erratum*, 440. — L'Inde et les nations européennes en Asie à la fin du xvɪɪᵉ siècle, II (1861), 402.—Les relations de la France avec le royaume de Siam avant les ambassades en 1684 et en 1685, III (1861), 364. — La flotte de l'Espagne et le commerce européen aux Indes occidentales à la fin du xvɪɪᵉ siècle, III (1861), 573. — La Martinique en 1696, IV (1862), 570, 827. — Saint-Domingue en 1692, V (1862), 794. — Les îles de France et de Bourbon sous le gouvernement de Mahé de la Bourdonnais (1735 à 1740), VI (1862), 334. — Pierre David et la Compagnie des Indes de 1729 à 1752, XVIII (1866), 435.

Marié-Davy (Lettre de M.) en réponse à la notice de M. le contre-amiral Bourgois sur la rotation diurne des vents, XVII (1866), 847.

Marie-Galante (Notice sur), XII (1864), 88.

Marine marchande. ALLEMAGNE DU NORD : État de la marine marchande de la Prusse et des villes anséatiques, en 1860, I (1861), 143. — Organisation de la marine marchande de l'Allemagne du Nord, XXI (1867), 269. — Marine marchande des États secondaires de l'Allemagne du Nord, XII (1864), 203.

ANGLETERRE : Les *Sailor's homes*, asiles pour les marins en Angleterre, II (1861), 253.— Examen des capitaines et officiers du commerce, II (1861), 640.— Rapport fait en 1860 par le comité chargé d'examiner la situation de la marine marchande en Angleterre, III (1861), 78. — Effectif de la marine à vapeur marchande en Angleterre en 1861, III (1861), 298. — L'accident du *Great-Eastern* (12-13 septembre 1861), III (1861), 530. — Législation de la marine marchande de l'Angleterre, VII (1863), 119, 632 ; VIII (1863), 388, 605.

FRANCE : Rapport de M. Rouher, ministre de l'agriculture, du commerce et des travaux publics, concernant l'historique des divers régimes successivement appliqués en France à la marine marchande (1 mai 1862), V (1862), 339. — Législation de la marine marchande en France et en Angleterre, VII (1863), 119.— Effectif de la marine marchande de la France de 1827 à 1850, X (1864), 812.

RUSSIE : État de sa marine marchande en 1863, VIII (1863), 668. — (Voy. aussi *Inscription maritime.*)

Marine militaire de l'Allemagne du Nord. Voy. *Marine militaire de la Prusse.*

Marine militaire de l'Angleterre. BUDGETS : Budget de la marine, exercice 1861-62, I (1861), 446 ; exercice 1862-63, IV (1862), 783; exercice 1863-64, VII (1863), 606; exercice 1864-65, X (1864), 717 ; exercice 1865-66, XIII (1865), 680 ; exercice 1866-67, XVII (1866), 5 ; exercice 1867-68, XXI (1867), 432 ; exercice 1868-69, XXIV (1868), 191. — État comparé des budgets de la marine en France et en Angleterre, exercice 1861-62, I (1861), 461 ; exercice 1862-63, par *M. Latour-Dumoulin*, VII (1863), 326; exercice 1863, par *M. de Casabianca*, XIX (1867), 248 ; XXII (1868), 219. — Le budget et l'ar-

mée de l'Inde anglaise, exercice 1861-62, IV (1862), 780.

EFFECTIF de la marine en 1862, V (1862), 678 ; en 1863, VII (1863), 236 ; en 1864, X (1864), 393 ; en 1865, XIII (1865), 339, XVI (1866), 656 ; en 1866, XVI (1866), 656 ; XVII (1866), 672 ; en 1867, XIX (1867), 469 ; en 1868, XXIII (1868), 702, 711.

PERSONNEL : De l'embarquement des officiers, et de la condition des masters et des mécaniciens, III (1861), 568. — Le personnel de la réserve navale en Angleterre, par M. *E. Bourdin*, VI (1862), 174. — Création d'une école du génie maritime en Angleterre, XII (1864), 208. — L'École navale en Angleterre, par M. *J. de Crisenoy*, XII (1864), 331. — Suppression des masters dans la marine anglaise, XIV (1865), 845. — Composition et traitement du personnel de l'amirauté, XVII (1866), 399.

NAVIRES CUIRASSÉS : Les vaisseaux cuirassés de l'Angleterre, I (1861), 539 ; IV (1862), 552 ; V (1862), 699. — Notes sur les navires cuirassés et quelques paquebots à vapeur de la marine anglaise, par MM. *Sabattier* et *de Fréminville*, VIII (1863), 499. — Types nouveaux de navires cuirassés, X (1864), 576. — Navire à réduit central du capitaine Symonds, par M. *le vice-amiral Pâris*, XI (1864), 216. — Navires cuirassés et batteries flottantes, XIV (1865), 831. — Transformation des anciens vaisseaux en navires cuirassés, XIX, 233 ; XXI (1867), 977. — Vitesse des navires cuirassés, XXIII (1868), 758. — *Achilles* : sa mise à l'eau, X (1864), 396 ; sa description, X (1864), 572 ; ses essais, XI (1864), 372 ; XII (1864), 872 ; XIII (1865), 199, 786 ; son artillerie et sa voilure, XII (1864), 635. — *Agincourt*, VIII (1863), 513 ; son artillerie, X (1864), 397 ; sa mise à l'eau, XIV (1865), 189 ; ses essais, XVI (1866), 212 ; sa vitesse, XV (1865), 440. — *Bellérophon*, XII (1864), 416, 888 ; XXIV (1868), 167, 651 ; sa mise à l'eau, XIV (1865), 417 ; ses essais, XIII (1865), 200 ; XV (1865) 443 ; XVII (1866), 215 ; XVIII (1866), 477 ;

XXIII (1868), 533 ; ses qualités nautiques, XX (1867), 838 ; expériences de son artillerie, XX (1867), 460 ; les lignes de sa construction, XXIV (1868), 885 ; son gouvernail, XXIII (1868), 312. — *Black-Prince*, par M. *Sabattier*, VIII (1863), 500 ; son passage au bassin, XI (1864), 612. — *Calédonia*, VIII (1863), 516 ; ses essais, XI (1864), 373 ; ses qualités nautiques, XX (1867), 840. — *Défense*, VIII (1863), 507 ; son passage au bassin, XI (1864), 613. — *Enterprise*, VIII (1863), 523 ; X (1864), 597 ; sa mise à l'eau, XI (1864), 149 ; ses essais, XI (1864), 614 ; XII (1864), 198. — *Favorite*, VIII (1863), 523 ; sa mise à l'eau, XI (1864), 823 ; ses essais, XVII (1866), 201. — *Hector*, VII (1863), 671 ; VIII (1863), 514 ; sa mise à l'eau, X (1864), 396 ; sa description, X (1864), 564 ; réduction de son armement, X (1864), 806 ; ses qualités nautiques, XX (1867), 839. — *Hercules*, XXII (1868), 209 ; sa mise à l'eau, XXII (1868), 667 ; sa cuirasse, XIV (1865), 889 ; XV (1865), 438 ; XVI (1866), 425 ; expériences de son artillerie, XX (1867), 464. — *Hotspur*, bélier, XXIV (1868), 883. — *Lord-Clyde* : sa mise à l'eau, XII (1864), 872 ; ses essais, XVI (1866), 211, 866 ; XIX (1867), 702 ; ses qualités nautiques, XX (1867), 839. — *Lord-Warden*, XIII (1865), 202 ; sa mise à l'eau, XIV (1865), 620 ; ses essais, XXI (1867), 727 ; expériences d'artillerie, XX (1867), 457, 473. — *Minotaur*, VIII (1863), 513 ; sa mise à l'eau, X (1864), 196 ; XIV (1865), 190 ; XV (1865), 440 ; ses essais, XX (1867), 722 ; XXIII (1868), 251 ; son artillerie, X (1864), 397 ; XX (1867), 463. — *Northumberland*, VIII (1863), 513 ; sa mise à l'eau, XVII (1866), 197 ; ses essais, XX (1867) 724 ; son artillerie, X (1864), 397. — *Océan*, VIII (1863), 516 ; ses essais, XI (1864), 820 ; ses qualités nautiques, XX (1867), 840. — *Pallas* : sa mise à l'eau, XII (1863), 787 ; ses essais, XVI (1866), 212 ; XVII (1866), 388 ; ses qualités nautiques, XX (1867), 889. — *Pénélope*, frégate à hélice jumelle, XVI (1866), 658 ; XXIII (1868),

323. — *Prince-Consort :* son passage au bassin, VIII (1863), 516; XI (1864), 612. — *Repulse :* sa mise à l'eau, XXIII (1868), 534. — *Research,* X (1864), 397; XII (1864), 198; ses qualités nautiques, XX (1867), 840. — *Résistance,* VIII (1863), 507. — *Royal-Alfred,* VIII (1863), 516; XVI (1866), 428; XX (1867), 250; sa mise à l'eau, XII (1864), 872; ses essais, XVI (1866), 865; modification apportée à sa construction, XIII (1865), 201. — *Royal-Oak,* VIII (1863), 516. — La canonnière *Staunch,* XXIII (1868), 1037. — *Sultan,* XXIV (1868), 883. — *Valiant :* ses essais, VIII (1863), 511; XV (1865), 439. — *Warrior,* I (1861), 539; le même, par M. *Sabattier,* VIII (1863), 500; ses essais, par M. *Bonjour,* III (1861), 293; XII (1864), 191; XIII (1865), 596; son passage au bassin, XI (1864), 613; son désarmement, XII (1864), 874; expériences d'artillerie, XX (1867), 461, 474. — *Waterwitch,* navire à moteur hydraulique, XXIII (1868), 609, 617; ses essais, XVIII (1866), 880 ; XXI (1867), 524. — *Zealous :* sa mise à l'eau, X (1864), 811; ses essais, XIII (1865), 585.

Navires non cuirassés : Tableau des éléments de toutes les catégories de navires de la flotte à vapeur anglaise, par M. *A. Ledieu,* V (1862), 680. — Construction de cinq transports en fer pour le service des troupes de l'Inde, XV (1865), 869. — Chaloupe-canonnière, XX (1867), 998. — *Beacon :* mise à l'eau de cette canonnière à hélice jumelle, XXI (1867), 520. — *Blanche :* sa mise à l'eau, XXI (1867), 520; ses essais, XXII (1868), 874. — *Danae :* ses essais, XXII (1868), 211. — *Inconstant,* XXIV (1868), 272. — *Lapwing :* ses essais, XXIII (1868), 252. — *Malabar :* sa mise à l'eau, XIX (1867), 470. — *Nautilus,* navire à moteur hydraulique, XVII (1866), 394. — *Philomel :* ses essais, XXIII (1868), 252. — *Ringdove :* ses essais, XXIII (1868), 252.

Navires a tourelles : Les navires à tourelles de grande navigation, XIV (1865), 419. — Les navires à tourelles en 1865, XIV (1865), 847; en 1866, XVII (1866), 653; XVIII (1866), 200. — *Captain,* XXI (1867), 971 ; XXIII (1868), 581 ; XXIV (1868), 167 ; sa comparaison avec le *Wilhelm* 1er, XXI (1867), 971. — *Glatton,* monitor, XXIV (1868), 883. — *Monarch,* XVI (1866), 866; XXII (1868), 883; XXIII (1868), 580 ; sa mise à l'eau, XXIII (1868), 1039. — *Prince-Albert,* VIII (1863), 520; XIX (1867), 242; sa mise à l'eau, X (1864), 610. — *Royal-Sovereign,* VIII (1863), 520; sa mise à l'eau, X (1864), 811; ses essais, XI (1864), 376, 816; XII (1864), 195; XIII (1865), 784; sa mise à la réserve, XII (1864), 873; expériences de son artillerie, XIV (1865), 628; XVI (1866), 211. — *Scorpion :* ses essais, XII (1864), 419; XV (1865), 866; mâture tripode, XXIV (1868), 89. — *Turret,* XIX (1867), 925. — *Wywern,* XII (1864), 419; XV (1865), 200; ses essais, XV (1865), 649, 866; ses qualités nautiques, XX (1867), 841; sa mâture tripode, XXIV (1868), 89. — Construction de deux monitors pour Bombay, XXIII (1868), 533.

Artillerie : Artillerie et voiture des cuirassés anglais, XII (1864), 635. — Armement de la flotte avec de gros canons, XII (1864), 887. — Nombre de gros canons à bord de la flotte anglaise en 1866, XVII (1866), 193. — Artillerie des navires cuirassés en 1866, XVIII (1866), 215. — La question des gros canons et des navires à tourelles en 1867, XIX (1867), 462.

Forts cuirassés : Les défenses fixes et les défenses mobiles à Portsmouth, V (1862), 688. — Les défenses de Spithead, XIII (1865), 361. — La question des forts cuirassés à la Chambre des communes en 1868, XXIII (1868), 240. — La question des défenses maritimes en 1868, XXIII (1868), 925.

Divers : De la grande vitesse appliquée à la marine militaire, traduction de M. *Vallon,* IX (1863), 656. — Les arsenaux maritimes, par M. *V. Chevallier,* I (1861), 1. — Les ports de

refuge exécutés par le gouvernement anglais, par M. *V. Chevallier*, I (1861), 239. — Qualités de marche sous vapeur des navires de l'escadre de la Manche, XXIII (1868), 1060. — Croisière de l'escadre de la Manche en 1866, XVIII (1866), 866 ; XX (1867), 833; année 1867, XXIII (1868), 682 ; XXIV (1868), 263 ; année 1868, XXIV (1868), 265. — Croisière de l'escadre de la Méditerranée, XX (1867), 254. — De l'organisation de la réserve flottante, IV (1862), 68. — Nouveaux systèmes de gouvernail; état d'avancement des bâtiments blindés, par M. *G. Bell*, VII (1863), 143. — Le bois ou le fer dans la construction des bâtiments en Angleterre, VIII (1863), 289. — Que ferons-nous de notre vieille flotte ? XIX (1867), 233. — Institut des constructeurs maritimes, XX (1867), 726. — Correspondance relative aux réclamations anglaises et américaines provenant de la dernière guerre civile des États-Unis (affaire de l'*Alabama*), XXII (1868), 820 ; XXIII (1868), 149. — Constructions navales de la Tyne en 1861, V (1862), 592. — Service hydrographique de la marine anglaise, I (1861), 531. — Statistique médicale de la marine anglaise, par M. *Sénard*, IX (1863), 226.

Marine militaire de l'Autriche : État de la marine en 1862, V (1862), 686 ; VI (1862), 25 ; en 1865, XV (1865), 31 ; en 1867, XX (1867), 998; en 1868, XXIII (1868), 704, 711. — Organisation administrative de la marine militaire, IX (1863), 21. — Observations hydrographiques faites pendant le voyage de circumnavigation de la frégate la *Novara*, IX (1863), 423. — Les frégates blindées, X (1864), 810. — Le *Lissa*, navire cuirassé, XXIII (1868), 757. — Combat naval d'Héligoland (6 mai 1864), entre les escadres danoise et allemande, XI (1864), 380. — L'Ecole navale en Autriche, par M. *J. de Crisenoy*, XII (1864), 334. — Bataille navale de Lissa, XVIII (1866), 221, 458. — Mémoire de l'amiral Persano, XIX (1867), 554. — A propos du combat de Lissa, par M. *le vice-amiral Touchard*, XIX (1867), 199. — Enseignements à tirer du combat de Lissa, XXII (1868), 317. — Les mines et les torpilles sous-marines, XXIII (1868), 557.

Marine militaire du Brésil : État de la marine en 1861, III (1861), 617 ; en 1862, V (1862), 686 ; en 1867, XXII (1868), 654. — Les navires cuirassés du Brésil en 1867, XXI (1867), 518. — Voyage de la corvette brésilienne *Belmonte* dans les Amazones en 1862, XII (1864), 433. — *Don Pedro*, navire cuirassé : mise à l'eau, XIII (1865), 203. — La *Medusa*, canonnière cuirassée à tourelles, XVII (1866), 631. — Les monitors *Para, Rio-Grande* et *Alagoas*, XXIII (1868), 771. — Chata paraguayenne, XVIII (1866), 479. — Combat naval de Riachuelo, XV (1865), 214. — Guerre du Paraguay, XVII (1866), 639 ; XVIII (1866), 717, 893 ; XXII (1868), 657 ; XXIV (1868), 567.

Marine militaire du Chili : État de la marine en 1863, IX (1863), 664 ; en 1864, XII (1864), 883 ; en 1866, XVI (1866), 660. — Attaque du Callao, XVII (1866), 635.

Marine militaire du Danemark : État de la marine en 1862, V (1862), 686 ; en 1863, VII (1863); 442 ; en 1864, X (1864), 393; en 1865, XIII (1865), 768; en 1866, XVI (1866) 864; en 1867, XXII (1868), 877 ; en 1868, XXIII (1868), 706, 711. — Combat naval d'Heligoland, (6 mai 1864), XI (1864), 380. — Le *Rolf-Krake*, navire cuirassé à tourelles, X (1864), 807 ; XII (1864), 418. — L'École navale danoise, par M. *J. de Crisenoy*, XII (1864), 335. — Les canonnières *Absalon* et *Eshern-Scare*, XXII (1868), 428.

Marine militaire de l'Égypte Mise à l'eau de la batterie-bélier le *Chéops*, XII (1864), 871.

Marine militaire de l'Espagne État de la marine en 1861, III (1861), 155 ; en 1862, V (1862), 686; en 1864, XI (1864), 617; en 1865, XIV (1865), 198; en 1866, XIX (1867), 244 ; en

1867, XXII (1868), 226; en 1868, XXIII (1868), 708, 711. — *Arapiles*, frégate cuirassée : sa mise à l'eau, XII (1864), 871.—*Numancia*, frégate cuirassée : sa mise à l'eau, X (1864), 196.—*Tetouan*, frégate cuirassée, XII (1864), 200. — *Victoria*, frégate cuirassée : ses essais, XXIII (1868), 759. — *Zaragoza*, frégate cuirassée; XXIV (1868), 268 ; sa mise à l'eau, XIX (1867), 929. — L'*Ictinée*, bateau sous-marin, XVI (1866), 659. — L'arsenal du Ferrol, XII (1864), 199. — L'École navale en Espagne, par M. *J. de Crisenoy*, XII (1864), 337. — Bombardement de Valparaiso, XVII (1866), 635. — Attaque du Callao, XVII (1866), 635.

Marine militaire des États-Unis : Extrait du rapport du secrétaire de la marine pour l'année 1861, II (1861), 271 ; année 1862, VII (1863), 425; année 1863, X (1864), 381 ; année 1864, XIII (1865), 362; XIV (1865), 157 ; année 1865, XVI (1866), 495 ; année 1866, XIX (1867), 519 ; année 1867, XXIII (1868), 99.—Budgets de la marine de 1861 à 1864, XIII (1865), 369 ; exercice 1865-66, XIII (1865), 586 ; exercice 1866-67, XVI (1866), 864. — État de la flotte en 1862, V (1862), 686 ; en 1864, XII (1864), 194, 421.

ARTILLERIE : Extrait du rapport du directeur de l'artillerie pour l'année 1862, VIII (1863), 671 ; année 1864, XIII (1865), 270, 522 ; année 1865, XVII (1866), 292. — L'artillerie américaine en 1863, traduction de *M. Vallon*, X (1864), 253, 592. — L'artillerie de marine, traduction d'articles, par *M. Aloncle*, XIII (1865), 508, 635; XIV (1865), 71.

NAVIRES CUIRASSÉS : Les bâtiments cuirassés des États-Unis en 1861, V (1862), 316; en 1862, VI (1862), 546; VII (1863), 134 ; VIII (1863), 685; en 1863, XI (1864), 152; en 1864, XII (1864), 630; XIII (1865), 362, 595. — La canonnière *Benton*, VII (1863), 436. — *Dictator*, VII (1863), 439 ; XXII (1868), 272 ; sa mise à l'eau, X (1864), 390 ; son artillerie, XII (1864),

211. — *Dunderberg*, navire cuirassé, VII (1863), 440 ; XX (1867), 255, 503 ; sa mise à l'eau, XV (1865), 214, 436. — *Essex*, VI (1862), 550 ; VII (1863), 437. — *Galena*, VI (1862), 327 ; VI (1862), 548 ; VII (1863), 429. —*Ironsides*, VI (1862), 547 ; VII (1863), 430. — *Keokuk*, VII (1863), 435. — Le monitor *Mahopac*, XII (1864), 876. — *Miantonomoh*, monitor à deux tourelles, XVII (1866), 832 ; XVIII (1866), 899 ; XIX (1867), 531, 545 ; XXIII (1868), 105. — Rapport officiel sur la traversée du *Miantonomoh* de New-York à Portsmouth, XVIII (1866), 468. — Le monitor *Monadnock*, XII (1864), 876 ; XVI (1866), 427 ; XVII (1866), 199 ; XIX (1867), 531 ; sa traversée de Philadelphie à San Francisco, XVIII (1866), 473. — La canonnière *Monocacy*, XXIII (1868), 1055. — Le *Naugatuck*, navire cuirassé, VII (1863), 433. — L'*Onondaga*, navire à tourelles, VII (1863), 439. — *Passaïc*, VII (1863), 433. — *Roanoke*, VI (1862), 547 ; VII (1863), 431. — Mise à l'eau du *Tecumseh*, X (1864), 388. — Le monitor *Tonawanda*, XII (1864), 209.

DIVERS : La batterie Stevens, par *M. le vice-amiral Páris*, XI (1864), 204. — Le *Wampanoag*, XXII (1868), 295; XXIII (1868), 1058 ; ses essais, XXIV (1868), 878.—Les monitors à Wilmington, rapport du contre-amiral Porter, XIII (1865), 579. — Les monitors américains en 1863, X (1864), 384; en 1864, XII (1864), 190. — Le combat naval de Hampton-Roads (8 et 9 mars 1862), IV (1862), 806. — Constructions navales en 1864, X (1864), 594, 802. — L'arsenal de Brooklyn, XI (1864), 151. — Attaque du bélier confédéré *Albemarle*, XI (1864), 616. — Combat entre l'*Alabama* et le *Kerseage*, XI (1864), 625, 827. — L'École navale des États-Unis, par *M. J. de Crisenoy*, XII (1864), 339. — Combat naval de Mobile, XII (1864), 423 ; XV (1865), 126. — Prise du fort Fisher, XIII (1865), 576. — Règles à observer à l'égard des navires des États-Unis en 1865, XIV (1865), 618. — Notes

sur la marine américaine, par M. *P. Dislère*, XXII (1868), 261. — Correspondance relative aux réclamations anglaises et américaines provenant de la dernière guerre civile des États-Unis (affaire de l'*Alabama*), XXII (1868), 820 ; XXIII (1868), 149. — Effectif et solde de l'état-major de la flotte, XXII (1868), 885. — De la défense des côtes pendant la dernière guerre maritime, traduit par M. *de la Chauvinière*, XXIV (1868), 928.

Marine militaire des États confédérés de l'Amérique du Nord : Le monitor *Merrimac*, IV (1862), 818 ; son plan, XII (1864), 192 ; combat naval de Hampton-Roads, IV (1862), 806. — Le steamer *Richmond*, X (1864), 594. — Combat naval de l'*Alabama* et du *Kerseage*, XI (1864), 625, 827. — Les béliers confédérés en 1864, XI (1864), 826. — Le bélier cuirassé le *Tennessee*, XII (1864), 424, 877.

Marine militaire de la Confédération de l'Allemagne du Nord. — Voy. *Marine militaire de la Prusse.*

Marine militaire de la France : Extraits des Exposés de la situation de l'Empire relatifs à la marine : année 1860, I (1861), 149 ; année 1861, IV (1862), 209 ; année 1862, VII (1863), 165 ; année 1863, IX (1863), 672 ; année 1864, XIII (1865), 447 ; année 1865, XVI (1866), 455 ; année 1866, XIX (1867), 723 ; année 1867, XXII (1868), 245. — Effectif de la marine en 1866, XVI (1866), 862.

BULLETIN des principaux actes relatifs à la marine et aux colonies, I (1861), 168, 328, 466, 618, 818 ; II (1861), 242, 433, 665 ; III (1861), 219, 405, 623 ; IV (1862), 202, 415, 603, 847 ; V (1862), 3979, 55, 819 ; VI (1862), 183, 384, 576, 710 ; VII (1863), 147, 334, 559, 771 ; VIII (1863), 203, 425, 633, 816 ; IX (1863), 179, 357, 517, 698 ; XI (1864), 138 ; XIII (1865), 349 ; XVI (1866), 652.

BUDGETS : Renseignements sur les budgets de la marine de 1758 à 1868, XXIV (1868), 445. — De la forme du budget du ministère de la marine en 1832, 1857 et 1866, XVIII (1866), 191. — Budgets de la marine, exercice 1862, II (1861), 289 ; exercice 1863, V (1862), 774 ; exercice 1864, VIII (1863), 792, 811 ; exercice 1865, XI (1864), 380, 438 ; exercice 1866, XIV (1865), 641 ; exercice 1867, XVIII (1866), 119 ; exercice 1868, XXI (1867), 152 ; exercice 1869, XXIV (1868), 403. — État comparatif des budgets de la marine en France et en Angleterre, exercice 1861-62, I (1861), 461 ; exercice 1862-63, par M. *Latour-Dumoulin*, VII (1863), 326 ; exercice 1863, par M. *de Casabianca*, XIX (1867), 248 ; XXII (1868), 219.

PERSONNEL : Création d'emplois d'élèves mécaniciens, VI (1862), 700. — Loi sur l'avancement dans l'armée navale (7 mai 1864), XI (1864), 388. — Projet de loi concernant les ouvriers des professions maritimes (mai 1864), XI (1864), 388. — Le personnel militaire et les classes maritimes sous Colbert et Seignelay, par M. *J. de Crisenoy*, XII (1864), 565. — L'inscription maritime au Corps législatif, XVII (1866), 545. — Les Écoles d'enseignement primaire et professionnel de la marine à l'Exposition de 1867, XX (1867), 757. — L'enseignement du canonnage sur le vaisseau-école d'application le *Jean-Bart*, XXI (1867), 701. — Réorganisation de l'institution des matelots canonniers et timoniers, XXII (1868), 880.

NAVIRES CUIRASSÉS : Navigation des bâtiments cuirassés en 1863, X (1864), 194. — *Alma* : mise à l'eau, XXII (1868), 205. — *Belliqueuse* : sa mise à l'eau, XV (1867), 443 ; XVI (1866), 214 ; son départ pour l'Océan Pacifique, XIX (1867), 481. — *Flandre* : mise à l'eau, XI (1864), 821. — *Gauloise* : mise à l'eau, XIV (1865), 421. — *Guyenne* : mise à l'eau, XV (1865), 445. — *Héroïne* : mise à l'eau, X (1864), 196 ; — *Magnanime* : sa mise à l'eau, XII (1864), 214 ; ses essais, XVII (1866), 836. — *Océan* : mise à l'eau, XXIV (1868), 1130. — Le bateau

sous-marin le *Plongeur*, X (1865), 711.
— *Provence :* sa mise à l'eau, X (1864), 196 ; ses essais, XIV (1865), 191. — Essais de la *Savoie*, XVIII (1866), 251. — *Surveillante :* sa mise à l'eau, XII (1864), 214. — Le bélier cuirassé le *Taureau*, XIV (1865), 837 ; ses essais, XVII (1866), 387. — *Valeureuse :* sa mise à l'eau, XII (1864), 214.

Divers : Circonscriptions maritimes de la France, II (1861), 197.— Voyage du transport l'*Hérault* en Australie et en Océanie pendant l'année 1858, par *M. Richard Foy*, III (1861), 487. — Du dépérissement des coques des navires en bois et des moyens de le prévenir, par *M. de Lapparent*, VII (1863), 573. — Visite de l'Empereur à Toulon en octobre 1864, XIII (1865), 382.—Chaloupe à vapeur pour la Nouvelle-Calédonie, XVII (1866),202.—Envoi de la *Revue maritime et coloniale* aux bâtiments armés, XIX (1867), 704. — Les navires de croisière et leur armement, par *M. le vice-amiral Touchard*, XXIII (1868), 5.

Marine militaire de la Grèce : État de la marine en 1862, V (1862), 686 ; en1868, XXIII (1868), 708, 711. — Combat de l'*Arcadion* et de l'*Izzedin*, aviso à vapeur turc, XXI (1867), 722. — Le *Roi-Georges*, navire cuirassé, XXIII (1868), 759.

Marine militaire de la Hollande : Transformation de la flotte en 1862, VII (1863), 222. — Etat de la marine en 1862, V (1862), 686, 708 ; en 1863, VIII (1863), 420 ; en 1866, XVII (1866), 214 ; en 1867, XXI (1867), 521 ; en 1868, XXIII (1868), 706, 711 ; XXIV (1868), 1127. — Budgets : exercice 1867, XXI (1867), 521 ; exercice 1868, XXIV (1868), 1127. — Construction de navires à tourelles, XXIII (1868), 531. — Essais d'un monitor, XXIII (1868), 1062. — Le *Buffel*, bélier à tourelles, XXIV (1868), 266 ; sa mise à l'eau, XXII (1868), 876. — Le *Crocodile*, navire à tourelles, XXIV (1868), 266. — Le *Prins-Hendrick*, navire à tourelles,

XIX (1867), 242 ; XX (1867), 996 ; XXII (1868), 426. — Mise à l'eau du monitor *Tyger*, XXIII (1868), 257.

Marine militaire de l'Italie : Etat de la marine en 1861, XXI (1867), 788 ; en 1862, IV (1862), 548 ; V (1862), 686 ; en 1863, VIII (1863), 629 ; en 1864, XI (1864), 150 ; en 1866, XVII (1866), 396 ; en 1867, XXI (1867), 800 ; en 1868, XXIII (1868), 704, 711. — Budget de la marine, exercices 1860 à 1867, XXI (1867), 801 ; exercice 1868, XXIII (1868), 535. — Les navires cuirassés au 1er juillet 1864, XII (1864), 211. — L'*Affondatore*, navire cuirassé, XVI (1866), 213 ; relèvement de ce bâtiment, XIX (1867), 695. — Essais de la frégate cuirassée *Ancona*, XVII (1866), 201. — Essai de la frégate cuirassée *Castelfidardo*, XI (1864), 377. — L'École navale en Italie, par *M. J. de Crisenoy*, XII (1864), 340. — Bataille navale de Lissa, XVIII (1866), 221, 458. — Mémoire de l'amiral Persano sur le combat de Lissa, XIX (1867), 554. — A propos du combat de Lissa, par *M. le vice-amiral Touchard*, XIX (1867), 199. — Enseignements à tirer du combat de Lissa, XXII (1868), 317.

Marine militaire de la Norwége : Etat de la marine en 1862, V (1862), 686 ; en 1867, XXII (1868), 631.

Marine militaire du Paraguay : Combat naval de Riachuelo, XV (1865), 214. — Guerre du Paraguay, XVII (1866), 629 ; XVIII (1866), 717, 893 ; XXII (1868), 657 ; XXIV (1868), 567. — Chata paraguayenne, XVIII (1866), 479.

Marine militaire du Pérou : État de la marine en 1862, V (1862) 686 ; en 1866, XVI (1866), 660. — Mise à l'eau de l'*Independancia*, XV (1865), 445. — Attaque du Callao, XVII (1866), 635.

Marine militaire du Portugal : État de la flotte en 1861, II (1861), 662 ; en 1862, V (1862), 686 ; en 1866-67, XXII (1868), 652. — Budget de la marine pour l'exercice 1866-67, XXII (1868), 635.

Marine militaire de la Prusse :
État de la marine en 1862, V (1862), 686 ; en 1863, X (1864), 392 ; en 1864, XII (1864), 638 ; en 1867, XX (1867), 258 ; XXI (1867), 522 ; en 1868, XXIII (1868), 706, 711 ; XXIV (1868), 272. — Le budget de la marine, exercice 1867, XX (1867), 501 ; exercice 1869, XXIV (1868), 273. — Combat naval d'*Héligoland* (6 mai 1864), entre les escadres danoise et allemande, XI (1864), 380. — L'École navale en Prusse, par *M. J. de Crisenoy*, XII (1864), 342. — Recrutement de la marine, XXI (1867), 268. — Organisation de la marine militaire et de la marine marchande, XXI (1867), 269. — Le port de Kiel, XXI (1867), 779. — Exposé des motifs de la loi sur l'emprunt pour augmenter les forces navales en 1868, XXI (1867), 970. — Agrandissement de la marine en 1868, XIV (1865), 199. — Les Ports de guerre de l'Allemagne du Nord en 1868, XXIV (1868), 274. — Effectif et solde de l'état-major de la flotte au 1er janvier 1868, XXII (1868), 886. — Le *Frederich-Carl*, frégate cuirassée XXIV-659 ; son départ pour la Baltique, XXI (1867), 974. — Mise à l'eau du navire cuirassé *Kronprins*, XX (1867), 724. — Le *Wilhelm* I er, navire cuirassé, XX (1867), 996 ; XXII (1868), 648 ; XXIV (1868), 654 ; sa mise à l'eau, XXIII (1868), 534 ; sa comparaison avec le *Captain*, navire cuirassé anglais, XXI (1867), 971.

Marine militaire de la Roumanie : Remise à flot d'un navire de guerre coulé dans le Danube, XX (1867), 732.

Marine militaire de la Russie :
État de la marine en 1860, II (1861), 206 ; en 1862, V (1862), 686 ; en 1863, VIII (1863), 649 ; en 1864, XIII (1865), 370 ; en 1865, XV (1865), 870 ; en 1867, XXI (1867), 264 ; en 1868, XXIII (1868), 711.

Budgets : Budget de la marine, exercice 1865, XIII (1865), 575 ; exercice 1867, XXI (1867), 264.

Navires cuirassés : Les navires cuirassés en 1864, XI (1864), 823 ; en 1865, XIII (1865), 493 ; XIV (1865), 416 ; en 1866, XXIII (1868), 710. — *Amiral-Greig*, frégate à tourelles : sa mise à l'eau, XXIV (1868), 1129. — *Amiral-Lazarev*, frégate à tourelles, XXIV (1868), 873 ; sa mise à l'eau, XXI (1867), 974 ; XXII (1868), 432. — *Amiral-Spiridov*, navire cuirassé, XXIV (1868), 873. — *Bronenocelz*, monitor, XI (1864), 151, 823 ; XII (1864), 875. — *Kniaz-Pojarski*, XVI (1866), 658 ; XXIV (1868), 873 ; sa mise à l'eau, XXII (1868), 431. — *Koldoun*, monitor, XI, (1864), 824 ; expériences de tir à bord de ce monitor, XII (1864), 632. — *Kremel*, batterie cuirassée, XIII (1865) 499. — *Latnik*, monitor, XI (1864), 151, 823. — *Netrone-Menia*, batterie cuirassée, XIII (1865), 498. — *Pervenetz*, batterie cuirassée, IX (1863), 663 ; XIII (1865), 497. — *Petropavlosk*, XIII (1865), 495. — *Rousalka*, mise à l'eau de cette canonnière, XXII (1868), 434. — *Sevastopol*, sa mise à l'eau, XII (1864), 633 ; XIII (1865) 494. — *Smerch*, chaloupe-canonnière à deux tourelles, XI (1864), 825 ; XII (1864), 875 ; XIII (1865), 500 ; XIV (1865), 416. — *Amiral-Tchitchakow*, navire à tourelles : sa mise à l'eau, XXIV (1868), 1129. — *Charodeika*, mise à l'eau de cette canonnière, XXII (1868), 434. — Construction d'une frégate cuirassée à tourelles, XXIII (1868), 532. — Constructions navales vers la fin de l'année 1863, X (1864), 199. — Nouvelles bases de tactique navale pour les navires à vapeur, par *M. le vice-amiral Boutakov*, traduction de *M. H. de Laplanche*, X (1864), 275, 741 ; XIV (1865), 388. — L'École navale en Russie, par *M. J. de Crisenoy*, XII (1864), 343. — Expériences sur un canon de 15 pouces, à la fonderie de Petrozavodski, XIV (1865), 414. — L'escadre de la Baltique en 1867, XXII (1868), 581 ; en 1868, XXIV (1868), 874. — Armements de la Russie en 1868, XXIII (1868), 540. — Naufrage de la frégate *Alexandre Newski*, XXIV (1868), 1109.

Marine militaire de la Suède: Réorganisation de la marine militaire en 1862 VII (1863), 5 ; en 1865, XV (1865), 204. — État de la marine en 1862, V (1862), 686 ; en 1867, XXII (1868), 650 ; en 1868, XXIII (1868), 706, 711. — Ses monitors en 1866, XVIII (1866), 478. — Essais du monitor *John-Ericsson*, XVIII (1866), 886 ; XIX (1867), 474.

Marine militaire de la régence de Tunis : État de la marine en 1867, XXII (1868), 655.

Marine militaire de la Turquie : État de la marine en 1862, V (1862), 686 ; en 1864, X (1864), 391 ; en 1867, XXII (1868), 434 ; en 1868, XXIII (1868), 708, 711. — Mise à l'eau de la frégate cuirassée *Mahmoud*, XIII (1865), 203. — La frégate cuirassée *Osman-Ghazi*, XV (1865), 204. — Construction d'un navire cuirassé en 1865, XV (1865), 870. — Ses navires cuirassés en 1867, XXI (1867), 270. — Combat de l'*Izzedin* et de l'*Arcadion*, navire grec, XXI (1867), 722.

Marivault (De), capitaine de frégate : Notes sur les monnaies et les établissements de crédit de quelques ports des Antilles, R. A. C., II (1861), 182.

Markus (Notes sur les appareils magnéto-électriques de), XXIII (1868), 573.

Marmet (Lampes de M.), XXIV (1868), 607.

Maroc : Défaite des Beni-Snassen, des Maïas et des Angades (21 octobre, 11 novembre 1859), R. A. C., I (1861), 407. — Voyage par terre entre le Sénégal et le Maroc, par *Si-bou-el-Moghdad*, I (1861), 477. — Exploration de la côte ouest du Maroc, entre Tanger et Mogador (avril 1861), I (1861), 625.

Maroni : Nos relations avec les Nègres et les Indiens du haut Maroni, par M. *Sibour*, I (1861), 117. — Excursion dans le haut Maroni, par M. *Ronmy*, I (1861), 779. — Voyage d'exploration dans le haut Maroni, par M. *Vidal*, V (1862), 512, 638. (Voir aussi *Guyane*.)

Marquises (Notice sur l'archipel des îles), XIV (1865), 542. — Voy. aussi *Établissements français dans l'Océanie*.

Marrel (Les plaques de blindage de l'usine de MM.), XXIV (1868), 302.

Marteaux-pilons et appareils de forge : marteau de M. Farcot, XXIV (1868), 7 ; marteau de M. Van der Lest 7; marteau de M. Keller, 8 ; marteau de M. Sellers, 8 ; marteau Sturgeon, 8 ; marteau Ramsbottom, 8 ; marteau Thwaites, 10 ; presse à forger Haswelt, 11 ; marteau Davies, 12 ; marteau Schmerber, 13 ; forges Schaller, 14.

Martin (Aciéries de), XXIII (1868), 338.

Martin (L'ancre), XIX (1867), 689 ; XXIV (1868), 51.

Martin de Brettes, chef d'escadron d'artillerie de la garde impériale : Des appareils et des systèmes de signaux ayant pour objet la transmission des ordres à distance, à la mer, XXIV (1868), 589. — Lettre sur les signaux télégraphiques, XXIV (1868), 1137.

Martinique : Notice sur cette colonie : résumé historique, XI (1864), 270 ; topographie, 277 ; météorologie, 283 ; population, 284 ; immigration, 285 ; gouvernement et administration, 290 ; forces militaires, 294 ; justice, 296 ; culte et assistance publique, 543 ; instruction publique, 546 ; finances, 549 ; agriculture, 554 ; industrie, 560 ; commerce, 561 ; navigation, 573 ; douanes, 577 ; service postal, 577. — Statistique : année 1859 : population, V (1862), 12 ; cultures, 34 ; commerce, 50 ; navigation, 150 ; année 1860 : population, VIII (1863), 12 ; cultures, 34 ; commerce, 50 ; navigation, 150 ; année 1861 : population, X (1864), 12 ; cultures, 34 ; commerce, 50 ; navigation, 150 ; année 1862 : population, XIII (1865), 6 ; cultures, 30 ; commerce, 46 ; navigation, 146 ; année 1863 : population, XVI (1866), 12 ; cultures, 34 ; commerce, 50 ; navigation, 150 ; année 1864 : population, XIX (1867), 12 ; cultures, 34 ; commerce, 50 ; navigation, 150 ; année 1865 : popu-

lation, XXII (1868), 12 ; cultures, 34 ; commerce, 50 ; navigation, 150. — État des denrées du cru de la Martinique exportées en 1859 et en 1860, I (1861), 327. — Statistique agricole, par M. *de Montyel*, II (1861), 396. — Culture et production du coton, par M. *Aubry-le-Comte*, XVIII (1866), 86. — Documents officiels relatifs à la loi du 3 juillet 1861 sur le régime douanier des colonies, II (1861) 52.—Documents officiels relatifs au sénatus-consulte sur la constitution des colonies, XVII (1866), 707. — Conseil général, session 1863, X (1864), 399. — Inauguration de la statue de l'Impératrice Joséphine à la Martinique, le 29 août 1859, R. A. C., I (1859), 170.—La Martinique en 1696, document inédit, publié par M. *Pierre Margry*, IV (1862), 570, 827.

Mason : Pompes, XXIV (1868), 351.

Masques métalliques de Gibraltar, XXII (1868), 871. — Masques métalliques, XXIII (1868), 926. — Masque Millwall, XXIV (1868), 270, 896. — Voyez *Artillerie, Défense des côtes.*

Massey : Appareil pour amener les embarcations, XXIII (1868), 889. — Marteau-Pilon, XXIV (1868), 12. — Appareil Oliver, XXIV (1868), 12.

Massiac (Notice sur), par M. *Doneaud*, XXI (1867), 485.

Masters : De l'embarquement des officiers de la marine anglaise, et de la condition des masters et des mécaniciens, III (1861), 568. — Suppression des masters dans la marine anglaise, XIV (1865), 843.

Mathew (Cabestan à vapeur de M.), XXIV (1868), 294.

Mathiessen (Axiomètre et porteur d'ordres de M.), XXIV (1868), 392.

Mathieu (S. Em. le cardinal), sénateur : Discours prononcé au Sénat sur la question des pêches maritimes, I (1861), 747.

Mâtures : Règlements concernant les mâtures, XXIV (1868), 68 ; mâtures des bâtiments cuirassés, 70 ; rabattement du mât d'artimon, 81 ; des mâts en tôle de fer et d'acier, 83 ; des mâ-

tures tripodes 88 ; mâtures tripodes de l'amiral Halsted, 88 ; mâtures tripodes du *Wyvern* et du *Scorpion*, 89 ; dimensions de la mâture des types des cuirassés anglais et français, 102. — Mâture et machine à brasser les vergues, du capitaine Cunningham, par M. *E. Pâris*, XV (1865), 642.

Maudslay (Tiroir de la machine à trois cylindres de M.), par M. *Hubac*, XXIII (1868), 370. — Machine à fourreau, par M. *Mouche*, XXIII (1868), 923.

Maugey (N. P.), aide-commissaire de la marine : L'immigration à la Guyane anglaise, IV (1862), 5.

Maulde (Moteur à chaudière inexplosible non tubulaire de M. A.), par M. *Joublin*, XXII (1868), 530.

Maurepas (Notice sur), par M. *Doneaud*, XXI (1867), 469.

Maures-Brakna (Voyage dans le pays des), rive droite du Sénégal (juin-octobre 1860), par M. *Bourrel*, II (1861), 511 ; III (1861), 18.

Maurice : Notice sur cette colonie, par M. *Bols*, I (1861), 333. — Maurice et dépendances, par M. *E. Avalle*, IV (1862), 450. — Immigration indienne à Maurice, R. A. C., II (1861), 488 ; VII (1863), 29. — L'industrie du sucre à Maurice, VI (1862), 581. — Situation commerciale et industrielle, par M. *G. Bell*, XVI (1866), 271. — Formation d'un îlot à l'entrée de Port-Louis, XXIII (1868), 254. — Le cyclone des 11 et 12 mars 1868, XXIII (1868), 422.

Maury : Réfutation du système des vents de Maury, par M. *S. Bourgois*, VIII (1863), 182, 321, 547 ; IX (1863), 120. — L'amiral Fitz-Roy et le lieutenant Maury, XIX (1867), 917. — Voy. aussi *Météorologie.*

May : Appareil pour amener les embarcations, XXIII (1868), 888.

Mayotte : Notice sur cette colonie : résumé historique, VIII (1863), 249 ; topographie, 253 ; météorologie, 255 ; population, 256 ; gouvernement et administration, 256 ; culte et instruction publique, 257 ; justice, 258 ; forces mi-

litaires, 259; finances, 260; agriculture, 262; commerce et navigation, 264; service postal, 266. — Statistique, année 1859 : population, V (1862), 24; année 1860 : population, VIII (1863), 24; année 1861 : population, X (1864), 24; année 1862 : population, XIII (1865), 20, 180; cultures, 180; commerce, 181, 182; navigation, 181, 183; année 1863: population, XVI (1866), 24, 185; commerce, 186, 187; navigation, 188; année 1864 : population, XIX (1867), 24, 185; commerce, 186, 187; navigation, 188; année 1865 : population, XXII (1868), 24, 185; commerce, 186, 189; navigation, 186, 190. —Note sur Mayotte, par M. *P. Cave*, XX (1867), 964. — Le tripoli de Mayotte, IX (1863), 670.

Mayr (Aciéries de Frantz), à Leoben, XXIII (1868), 332.

Mazeline : Robinets de chaudière sans frottement, de M. Mazeline, par M. *Bonnefoy*, XXII (1868), 716. — Pompe à vapeur pour l'alimentation des chaudières, XXII (1868), 719. — Machine-outil, XXIV (1868), 20.

Mécaniciens : Création d'emplois d'élèves mécaniciens pour la marine française, VI (1862), 702. — Écoles théoriques et pratiques des mécaniciens et chauffeurs de la flotte, XX (1867), 799. — De la condition des masters et des mécaniciens en Angleterre , III (1861), 568. — Voy. *Exposition universelle de 1867 : Rapports sur les machines par les mécaniciens principaux de la marine.*

Mécong. Voy. *Me-Kong*.

Mecque (La): Pèlerinage de la Mecque en 1859, par M. *Rousseau*, R. A. C., I (1859), 38; R. A. C., II (1860), 172.

Médecine : Recherches ophthalmiques sur l'Algérie, par M. *S. Furnari*, R. A. C., III (1860) 188.— Du climat d'Alger dans les affections chroniques de la poitrine, par M. le Dr *P. de Pietra Santa*, R. A. C., III (1860), 550. — Note sur les vaccinations et les revaccinations opérées en 1860, dans le 2ᵉ régiment d'infanterie de marine, par M. *le Dr*

A. Le Bozec, I (1861), 136. — Mémoire sur l'épidémie de fièvre jaune qui a sévi sur l'île de Gorée pendant le 4ᵉ trimestre de l'année 1859, par M. *Bel*, I (1861), 194. — Rapport sur les causes de la colique sèche, par M. le *Dr L. A. Petit*, III (1861), 175.— Rapport médical sur les opérations militaires du Cayor, de février à mai 1861, par M. *Barthélemy Benoît*, III (1861), 459. — Mémoire sur l'épidémie de choléra-morbus qui a régné à la Réunion en 1859, par M. le *Dr A. Petit*, III (1861), 541. — Statistique médicale de la marine anglaise, par M. *Sénard*, IX (1863), 226.

Medusa: Canonnière cuirassée à tourelles brésilienne, XVII (1866), 631.

Me-Kong : Le grand fleuve du Cambodge, VIII (1863), 701. — Exploration du Me-Kong, XX (1867), 498 ; XXI (1867), 710 ; XXII (1868), 222. — Mort de M. le commandant de Lagrée, XXIII (1868), 761. — Voir aussi *Cambodge*.

Mélah (Note sur le lac), par M. *F. du Bouchage*, R. A. C., I (1859), 73.

Mengin du Valdailly (Notice sur le contre-amiral), par M. *Faron*, XV (1865), 424.

Menteyer (De). Voy. *Pinet de Menteyer*.

Méridien magnétique (Moyen de reconnaître la direction du) à bord des navires en fer, XXIV (1868), 561.

Merrimac : navire cuirassé des États confédérés de l'Amérique du Nord, IV (1862), 812 ; son plan, XII (1864), 192. — Combat naval de Hampton-Roads, IV (1862), 806.

Merryweather (Pompe de M.), XXIV (1868), 351.

Messine : Renseignements sur le régime de sa navigation, V (1862), 307.

Mesures (Monnaies, poids et) de l'Angleterre, I (1861), 807. — Mesures annamites les plus usitées, X (1864) 609.

Météorologie : Observations recueillies au môle d'Alger du 12 janvier 1848 au 30 juin 1859, R. A. C., I (1859), 191. — Observations thermométriques et barométriques faites pen-

dant le voyage de Bouderba à Rat, R. A. C., I (1859), 306. — Étude climatérique de la Guadeloupe au point de vue de la culture du nopal à cochenille et de quelques cultures secondaires, R. A. C., I, (1859), 347. — Un cyclone à la Réunion, en janvier 1860, par *M. H. G. Bridet*, R. A. C., II (1860), 408. — Le cyclone de la Réunion du 25-26 février 1860, par *M. H. B, idet*, R. A. C., III (1860), 80. —'Du climat d'Alger dans les affections chroniques de la poitrine, par M. le *Dr P. de Piétra Santa*, R. A. C., III (1860), 550. — Observations faites au Sénégal, pendant l'année 1860, par *M. A. F. Heraud*, I (1861), 511. — Remarques et observations sur le cyclone qui a passé près de la Réunion, les 16 et 17 février 1861, par *M. H. Bridet*, I (1861), 517. — Les ouragans de l'hémisphère austral, par *M. Bridet*, IV (1862), 500 ; V (1862), 236. — Réfutation du système des vents de Maury, par *M. S. Bourgois*, VIII (1863), 182, 321, 547 ; IX (1863), 120. — Les étoiles filantes, par *M. Coulvier-Gravier*, X (1864), 229 ; XIII (1865), 782 ; XIV (1865), 622 ; XVII (1866), 398 ; XX (1867), 489 ; XXIII (1868), 766. — La télégraphie météorologique en Angleterre, par *M. Fitz-Roy*, V (1862), 405. — Le livre du temps de *M. Fitz-Roy*, traduction de *M. Macleod*, XI (1864), 300, 422, 768 ; XII (1864) 140, 466, 816 ; XIII (1865), 320, 729 ; XIV (1865), 740 ; XV (1865), 88, 596, 691. — Un ouragan à la Nouvelle-Calédonie en février 1864, XII (1864), 203. — Résumé des lois qui régissent les ouragans et les tempêtes, par M. *Lartigue*, XIV (1865), 623. — Etude sur la météorologie navale, par M. *A. Fleuriot de Langle*, XV (1865), 669. — Note sur l'ouragan du 11 janvier 1866 à Cherbourg, XVI (1866), 669. — L'amiral Fitz-Roy et le lieutenant Maury, XIX (1867), 917. —Comparaison des prévisions de l'office météorologique de Londres pour les côtes Nord et Ouest de France, par M. *de Rostaing*, XXI (1867), 600. — Observations faites au cap de Bonne-Espérance et à Versailles, par M. *Lartigue*.

XVII (1866), 396. — Tempêtes du 19 au 23 mars 1866, à Buenos-Ayres, sur les côtes de France, et à Versailles, par *le même*, XVII (1866), 839. — Ouragan du 13 décembre 1864 à Lisbonne, XVII (1866), 842. — Notice sur le phénomène de la rotation diurne des vents et sur les mouvements généraux de l'atmosphère, par M. *Bourgois*, XVII (1866), 413. — Lettre de M. Marié Davy en réponse à la notice de M. Bourgois sur la rotation diurne des vents, XVII (1866), 847. — Prévision du temps ou moyens de prévoir la direction et la force du vent à l'aide du baromètre, du thermomètre et du psychromètre, par M. *F. Labrosse*, XVIII (1866), 265, 605. — Étude sur le mouvement de l'air à la surface terrestre, XIX (1867), 271. — Notions sur les cyclones, par M. *F. Labrosse*, XVIII (1866), 272. — Le baromètre, XVIII (1866), 292. — Le vent et le baromètre, lettres de Sir J. Herschel et de M. le contre-amiral Bourgois, XIX (1867), 927. — Lettre de M. Buys-Ballot, XX (1867), 497. — Des vents dans les régions tempérées et tropicales de l'océan Atlantique, par M. *Bourgois*, XXII (1868), 677. — Le cyclone des 11 et 12 mars 1868 à Maurice et à la Réunion, XXIII (1868), 422. — De l'équilibre et du mouvement de l'atmosphère, par M. *Bourgois*, XXIII (1868), 396 ; XXIV (1868), 764, 1077. — Signes précurseurs des tempêtes sur les côtes d'Angleterre, XXIII (1868), 1068.

Meurice : Petit outillage pour le travail des métaux, XXIV (1868), 27.

Mexico : Voir *Mexique*.

Mexique : Le Mexique en 1861, d'après l'exposé de la situation de l'empire, IV (1862), 227 ; en 1863, IX (1863), 694 ; en 1864, XIII (1865), 474 ; en 1865, XVI (1866), 488 ; en 1866, XIX (1867), 762. — Notice sur le Mexique, par M. *T. L'Hermite*, III (1861), 159. — Documents officiels relatifs aux affaires du Mexique, IV (1862), 381. — Renseignements sur le régime de sa navigation, V (1862), 307. — Coup-d'œil sur l'itinéraire de la Vera-Cruz à Mexico,

par M. *V.-A. Malte-Brun*, VII (1863), 680. — Note sur les traversées de retour du golfe du Mexique en France, par M. *Grasset*, X (1864), 294, 522.

Meynard : Régulateur électrique XXIV (1868), 629.

Miantonomoh, monitor américain, XVII (1866), 832 ; XVIII (1866), 899 ; XIX (1867), 531, 545. ; XXIII (1868), 105 ; sa traversée de New-York à Portsmouth, XVIII (1866), 468. Voy. *Navires à tourelles*.

Michaux (A.-L.), sous-commissaire de la marine: Résumé des renseignements recueillis sur le service de l'immigration à la Trinidad, III (1861), 413. — Résumé des renseignements recueillis sur le service de la douane à la Trinidad et à la Barbade, IV (1862), 29.

Michély (A.): De l'élève des vers à soie à la Guyane française, R. A. C., II (1860), 173.

Milhet-Fontarable: Notice sur Madagascar, R. A. C., II (1860), 78.

Millwall (Le masque), XXIV (1868), 270, 896. — Voy. *Défense des côtes, Masques métalliques*.

Minéralogie : Les gisements aurifères de la Guyane française, par M. *L. Hardouin*, R. A. C., I (1859), 329. — Les gisements aurifères de la Guyane française, par M. *A. Charrière*, R. A. C., III (1860), 365. — Compagnie aurifère de l'Approuague, XX (1867), 992. — Placers de la Nouvelle-Calédonie, X (1864), 201. — Gisements houillers de Bencoulen (Sumatra), XII (1864), 559. — Rapport sur les gisements de fer chromé dans la partie sud de la Nouvelle-Calédonie, par *M. J. Garnier*, XVIII (1866), 333. — Voy. aussi *Géologie*.

Minotaur, frégate cuirassée anglaise, VIII (1863), 513 ; sa mise à l'eau, X (1864), 196 ; XIV (1865), 190 ; XV (1865), 440 ; XX (1867), 722 ; XXIII (1868), 251 ; son artillerie, X (1864), 397 ; XX (1867), 463.

Miquelon : Voy. *Saint-Pierre*.

Mission catholique (Histoire de la) de la Nouvelle-Calédonie, par le père *X. Montrouzier*, R. A. C., II (1860),

209, 362. — Mission française dans l'île de Zanzibar, IV (1862), 231.

Mississipi (Mémoire envoyé en 1693 sur la découverte du) et des nations voisines, par le sieur de La Salle, en 1678, et depuis sa mort, par le sieur de Tonty, document inédit publié par M. *Pierre Margry*, I (1861), 409.

Mitho : Voy. *Mytho*.

Mitrailleuse américaine , XXII (1868), 219.

Mobile (Combat naval de), XII (1864), 423. — Torpilles employées dans le combat de Mobile en 1864, XXIV (1868), 961.

Mogador (Souvenirs d'un voyage à), en 1839, par M. *P. E. Bache*, I (1861), 81. — Exploration de la côte ouest du Maroc, entre Tanger et Mogador (avril 1861), I (1861), 625.

Mohéli (Note sur), par M. *P. Cave*, XX (1867), 971.

Moï (Une tournée chez les) de la Cochinchine, par M. *B. de Larclause*, XII (1864), 642. — Voyez *Cochinchine*.

Monadnock, monitor américain, XII (1864), 876 ; XVI (1866), 427 ; XVIII (1866), 199 ; XIX (1867), 531 ; sa traversée de Philadelphie à San Francisco, XVIII (1866), 473.

Monarch, navire à tourelles anglais, XVI (1866), 866 ; XXII (1868), 883 ; XXIII (1868), 580 ; sa mise à l'eau, XXIII (1868), 1059.

Moncrieff (Système du capitaine) pour la manœuvre des gros canons, XXIII (1868), 244. — Batterie à barbette, XXIV-259. — Affûts à contre-poids, XXIV (1868), 262, 561, 899.

Monestier, chirurgien de la marine : Note sur le café de Nossi-Bé, XII (1864), 639.

Money (J.-W.-B.) : Java ou comment on gouverne une colonie, XIV (1865), 5, 503 ; XV (1865), 48, 324, 546, 847 ; XVI (1866), 276, 618, 815 ; XVII (1866), 80, 353.

Monitors : ANGLETERRE. Construction de deux monitors pour Bombay, XXIII (1868), 533. — Le *Glatton*, XXIV (1868), 883. — Le *Turret*, XIX (1867), 925.

Brésil : *Alagoas, Para et Rio-Grande,* XXIII (1868), 771.

Danemark. Le *Rolf-Krake,* (1864), 807 ; XII (1864), 418.

États-Unis : Combat naval de Hampton-Roads, IV (1862), 806. — Comparaison du navire à coupole, système Coles, et du *Monitor,* V (1862), 704. — Les monitors, X (1864), 384 ; XI (1864), 152 ; XII (1864), 190. — Les monitors à Wilmington, rapport du contre-amiral Porter, XIII (1865), 579. — Les monitors, par M. *Dislère,* XXII (1868), 262. — Le *Mahopac,* XII (1864), 876. — Le *Miantonomoh,* monitor américain, XVII (1866), 832 ; XVIII (1866), 899 ; XIX (1866), 531, 545. — Rapport officiel sur la traversée de ce monitor de New-York à Portsmouth, XVIII (1866), 468. — *Monadnock,* XII (1864), 876 ; XVI (1866), 427 ; XVII (1866), 199 ; XIX (1867), 531 ; sa traversée de Philadelphie à San Francisco, XVIII (1866), 473. — *Monitor,* IV (1862), 818 ; XII (1864), 193. — *Onondaga,* VII (1863), 439. — *Passaic,* VII (1863), 433. — *Tecumsch,* X (1864), 388. — *Tonawanda,* XII (1864), 209.

France : *Onondaga,* VII (1863), 439.

Hollande : Les navires à tourelles, XXIII (1868), 531. — *Buffel,* bélier, XXIV (1868), 266 ; sa mise à l'eau, XXII (1868), 876. — *Crocodile,* XXIV (1868), 266. — *Tyger,* XXIII (1868), 257. — Essais d'un monitor, XXIII (1868), 1062.

Russie : Monitors, XIII (1865), 370, 493. — Les monitors, par l'amiral *Lesoffsky,* de la marine russe, XXIV (1868), 563. — Le *Bronenocetz,* XI (1864), 151, 823 ; XII (1864), 875. — *Koldoun,* XI (1864), 824 ; expérience de tir à bord de ce navire, XII (1864), 632. — *Latnik,* XI (1864), 151, 823.

Suède : Monitors suédois, XVIII (1866), 478. — *John Ericsson,* XIX (1867), 474 ; ses essais, XVIII (1866), 886.

Monitors torpilles, XXII (1868), 278. Voy. aussi *Navires à tourelles et Navires cuirassés.*

Monnaies des Antilles, R. A. C., II (1860), 503. — Notes sur les monnaies et les établissements de crédit de quelques ports des Antilles, par M. *de Marivault,* R. A. C., II (1860), 182. — Monnaies, poids et mesures de l'Angleterre, I (1861), 807.

Monnier : Système de prise d'eau d'injection de machine à vapeur marine, XXII (1868), 717.

Monocacy : Canonnière américaine, XXIII (1868), 1055.

Montagu : Hélice-gouvernail, XXIII (1868), 56.

Montdésir : Appareil de ventilation des navires, XXIV (1868), 297.

Montevideo : Renseignements sur le régime de sa navigation, V (1862), 310.

Montravel. — (Voy. *Tardy de*).

Montrignier-Monnet : Sillomètre autographe, XXIV (1868), 921.

Montrouzier (Le père X.), curé de Napoléonville (Nouvelle-Calédonie) : Historique de la mission catholique de la Nouvelle-Calédonie, R. A. C., II (1860), 209, 362.

Montyel (de) : Statistique agricole de la Martinique, II (1861), 396.

Moorea : Statistique de cette colonie, année 1862 : population, XIII (1865), 189 ; année 1863 : population, XVI (1866), 194 ; cultures, pêcheries, commerce et navigation, 196 ; année 1864 : population, XIX (1867), 194 ; cultures, pêcheries, commerce et navigation, 196 ; année 1865 : population, XXII (1868), 196 ; cultures, 198 ; commerce et navigation, 199. — Notice sur Moorea, XIV (1865), 511. — Recensement de la population indigène des îles Tahiti et de Moorea de 1848 à 1860, par M. *X. Caillet,* III (1864), 506.

Moras : Notice biographique, par M. *Doneaud,* XXI (1867), 485.

Morath (Muraille), XXIV (1868), 308.

Morel (D.), mécanicien principal de 1re classe de la marine : Les combustibles destinés au chauffage des

chaudières à vapeur, XXII (1868), 467.

Mortaises (Machines à faire les), XXIV (1868), 38.

Morue (Pêche de la) en Islande : Campagne de 1861, III (1861), 225; campagne de 1862, VII (1863), 22; campagne de 1863, X (1864), 182; campagne de 1864, XIII (1865), 219; campagne de 1865, XVI (1866), 199; campagne de 1866, XIX (1867), 358; campagne de 1867, XXII (1868), 373.— Pêche de la morue à Terre-Neuve : récit d'un naufrage dans les glaces, par M. *Heurtault*, X (1864), 509; campagne de 1865, XVI (1866), 296; campagne de 1866, XIX (1867), 363; campagne de 1867, XXII (1868), 377.—La pêche de la morue aux îles Lofoden, année 1860, II (1861), 644; année 1861, IV (1862), 497; années 1863 et 1864, XIII (1865), 763.— Pêches de la Norwége, campagne de 1867, XXII (1868), 663. — Législation de la pêche de la morue en Norwége, IV (1862), 79. — Préparation de la morue, X (1864), 598. — La morue, par *M. Aubry-le-Comte*, XIII (1865), 409. — Voy. aussi *Pêches*.

Mossamédes (Notice sur), VI (1862), 611.

Mostaganem (Observations météorologiques faites à) pendant l'année 1859, R. A. C., II (1860), 578.

Moteur hydraulique (Le *Nautilus*, navire anglais à), XVII (1863), 394; ses essais, XXIII (1868), 617. — Essais du

Waterwitch, navire cuirassé anglais, XVIII (1866), 880.

Mouche, mécanicien principal de la marine : Travail théorique de la vapeur agissant avec détente, XXI (1867), 274. — Machines à deux et trois cylindres pour les grands bâtiments et pour les embarcations, XXIII (1868), 893.

Mouchez (E.), capitaine de vaisseau : Observation de l'éclipse annulaire du soleil du 30 octobre 1864, XIII (1865), 376. — Hydrographie des côtes du Brésil, XVIII (1866), 701.

Moulharac (A.) : Notice sur le capitaine de vaisseau C.-F. de Kerhallet, VII (1863), 754. — Notice sur le capitaine de vaisseau Réné-Just Vermot, XX (1867), 884.

Moulinié : Cale de halage, XXIV (1868), 693.

Mousses (Ecole des), XX (1867), 765.

Mulley (Système de M.), pour la préservation des plaques de cuirasse, XXIV (1868), 314.

Murailles Chalmers, Redford, Jacobs, Morath, Duffy, XXIV (1868), 308. — Voy. aussi *Masques métalliques*, *Défense des côtes*.

Mytho : Prise de cette province, I (1861), 809; VI (1862), 394. — Note sur Mytho, XIV (1865), 139. — Une tournée dans cette province, par M. *Richard*, XIX (1867), 661. — Voy. aussi *Cochinchine*.

N

Nangasaki : Renseignements sur le régime de sa navigation, V (1862), 496.

Nantes (Les colonies françaises à l'exposition nationale de), III (1861), 359.

Napier : Appareil pour manœuvrer la barre de gouvernail, XXIII (1868), 315. — Tourelles Napier, XXI (1867), 262; XXIII (1868), 582.

Napoléon III, empereur. Son voyage à Toulon en octobre 1864,

XIII (1865), 382. — Voyage en Algérie en 1865, XV (1865), 229.

Natal (Notice sur), par M. *E. Avalle*, IV (1862), 747.

Natron (Exploitation du) à la Réunion, par M. *Hugoulin*, V (1862), 219.

Naufrages : Statistique des naufrages sur les côtes d'Angleterre en 1860, III (1861), 521; en 1861, VII (1863), 101; en 1862, X (1864), 586; en 1863,

XII (1864), 883; en 1864, XV (1865), 871; en 1865, XVIII (1866), 688. — Fondation d'une société centrale de sauvetage des naufragés en France, XIII (1865), 776. — Société centrale de sauvetage des naufragés, XIV (1865), 619. — Circulaire du ministre de la marine pour l'établissement d'une statistique annuelle des naufrages, XIV (1865), 185.— Statistique des naufrages et événements de mer survenus sur les côtes de France de 1856 à 1863, XV (1865), 38; de 1862 à 1865, XIX (1867), 675; en 1866, XXII (1868), 592. — Discours prononcé par M. Chasseloup-Laubat le 14 avril 1866 à l'assemblée générale de la société de sauvetage des naufragés, XVII (1866), 380. — Discours prononcé par l'amiral Rigault de Genouilly, le 15 avril 1867, à la même société, XX (1867), 487. — Sauvetage des naufragés sur les côtes de France, par M. *J. de Crisenoy*, XV (1865), 783.—Stations de canots de sauvetage et postes de flèches-porte-amarre sur les côtes de France, XVIII (1866), 687. — Expériences de porte-amarres à grande portée, XVIII (1866), 689. — Bouée-barrique de sauvetage, XVIII (1866), 897. — Naufrage de la frégate russe *Alexandre-Newski*, XXIV (1868), 1109. Voy. aussi *Sauvetage*.

Naugatuck, navire cuirassé américain, VII (1863), 433.

Nautilus, navire anglais à moteur hydraulique, XVII (1866), 394; ses essais, XXIII (1868), 617.

Navigation : Relevé comparatif du mouvement de la navigation de l'Algérie avec la France et l'étranger pendant l'année 1859, R. A. C., II (1860), 101; III (1861), 832; en 1860, R. A. C., II (1860), 203, 582. — Navigation et commerce de l'Algérie avant la conquête française, par M. *F. Élie de la Primaudaie* (carte), R. A. C., II (1860), 437; III (1860), 94, 239, 382, 601, 702, 770. — Navigation commerciale des colonies françaises pendant l'année 1859, III (1861), 540; V (1862), 146; année 1860, III (1861), 540; VIII (1863),

146; année 1861, X (1864), 146; année 1862, XIII (1865), 146; année 1863, XVI (1866), 146; année 1864, XIX (1867), 146; année 1865, XXII (1868), 146. — Mouvement général de la navigation de la France, de 1825 à 1860, III (1861), 362; de 1842 à 1859, I (1861), 555; en 1861, IV (1862), 547; VIII (1863), 458; en 1862, VII (1863), 527; VIII (1863), 458; en 1863, VIII (1863), 458; X (1864), 583; en 1864, XIV (1865), 179; en 1865, XVI (1866), 845; en 1866, XIX (1867), 932; en 1867, XXII (1868), 661. — Renseignements sur le régime de la navigation de quelques puissances étrangères, V (1862), 287, 465 : Danemark, V (1862), 299; Égypte, 301; Espagne, 470; États-Unis, 487; Grèce, 304; Hollande, 308; Italie, 305; Nicaragua, 307, Pérou, 311; Porto-Rico, 476; Portugal, 311; Prusse, 465; République Argentine, 290; Rhodes, 486; Russie, 468; Siam, 496; Sicile, 307; Suède, 477; Suez, 302; Surinam, 309; Turquie, 485; Uruguay, 310; Venise, 290; Vera-Cruz, 307. — Voyage du transport *l'Hérault* en Australie et en Océanie pendant l'année 1858, par M. *Richard Foy*, III (1861), 487. — Navigation du Danube en 1860, I (1861), 526; en 1861, IV (1862), 820. — Renseignements nautiques recueillis à bord du *Duperré* et de la *Forte* pendant un voyage en Chine, par M. *Bourgois*, VII (1863), 252, 483. — Le gouvernail de fortune, par M. *Letourneur*, VII (1863), 620. — Navigation et commerce du Yang-tse-Kiang, par M. *Laurens*, IX (1863), 197. — Note sur les traversées de retour du golfe du Mexique en France, par M. *Grasset*, X (1864), 294, 522. — Notions théoriques des principes sur lesquels reposent les mouvements et les évolutions du navire, XIV (1865), 731. — Navigation de la Chine en 1864, XVI (1865), 640. — Navigation de la Cochinchine en 1865, XVII (1866), 186. — Croisière de l'escadre cuirassée anglaise de la Manche en 1866, XVIII (1866), 866; XX (1867), 833; en 1867, XXIII (1868), 682. —

Qualités de marche sous vapeur des navires de l'escadre anglaise de la Manche en 1867, XXIII (1868), 1060. — Méthodes de navigation, d'expériences et d'évolutions, par M. *le contre-amiral Bourgois*, XIX (1867), 215, 377. — Nouvelles méthodes pour déterminer la position d'un navire près de la côte, par M. *Galache*, XXI (1867), 689. — Correcteur de route et de relèvement du commandant Roux, XXII (1868), 206. — Travaux résistants du vent et de la mer rencontrant des navires, par M. *Berry*, XXII (1868), 302. — Méthode pour trouver le temps en mer, XXII (1868), 656. — Les instruments d'astronomie nautique, verre allongeant de M. A. Laurent, XXIV (1868), 325. — Horizon de brume de M. Davidson, XXIV (1868), 331.

Navigation sous-marine : Le *Plongeur*, X (1864), 711. — L'*Ictinée*, bateau sous-marin, XVI (1866), 659. — Voir aussi *Plongeurs*.

Navires à hélice (Manœuvre des), par M. *le vice-amiral Pâris*, I (1861), 303.

Navires à tourelles : Notes sur les navires à tourelles, par M. *le vice-amiral Pâris*, XI (1864), 5, 197. — Navire à tourelles de grande navigation, XIV (1865), 419. — Nouveau navire à tourelles, XVI (1866), 658. — Étude technique de la question et du système des tourelles, XXIII (1868), 585. — But principal de la construction des tourelles, XXIII (1868), 586. — Des qualités nautiques des navires à tourelles, XXIII (1868), 592. — Les navires à tourelles à l'Exposition universelle de 1867, XXIII (1868), 579. — Le système des bâtiments à tourelles opposé au système des bâtiments à batterie, par M. *C. Coles*, XXIV (1868), 162.

ANGLETERRE : La tourelle ou système d'armement du capitaine Coles, XV (1865), 862. — Les navires à tourelles en Angleterre en 1865, XIV (1865), 847 ; en 1866, XVII (1866), 653 ; XVIII (1866), 200 ; en 1867, XIX (1867), 462. — La tourelle Napier, XXI (1867), 262 ; XXIII

(1868), 582. — Les navires à tourelles de l'amiral Halsted, XXIII (1868), 594. — *Captain*, XX. 867), 971 ; XXIII (1868), 581 ; XXIV (1868), 167 ; sa comparaison avec le *Wilhelm I*er, XXI (1867), 971. — *Glatton*, XXIV (1868), 883. — *Monarch*, XVI (1866), 866 ; XXII (1868), 883 ; XXIII (1868), 580 ; sa mise à l'eau, XXIII (1868), 1059. — *Prince-Albert*, VIII (1863), 520 ; XIX (1867), 242 ; sa mise à l'eau, XI (1864), 610. — *Royal Sovereign*, VIII (1863), 520 ; sa mise à l'eau, X (1864), 811 ; ses essais, XI (1864), 376, 816 ; XII (1864), 193 ; XIII (1865), 784 ; sa mise en réserve, XII (1864), 873 ; expériences de son artillerie, XIV (1865), 628 ; XVI (1866), 211. — *Scorpion* : ses essais, XII (1864), 419 ; XV (1865), 866 ; mâture tripode, XXIV (1868), 89. — *Turret*, XIX (1867), 925. — *Wywern*, bélier, XII (1864), 419 ; XV (1865), 200 ; ses essais, XV (1865), 649, 866 ; ses qualités nautiques, XX (1867), 841 ; sa mâture tripode, XXIV (1868), 89.

BRÉSIL : *Alagoas*, XXIII (1868), 771. — *Medusa*, canonnière, XVII (1866), 631. — *Para* et *Rio-Grande*, XXIII (1868), 771.

DANEMARK : Le *Rolf-Krake*, X (1864), 807 ; XII (1864), 418.

ÉTATS-UNIS : Comparaison du navire à coupole du système Coles et du *Monitor*, V (1862), 704. — Les monitors, par M. *Dislère*, XXII (1868), 262. — Les monitors en 1863, X (1864), 384 ; XI (1864), 152 ; XII (1864), 190. — Les monitors à Wilmington, XIII (1865), 579. — *Keokuk*, VII (1863), 435. — *Mahopac*, XII (1864), 876. — *Miantonomoh*, XVII (1866), 832 ; XVIII (1866), 899 ; XIX (1867), 531, 545 ; XXIII (1868), 105 ; rapport sur la traversée de ce monitor de New-York à Portsmouth, XVIII (1866), 468. — *Monadnock*, XII (1864), 876 ; XVI (1866), 427 ; XVII (1866), 199 ; XIX (1867), 531 ; sa traversée de Philadelphie à San Francisco, XVIII (1866), 473. — *Monitor*, IV (1862), 848 ; XII (1864), 193. — *Naugatuck*, VII (1863), 433. — *Onondaga*,

VII (1863), 439. — *Passaïc*, VII (1863), 433. — *Tecumseh*, X (1864), 388. — *Tonawanda*, XII (1864), 209.

FRANCE : *Alma*, corvette à tours fixes et à éperon, XXII (1868), 205. — *Océan*, frégate à tours fixes et à éperon, XXIV (1868), 1130. — *Onondaga*, VII (1863), 439.

HOLLANDE : Navires à tourelles, XXIII (1868), 531. — *Buffel*, bélier, XXIV (1868), 266 ; sa mise à l'eau, XXII (1868), 876. — *Crocodile*, XXIV (1868), 266. — *Prins-Hendrick*, XIX (1867), 242 ; XX (1867), 996 ; XXII (1868), 426. — *Tyger* : sa mise à l'eau, XXIII (1868), 257. — Essai d'un monitor, XXIII (1868), 1062.

ITALIE : *Affondatore*, navire italien, XVI (1866), 213 ; relèvement de ce bâtiment, XIX (1867), 695.

RUSSIE : Les monitors, XIII (1865), 370, 493. — Construction d'une frégate pour la Russie, XXIII (1868), 532. — Les monitors, par M. *l'amiral Lesoffsky*, de la marine russe, XXIV (1868), 563. — *Amiral-Greig*, frégate : sa mise à l'eau, XXIV (1868), 1129. — *Amiral-Lazarev*, XXIV (1868), 873 ; sa mise à l'eau, XXI (1867), 974 ; XXII (1868), 431. — *Amiral-Spiridov*, XXIV (1868), 873. — *Amiral-Tchitchakov*, frégate : sa mise à l'eau, XXIV (1868), 1129. — *Bronenocetz*, monitor, XI (1864), 151, 823 ; XII (1864), 875. — *Koldoun*, monitor, XI (1864), 824 ; expériences de tir à bord de ce navire, XII (1864), 632. — *Lutnik*, monitor, XI (1864), 151, 823. — *Smerch*, chaloupe à deux tours, XI (1864), 825 ; XII (1864), 875 ; XIII (1865), 500 ; XIV (1865), 416.

SUÈDE : Les monitors suédois, XVIII (1866), 478. — *John Ericsson*, XIX (1867), 474 ; ses essais, XVIII (1866), 886. — (Voy. aussi *Navires cuirassés*.)

Navires cuirassés : Des moyens d'attaquer les bâtiments blindés, par M. *Geo. Bell*, VI (1862), 303. — Conservation du fer dans l'eau de mer, XIV (1865), 184. — Note sur les navires cuirassés, par M. *le vice-amiral Pâris*, XV (1865), 5. — Composition Gisborne pour la conservation du fer dans l'eau de mer, XV (1865), 213. — De la déviation de la boussole sur les navires en fer, par M. *A. Smith*, XVII (1866), 370. — Un mot sur les navires cuirassés, XIX (1867), 694. — Blindage des navires et des forts, XXI (1867), 728. — Des formes et des proportions des navires cuirassés, par M. *Reed*, XXIII (1868), 712. — Navires cuirassés circulaires, XXIII (1868), 1067 ; XXIV (1868), 550. — Des plaques de blindage, systèmes de cuirassement, moyens de préservation des blindages et des carènes, XXIV (1868), 300. — Les navires cuirassés à l'Exposition universelle de 1867, XXIV (1868), 648.

ANGLETERRE : Les navires cuirassés de l'Angleterre, I (1861), 539 ; IV (1862), 552 ; V (1862), 699 ; XIII (1865), 706 ; XIV (1865), 831. — État d'avancement des navires cuirassés de la marine en Angleterre, par M. *G. Bell*, VII (1863), 143. — Notes sur les navires cuirassés et quelques paquebots à vapeur de la marine anglaise, par MM. *Sabattier et de Fréminville*, VIII (1863), 499. — Navire à réduit central du capitaine Symonds, par M. *le vice-amiral Pâris*, XI (1864), 216. — Voilure des navires cuirassés anglais, XII (1864), 635. — Artillerie des navires cuirassés anglais en 1866, XVIII (1866), 215. — Opinions de MM. Reed, Bourne et Coles sur les navires cuirassés en Angleterre, XX (1867), 568. — Vitesse des navires anglais, XXIII (1868), 758. — Batterie centrale fixe de M. Mackrow, XXIV (1868), 558.

Achilles : Sa mise à l'eau, X (1864), 396 ; sa description, X (1864), 572 ; ses essais, XI (1864), 372 ; XII (1864), 872 ; XIII (1865), 199, 786 ; son artillerie et sa voilure, XII (1864), 635. — *Agincourt*, VIII (1863), 513 ; son artillerie, X (1864), 397 ; sa mise à l'eau, XIV (1865), 189 ; ses essais, XVI (1866), 212 ; sa vitesse, XV (1865), 440. — *Bellerophon*, XII (1864), 416, 888 ; XXIV (1868), 167, 651 ; sa mise à l'eau, XIV (1865), 417 ; ses essais, XIII (1865), 200 ; XV (1865), 443 ; XVII (1866), 215 ;

XVIII (1866), 477; XXIII (1868), 533; ses qualités nautiques, XX (1867), 838; expériences de son artillerie, XX (1867), 460 ; les lignes de sa construction, XXIV (1868), 885; son gouvernail, XXIII (1868), 312. — *Black-Prince*, par M. *Sabattier*, VIII (1863), 500 ; son passage au bassin, XI (1864), 612. — *Caledonia*, VIII (1863), 516; ses essais, XI (1864), 375 ; ses qualités nautiques, XX (1867), 840. — *Captain*, navire à tourelles, XXI (1867), 971; XXIII (1868), 581 ; XXIV (1868), 167 ; sa comparaison avec le *Wilhelm I*er, XXI (1867), 971. — *Défense*, VIII (1863), 507; son passage au bassin, XI (1864), 613. — *Enterprise*, VIII (1863), 523; X (1864), 597 ; sa mise à l'eau, XI (1864), 149 ; ses essais, XI (1864), 614; XII (1864), 198. — *Favorite*, VIII (1863), 523 ; sa mise à l'eau, XI (1864), 823 ; ses essais, XVII (1866), 201. — *Glatton*, monitor, XXIV (1868), 883. — *Hector*, VII (1863), 617 ; VIII (1863), 511 ; sa mise à l'eau, X (1864) 396 ; sa description, X (1864), 564 ; réduction de son armement, X (1864), 806 ; ses qualités nautiques, XX (1867), 839. — *Hercules*, XIV (1865), 839; XV (1865), 438; XVI (1866), 425; XXII (1868), 209; XXIV (1868), 656 ; sa mise à l'eau, XXII (1868), 867 ; expériences de son artillerie, XX (1867), 464. — *Hotspur*, bélier, XXIV (1868), 883. — *Lord-Clyde*, XII (1864), 872 ; ses essais, XVI (1866), 211, 866; XIX (1867), 702 ; ses qualités nautiques, XX (1867), 839. — *Lord-Warden*, XIII (1865), 202 ; sa mise à l'eau, XIV (1865), 620 ; ses essais, XXI (1867), 727 ; expériences d'artillerie, XX (1867), 457, 473. — *Minotaur*, VIII (1863), 513 ; sa mise à l'eau, X (1864), 196 ; XIV (1865), 190 ; XV (1865), 440 ; ses essais, XX (1867), 722; XXIII (1868), 251 ; son artillerie, X (1864), 397; XX (1867), 463. — *Monarch*, navire à tourelles, XVI (1866), 866 ; XXII (1868), 883; XXIII (1868), 580 ; sa mise à l'eau, XXIII (1868), 1059. — *Northumberland*, VIII (1863), 513 ; sa mise à l'eau, XVII (1866) 197;

ses essais, XX (1867), 724; son artillerie, X (1864), 397. — *Océan*, VIII (1863), 516 ; ses essais, XI (1864), 820 ; ses qualités nautiques, XX (1867), 840. — *Pallas* : sa mise à l'eau, XIII (1865), 787 ; ses essais, XVI (1865), 212; XVII (1866), 388 ; ses qualités nautiques, XX (1867), 839. — *Penelope*, frégate à hélice jumelle, XVI (1866), 658; XXIII (1868), 323. — *Prince-Albert*, navire à tourelles, VIII (1863), 520; XIX (1867), 242 ; sa mise à l'eau, XI (1864), 610. — *Prince-Consort*, VIII (1863), 516 ; son passage au bassin, XI (1864), 613. — *Repulse*, sa mise à l'eau, XXIII (1868), 534. — *Research*, X (1864), 397; XII (1864), 198 ; ses qualités nautiques, XX (1867), 840. — *Résistance*, VIII (1863), 507. — *Royal-Alfred*, VIII (1863), 516; XVI (1866), 428 ; XX (1867), 250 ; sa mise à l'eau, XII (1864), 872 ; modification apportée à sa construction, XIII (1865), 201 ; ses essais, XVI (1866), 865. — *Royal-Oak*, VIII (1863), 516. — *Royal-Sovereign*, VIII (1863), 520 ; sa mise à l'eau, X (1864), 811; ses essais, XI (1864), 376, 816; XII (1864), 195; XIII (1865), 784 ; sa mise à la réserve, XII (1864), 873 ; expériences de son artillerie, XIV (1865), 628 ; XVI (1866), 211. — *Scorpion* : ses essais, XII (1864), 419; XV (1865), 866; sa mâture tripode, XXIV (1868), 89. — *Sultan*, XXIV (1868), 883. — *Turret*, XIX (1867), 925. — *Valiant*, VIII (1863), 511 ; ses essais, XV (1865), 439. — *Warrior*, I (1861), 545 ; le même, par M. *Sabattier*, VIII (1863), 500; XII (1864), 191; XIII (1865), 596 ; ses essais, par M. *Bonjour*, III (1861), 293 ; son passage au bassin, XI (1864), 613 ; son désarmement, XII (1864), 874 ; expériences d'artillerie, XX (1867), 461, 474. — *Waterwitch*, navire à moteur hydraulique, XXIII (1868), 609, 617 ; ses essais, XVIII (1866), 880; XXI (1867), 524. — *Wywern*, bélier anglais, XII (1864), 419; XV (1865), 200 ; ses essais, XV (1865), 649, 866; ses qualités nautiques, XX (1867), 841 ; sa mâture tri-

pode, XXIV (1868), 89. — *Zealous* : sa mise à l'eau, X (1864), 811 ; ses essais, XIII (1865), 585.

AUTRICHE : Les frégates blindées de l'Autriche, X (1864), 810. — Le *Lissa*, XXIII (1868), 757. — La bataille navale de Lissa, XVIII (1866), 221, 458.

BRÉSIL : Les navires cuirassés du Brésil en 1867, XXI (1867), 518.—Mise à l'eau du *Don Pedro II*, XIII (1865), 203. — La canonnière *Medusa*, XVII (1866), 631. — Les monitors *Alagoas*, *Para* et *Rio-Grande*, XXIII (1868), 771.

DANEMARK : La canonnière *Absalon*, XXII (1868), 428.—Canonnière *Eshern-Scare*, XXII (1868), 428. — Le monitor *Rolf-Krake*, X (1864), 807 ; XII (1864), 418.

EGYPTE : Mise à l'eau du *Cheops*, batterie - bélier égyptien, XII (1864), 871.

ESPAGNE : Mise à l'eau de la *Numancia*, X (1864), 196. — Mise à l'eau de l'*Arapiles*, XII (1864), 871. — *Tetouan*, XII (1864), 200. — Essais de la *Victoria*, XXIII (1868), 759. — *Zaragoza*, XXIV (1868), 268 ; sa mise à l'eau, XIX (1867), 929.

ÉTATS CONFÉDÉRÉS DE L'AMÉRIQUE DU NORD : Les béliers confédérés en 1864, XI (1864), 826. — Le *Merrimac*, IV (1862), 818 ; son plan, XII (1864), 192. — Combat naval de Hampton-Roads, IV (1862), 806. — Le *Richmond*, X (1864), 594.—Le bélier *Tennessee*, XII (1864), 424, 877.

ÉTATS-UNIS : Les navires cuirassés des États-Unis en 1861, V (1862), 316 ; en 1862, VI (1862), 546 ; VII (1863), 134; VIII (1863), 685 ; en 1863, XI (1864), 152; en 1864, XII (1864), 630; XIII (1865), 362. — La question des navires cuirassés aux États-Unis en 1864, XIII (1865), 595. — Les monitors en 1863, X (1864), 384; XI (1864), 152; en 1864, XII (1864), 190. — Les monitors américains à Wilmington, XIII (1865), 579. — La canonnière *Benton*, VII (1863), 436. — Le *Dictator*, VII (1863), 439 ; X (1864), 390 ; XXII (1868), 272; son artillerie, XII (1864), 211. — *Dunder-*

berg, VII (1863), 440 ; XX (1868), 255, 503 ; sa mise à l'eau, XV (1865), 214, 436. — *Essex*, VI (1862), 550 ; VII (1863), 437. — *Galena*, V (1862), 327 ; VI (1862), 548 ; VII (1863), 429.—*Ironsides*, VI (1862), 547; VII (1863), 430. *Keokuk*, VII (1863), 435. — *Mahopac*, XII (1864), 876. — *Miantonomoh*, monitor à deux tourelles, XVII (1866), 832 ; XVIII (1866), 899 ; XIX (1867), 531, 545 ; XXIII (1868), 105 ; rapport sur la traversée de ce monitor de New-York à Portsmouth, XVIII (1866), 468. —*Monadnock*, monitor, XII (1864) 876 ; XVI (1866), 427 ; XVII (1866), 199 ; XIX (1867), 531 ; sa traversée de Philadelphie à San Francisco, XVIII (1866), 473. — *Naugatuck*, VII (1863), 433.— *Onondaga*, VII (1863), 439. — *Passaïc*, VII (1863), 433. — *Roanoke*, VI (1862), 547; VII (1863), 431. — *Tecumseh* : sa mise à l'eau, X (1864), 388. — Le monitor *Tonawanda*, XII (1864), 269.

FRANCE : Navigation des bâtiments cuirassés français en 1863, X (1864), 194.—Mise à l'eau de l'*Alma*, corvette à tour fixes et à éperon, XXII (1868), 205. — *Belliqueuse*, corvette : sa mise à l'eau, XV (1865), 445 ; XVI (1866), 214 ; son départ pour l'Océan Pacifique, XIX (1867), 481. — Mise à l'eau de la frégate *Flandre*, XI (1864), 821.—Mise à l'eau de la frégate *Gauloise*, XIV (1865), 421. — Mise à l'eau de la frégate *Guyenne*, XV (1865), 445. — Mise à l'eau de la frégate *Héroïne*, X (1864), 196; — *Magnanime* ; sa mise à l'eau, XII (1864), 214; ses essais, XVII (1866), 836.—*Océan*, navire à tour fixes et à eperon, sa mise à l'eau, XXIV (1868), 1130. — *Onondaga*, VII (1863), 439. — *Provence* : sa mise à l'eau, X (1864), 196; ses essais, XIV (1865), 191. — *Rochambeau* (ex-*Dunderberg*), VII (1863), 440; XX (1867), 255, 503; sa mise à l'eau, XV (1865), 214, 436. — *Savoie* : ses essais, XVIII (1866), 251. — *Surveillante* : sa mise à l'eau, XII (1864), 214. —*Taureau*, bélier cuirassé, XIV (1865), 837 ; ses essais, XVII (1866), 387. — *Va-*

leureuse : sa mise à l'eau, XII (1864), 214.

GRÈCE : Le *Roi-Georges,* XXIII (1868), 759.

HOLLANDE : *Buffel,* bélier à tourelles, XXIV (1868), 266 ; sa mise à l'eau, XXII (1868), 876. — *Crocodile,* navire à tourelles, XXIV (1868), 266.—*Prins-Hendrick,* navire à tourelles, XIX (1867), 242 ; XX (1867), 996 ; XXII (1868), 426.—*Tyger,* monitor : sa mise à l'eau, XXIII (1868), 257.— Essais d'un monitor, XXIII (1868), 1062.

ITALIE : Les navires cuirassés de l'Italie au 1er juillet 1864, XII (1864), 211. — *Affondatore,* navire à tourelles XVI (1866), 213 ; relèvement de ce bâtiment, XIX (1867), 695. — *Ancona :* ses essais, XVII (1866), 201. — *Castelfidardo :* ses essais, XI (1864), 377.

PÉROU : *Independancia :* sa mise à l'eau, XV (1865), 445.

PRUSSE : *Frederich-Carl,* XXIV (1868), 659 ; son départ pour la Baltique, XXI (1867), 974. — *Kronprinz :* sa mise à l'eau, XX (1867), 724. — *Wilhelm Ier,* XX (1867), 996 ; XXII (1868), 648 ; XXIV (1868), 654 ; sa mise à l'eau, XXIII (1868), 534 ; sa comparaison avec le *Captain,* XXI (1867), 971.

RUSSIE : Les navires cuirassés de la Russie en 1864, XI (1864), 823 ; XIII (1865), 370, 493 ; XIV (1865). 416 ; XVI (1866), 658.—Construction d'une frégate cuirassée à tourelles pour la Russie, XXIII (1868), 532. —*Amiral-Greig,* frégate à tourelles : sa mise à l'eau, XXIV (1868), 1129. — *Amiral-Lazareff,* frégate à tourelles : sa mise à l'eau, XXI (1867), 974 ; XXII (1868), 432 ; nouveaux détails, XXIV (1868), 873. — *Amiral-Spiridov,* XXIV (1868), 873. —*Amiral-Tchichakov,* frégate à tourelles : sa mise à l'eau, XXIV (1868), 1129. — *Brouenocetz,* monitor, XI (1864), 151, 823 ; XII (1864), 875 ; XIII (1865), 371. — *Kniaz-Pojarski,* XVI (1866), 658 ; XXIV (1868), 873 ; sa mise à l'eau, XXII (1868), 431. — *Koldoun,* monitor, XI (1864), 824 ; expériences de tir à bord de ce navire, XII (1864), 632. — *Kremelin,* batterie cuirassée, XIII (1865),

499. — *Latnik,* monitor, XI (1864), 151, 823. — *Netrone-Menia,* batterie cuirassée, XIII (1865), 498. — *Pervenetz,* batterie, IX (1863), 663 ; XIII (1865), 497. — *Petropawlosk,* XIII (1865), 494. — *Rousalka :* mise à l'eau de cette canonnière, XXII (1868), 434. — *Sevastopol :* sa mise à l'eau, XII (1864), 633 ; XIII (1865), 494. — *Smerch,* chaloupe à deux tours, XI (1864), 825 ; XII (1864), 875 ; XIII (1865), 500 ; XIV (1865), 416. — *Tcharodeika :* mise à l'eau de cette canonnière, XXII (1868), 434.

SUÈDE : Les monitors, XVIII (1866), 478.—Le *John-Ericsson,* monitor, XIX (1867), 474 ; ses essais, XVIII (1866), 886

TURQUIE : Mise à l'eau de la frégate turque *Mahmoud,* XIII (1865), 203. — Artillerie de la frégate *Osman-Ghazi,* XV (1865). 204. — Les navires cuirassés de la Turquie en 1867, XXI (1867), 270. — (Voy. *Monitors.*)

Nécrologie : Le contre-amiral d'Aboville, XV (1865), 427. — Bernard, inspecteur général des travaux maritimes, XXII (1868), 636.— M. Bonnin, ingénieur en chef des ponts et chaussées, par M. *L. Maillard,* IX (1863), 514, 705. — Le commandant Bourdais, I (1861), 815. — Mgr Coquereau, par M. *l'abbé Cadoret,* XIX (1867), 909. — M. Doret, sénateur, XVI (1866), 659. — Le vice-amiral Dupetit-Thouars, XI (1864), 128. — Le vice-amiral Fabvre, XIII (1865), 341. — L'amiral Hamelin, X (1864), 401. — Le contre-amiral de Hell, XIII (1865), 334. — Le capitaine de vaisseau C. F. de Kerhallet, par M. *A. Moulharac,* VII (1863), 754. — Le capitaine de vaisseau de Lavaissière de Lavergne, VII (1863), 285. — L'amiral Le Marant, VI (1862), 687. — Le vice-amiral Lugeol, XVII (1866), 625. — Le contre-amiral Mengin du Valdailly, par *M. Faron,* XV (1865), 424. — Le vice-amiral Page, XX (1867), 236. .—Le vice-amiral Ch. Pénaud, XI (1864), 131 ; XVII (1866), 430.—Le contre-amiral Protet, par M. *F. Baillet-Blainville,* XIII (1865), 344. — Reibell, inspecteur

général des travaux maritimes, XXII (1868), 860. — L'amiral Romain-Desfossés, XIII (1865), 332, 758. — Le commandant Russel, VII (1863), 555. — Le comte de Saint-Phalle, capitaine de frégate, par M. *A. Cochin*, XVII (1866), 211. — Le contre-amiral Tardy de Montravel, par M. *Ch. Duplessis*, XIII (1865), 335. — Le lieutenant-colonel Testard, II (1861), 211. — (Voy. aussi *Biographie*.)

Netrone-Menia, batterie cuirassée russe, XIII (1865), 498.

Neut (Pompe de M.), XXIV (1868), 371.

Neutralité: Droits des neutres et des belligérants : documents relatifs à l'affaire du *Trent*, IV (1862), 111, 394. — Règles à observer à l'égard des navires des États-Unis en 1865, XIV (1865), 618. — Droits et devoirs des neutres en temps de guerre, XIX (1867), 499; XX (1867), 425. — Correspondance relative aux réclamations anglaises et américaines provenant de la guerre civile des États-Unis (affaire de l'*Alabama*), XXII (1868), 820; XXIII (1868), 149. — Les neutres pendant la guerre d'Orient, par M. *Drouyn de Lhuys*, XXIII (1868), 658.

Neveu (C.): Aperçus statistiques sur la république orientale de l'Uruguay, XV (1865), 363.

New-York: Renseignements sur le régime de sa navigation, V (1863), 487.

Ngasobil (Voy. **St-Joseph de**).

Nicaragua: Règlement du service de la marine sur le lac de Grenade, III (1861), 317. — Renseignements sur le régime de sa navigation, V (1862), 307.

Niger (Voyage du navire de guerre anglais *Investigator* sur le Bas-), traduit par M. *E. Mage*, VIII (1863), 410. — (Voy. aussi *Soudan*.)

Nil (Haut-): Lettre de M. *Le Saint*, XXII (1868), 886.

Nillus (Pompe de M.), XXIII (1868), 385; XXIV (1868), 355.

Nœud (Longueur du), par M. *L. Pagel*, XXIV (1868), 843.

Noir animal (Revivification du) par la voie humide, dans l'industrie sucrière,

par M. *Hugoulin*, VII (1863), 301. — Emploi du noir animal susphosphaté dans la sucrerie coloniale, par M. *Jabrun*, IX (1863), 456.

Nopal: Étude sur le climat de la Guadeloupe au point de vue de la culture du nopal à cochenille et de quelques cultures secondaires, R. A. C., I (1859), 347.

Normandy (Condensateur du D^r), XXIV (1868), 111.

Northumberland, frégate cuirassée anglaise, VIII (1863), 513; sa mise à l'eau, XVII (1866), 197; ses essais, XX (1867), 724; son artillerie, X (1864), 397. — Expériences sur la déviation des compas à bord de ce navire, traduction de M. *Labrosse*, XIX (1867), 471.

Norwége (Placement des produits des Antilles françaises en), IX (1863), 291. — Voy. aussi : *Artillerie, Marine militaire, Navigation, Pêches*.

Nossi-Bé: Notice sur cette colonie: résumé historique, VIII (1863), 267; topographie, 270; météorologie, 272; population, 273; administration, 274; justice, 274; culte et assistance publique, 275; agriculture, 275; commerce, 276; navigation, 276. — Note sur Nossi-Bé, par M. *Cave*, XX (1867), 963, 980. — Statistique, année 1862 : population, XIII (1865), 180; cultures, 180; commerce et navigation, 181; année 1863 : commerce, XVI (1866), 187; navigation, 188; année 1864 : commerce, XIX (1867), 187; navigation, 188; année 1865 : commerce, XXII (1868), 186, 189; navigation, 186, 190. — Note sur le café de Nossi-Bé, XII (1864), 639. — Camp de la compagnie indigène de Nossi-Bé, XIX (1867), 693.

Nouveau-Brunswick : Situation commerciale et industrielle, par M. *G. Bell*, XVI (1866), 264.

Nouvelle-Angleterre (Pêche du maquereau à la ligne sur le littoral de la), par M. *de Broca*, VIII (1863), 753.

Nouvelle-Bretagne (Notice sur la), par M. *E. Avalle*, VI (1862), 521.

Nouvelle-Calédonie : Notice sur cette colonie : résumé historique, XVI

(1866), 227; topographie, 236; météorologie, 250; population, 252; gouvernement et administration, 256; forces militaires, 258; justice, 259; culte, 590; service de santé, 594; instruction publique, 596; finances, 598; agriculture, 601; industrie, 608; commerce et navigation, 613; service postal, 616. — Statistique, année 1862 : population, XIII (1865), 185; commerce et navigation, 186; année 1863 : population, XVI (1866), 190; commerce et navigation, 191; année 1864 : population, XIX (1867), 190; commerce et navigation, 191; année 1865 : population, XII (1868), 192; cultures, 192; commerce et navigation, 194. — Anthropologie, par *M. V. de Rochas*, chirurgien de la marine, R. A. C., I (1859), 224. — Armes des Néo-Calédoniens, par *M. J. Bourgarel*, R. A. C., III (1860), 283. — Note sur cette colonie, R. A. C., I (1859), 394. — Exploration de la baie du Sud et eaux thermales, par *MM. Jacquemard* et *Bonnet*, R. A. C., II (1860), 62. — Colonisation, R. A. C., II (1860), 204. — Histoire de la mission catholique, par le père *X. Montrouzier*, R. A. C., II (1860), 209, 362. — Excursions géologiques dans le sud de la Nouvelle-Calédonie, par *M. Lombardeau*, R. A. C., III (1860), 741. — Essais sur la Nouvelle-Calédonie, par *MM. Viellard* et *Deplanche*, VI (1862), 52, 203, 475, 615; VII (1863), 81. — Placers de la Nouvelle-Calédonie, X (1864), 201. — Un ouragan à la Nouvelle-Calédonie en février 1864, XII (1864), 203. — Note sur la Nouvelle-Calédonie, destinée à servir d'instruc-

tion aux colons immigrants dans cette colonie, XII (1864), 225. — Description d'une chaloupe à vapeur destinée à cette colonie, XVII (1866), 202. — Culture et production du coton, par *M. Aubry-le-Comte*, XVIII (1866), 93. — Rapport sur les gisements de fer chromé dans la partie du sud de cette colonie, par *M. J. Garnier*, XVIII (1866), 335. — Excursion dans la partie sud-ouest de cette colonie, faite en mars 1866, par *M. Garnier*, XIX (1867), 896. — Notice sur la transportation à la Nouvelle-Calédonie, XXI (1867), 58, 350.

Nouvelle-Écosse (Notice sur la), par *M. E. Avalle*, VI (1862), 499.

Nouvelle - France (Mémoire de Bougainville sur l'état actuel de la) à l'époque de la guerre de Sept-Ans (1757), document inédit publié par *M. Pierre Margry*, I (1861), 561.

Nouvelle-Galles : Situation commerciale et industrielle, par *M. G. Bell*, XVI (1866), 266.

Nouvelle - Zélande : Considérations sur Otago, par *M. Robiquet*, X (1864), 499. — Notice sur les bois de la Nouvelle-Zélande, par *M. Jouan*, XIV (1865), 19. — Situation commerciale et industrielle, par *M. G. Bell*, XVI (1866), 268.

Novara, frégate autrichienne (Observations hydrographiques faites par la) dans son voyage de circumnavigation, IX (1863), 423.

Numancia, frégate cuirassée espagnole : sa mise à l'eau, X (1864), 196.

Nunn : Appareils d'éclairage, XXIV (1868), 602.

O

Oasis du Sahara (Notice sur les) et les routes qui y conduisent, par *M. de Colomb*, R. A. C., III (1860), 29, 301, 495.

Obus. — (Voy. *Artillerie*.)

Ocean, frégate cuirassée anglaise,

VIII (1863), 516; ses essais, XI (1864), 820; ses qualités nautiques, XX (1867), 840.

Océan, frégate cuirassée française à tours fixes : Sa mise à l'eau, XXIV (1868), 1130.

Océanie : Voyage du transport l'*Hérault* en 1858, par *M. Richard Foy*, III (1861), 487. — Voyage de la *Cornélie* dans l'Océanie occidentale en 1861, IV (1862), 533. — Notice sur les établissements français de l'Océanie : résumé historique, XIV (1865), 511 ; topographie, 523 ; météorologie, 546 ; population, 793 ; gouvernement et administration, 798 ; forces militaires, 801 ; justice, 802 ; culte et assistance publique, 805 ; instruction publique, 808 ; finances, 811 ; agriculture, 815 ; industrie, 819 ; commerce, 820 ; navigation, 825 ; service postal, 827. — (Voy. aussi *Taïti* et *Nouvelle-Calédonie*.)

Odet-Pellion, vice-amiral ; Notice biographique, XXII (1868), 854.

Officiers de la marine anglaise (De l'embarquement des) et de la condition des masters et des mécaniciens, III (1861), 568.

Ogo-Waï (Exploration du fleuve), Gabon, par *M. Griffon du Bellay*, IX (1863), 66, 296 ; par *M. Vallon*, IX (1863), 594.

Oiseaux. — (Voy. *Ornithologie*.)

Oliver (Appareil) : Massey, XXIV (1868), 12.

Onondaga, navire cuirassé, VII (1863), 439.

Opérations militaires. — (Voy. *Expéditions militaires*.)

Ophthalmie (Recherches sur l') en Algérie, par *M. S. Furnari*, R. A. C., III (1860), 188.

O'Quin, député : Extrait de son rapport sur le budget supplémentaire en 1862, V (1862), 781. — Extrait d'un rapport fait au Corps législatif sur les projets de loi portant fixation des budgets ordinaire et extraordinaire de l'exercice 1866, et sur le projet de loi relatif aux suppléments de crédits de l'exercice 1865, XIV (1865), 641.

Or. — (Voy. *Minéralogie*.)

Oran : Notice sur Sidi-Bel-Abbès, par *M. Villetard de Prunières*, R. A. C., III (1860), 217. — Le commerce et la navigation de l'Algérie avant la conquête française, par *M. Élie de la Primaudaie*, R. A. C., III (1860), 770.

Ordres : Appareils pour la transmission des ordres à bord des bâtiments : appareils électriques de M. Gisborne, XXIV (1868), 386, 389, 395 ; principes d'après lesquels ils sont construits, 386 ; système pneumatique, 388 ; appareils Walker, 389, 397 ; axiomètre et porteurs d'ordres de MM. Vichoff et Mathiessen, 392, 401 ; appareils à transmission mécanique, 393 ; conclusions, 393.

Oriolle (Canots de M.), XXIII (1868), 882.

Ornithologie et mammologie algériennes, par *M. Locke*, R. A. C., II (1860), 142.

Osaka (Observations sur la rivière d'), par *M. A. Pâris*, XXIV (1868), 224.

Osman-Ghazi, frégate cuirassée turque : Son artillerie, XV (1865), 204.

Ostende (Renseignements sur le régime de la navigation d'), V (1862), 291.

Ostréiculture : Étude sur l'industrie huîtrière aux États-Unis, par *M. de Broca*, VII (1863), 191, 530, 729 ; VIII (1863), 364, 581. — L'industrie huîtrière en Angleterre, XVI (1866), 734. — (Voy. aussi *Pêches*.)

Otago (Considérations sur), Nouvelle-Zélande, par *M. Robiquet*, X (1864), 499.

Oualo (Notice sur le), par *M. F. Azan*, IX (1863), 395, 607 ; X (1864), 327, 466. — (Voy. aussi *Sénégal*.)

Ouragans. — (Voy. *Météorologie*.)

Ouvriers des ports et agents de la marine non inscrits (loi du 28 juin 1832 sur les pensions de retraite des) et sur les demi-soldes des marins inscrits, V (1862), 750.

Ouvriers des professions maritimes (Projet de loi concernant les) (mai 1864), XI (1864), 388.

Oxydation : Conservation du fer dans l'eau de mer, XIV (1865), 184 ; XV (1865), 213. — (Voy. aussi *Conservation*.)

Owen : État actuel de la question d'artillerie (1865), XVI (1866), 683.

P

Page, vice-amiral : Notice biographique, XX (1867), 236.

Pagel (L.), capitaine de frégate : Projet de tactique navale pour les bâtiments à vapeur, XI (1864), 645. — Déviation du compas et longueur du nœud, XXIV (1868), 843.

Pallas, navire cuirassé anglais : Sa mise à l'eau, XIII (1865), 787; ses essais, XVI (1866), 212; XVII (1866), 388; ses qualités nautiques, XX (1867), 889.

Palliser (Système) pour la transformation des canons lisses en canons rayés, XIII (1865), 204, 585. — Essais de deux canons Palliser en octobre 1865, XV (1865), 868. — Fabrication des projectiles Palliser, XIX (1867), 696. — Nouveau canon Palliser, XIX (1867), 925. — Projectiles Palliser, XXI (1867), 272. — Essai d'un canon Palliser de 0ᵐ 228, XXIII (1868), 258. — Boulets en fonte dure, XXIII (1868), 368. — Les canons Palliser, XIII (1865), 585; XXIII (1868), 368. — Éclatement d'un canon Palliser, XXIII (1868), 770. — Boulons Palliser, XXIV (1868), 309.

Palmipède-gouvernail du lieutenant-colonel Evelyn, XXIII (1868), 59.

Papier (Application de l'alfa ou sparte dans la fabrication du), par *M. Jules Barse*, R. A. C., II (1860), 560.

Papier-poudre à canon, XVII (1866), 400.

Paquebots transatlantiques des États-Unis, par *M. Pastoureau-Labesse*, R. A. C., II (1860), 1. — Le *Great-Eastern*, II (1861), 275. — Mise à l'eau du *Scotia*, II (1861), 281. — Le *Lafayette*, steamer de la compagnie transatlantique, X (1864), 596. — Impression d'une traversée à bord du *Pereire*, par *M. le vice-amiral Pâris*, XVII (1866), 447.

Para, monitor brésilien, XXIII (1868), 771.

Paraguay : Voyage au Paraguay (juillet et août 1862), VII (1863), 105. — Combat naval de Riachuelo, XV (1865), 214. — Opérations militaires, XVII (1866), 639; XVIII (1866), 893; XXII (1868), 657; XXIV (1868), 567. — Souvenirs d'une campagne sur les côtes du Brésil et de la Plata, de 1863 à 1866, par *M. Gasquy*, XVIII (1866), 717. — Les torpilles paraguayennes, XXII (1868), 878. — (Voy. aussi *Marine militaire*.)

Paraiba : Renseignements sur le régime de sa navigation, V (1862), 294.

Parfums : Rapport sur les produits odoriférants des colonies françaises à l'Exposition de Londres en 1862, par *M. Rimmel*, VII (1862), 114.

Parieu (De), vice-président du conseil d'État : Discours prononcé le 26 juin 1861 au Corps législatif, dans la discussion sur le régime des douanes aux colonies de la Martinique, de la Guadeloupe et de la Réunion, II (1861), 138.

Pâris, vice-amiral : Sur la manœuvre des navires à hélice, I (1861), 305. — Notes sur les navires à tourelles, XI (1864), 5, 197. — Les hélices jumelles, XI (1864), 145, 367. — Impressions d'une traversée à bord du paquebot transatlantique le *Pereire*, XVII (1866), 447. — Description et usage du trace-vague et du trace-roulis, XX (1867), 273. — Note sur les navires cuirassés, XV (1865), 5. — Mâture et machine à brasser les vergues, du capitaine Cunningham, XV (1865), 642.

Pâris (A.), enseigne de vaisseau : Observations sur la rivière de Kioto et d'Osaka (Japon), XXIV (1868), 224.

Parrott (Les canons et les projectiles), X (1864), 259; XIII (1865), 208, 521. — (Voy. aussi *Artillerie*.)

Parsons (Canons), XIV (1865), 627; XXIV (1868), 891.

Pascal, sous-lieutenant d'infanterie

de marine : Voyage d'exploration dans le Bambouk (Haut-Sénégal), R. A. C., III (1860), 437.

Passaïc, navire cuirassé des États-Unis, VII (1863), 433.

Pastoureau-Labesse, ingénieur de la marine : Paquebots transatlantiques des États-Unis, R. A. C., II (1860) 1.

Patagonie : Exploitation de l'huile de pingouin et du guano de terre dans l'île de Tova et le golfe de Saint-Georges, I (1861), 799.

Patras : Renseignements sur le régime de la navigation, V (1862), 304.

Payen, membre de l'Institut : Panification de la farine de manioc, I (1861), 130.

Payerne (Chaudière pyrotechnique pour steamers sous-marins du D^r), par M. E. Joublin, XXII (1868), 517.

Pays-Bas. — (Voy. Hollande.)

Pêches : La question des pêches maritimes au Sénat les 4, 12 et 13 mai 1861, I (1861), 633. — Des grandes pêches dans les mers polaires, par M. Layrle, VI (1862), 5. — Nouveau procédé de laçage de filets à la main, par M. J. Légal, VII (1863), 214. — Rapport sur la ponte des poissons de mer, par M. A. G. de Grandmont, IX (1863), 433. — Note sur la pisciculture en Chine, par M. P. Dabry, X (1864), 243. — Produits tirés des eaux et des rivages dans les colonies françaises, par M. Aubry-le-Comte, XIII (1865), 409. — Nouveau système de pêche, par M. Sabin Berthelot, XIV (1868), 209. — Aperçu sur la faune ichthyologique de la Basse-Cochinchine, XV (1865), 652. — Les bateaux de pêche de sauvetage, XX (1867), 986. — L'Aquarium marin de l'Exposition universelle de 1867, XXI (1867), 763. — Observations sur les sels, par M. le Dr Roux, XXIV (1868), 1003.

BELGIQUE : Enquête sur la situation de la pêche maritime en Belgique en 1865, XVIII (1866), 661.

DANEMARK : Notice sur les pêches du Danemark, des îles Féroé, de l'Islande et du Groënland en 1862, par M. Irminger, IX (1863), 5.

FRANCE : Pêches côtières dans la Méditerranée en 1856, par M. Rimbaud, XI (1864), 323. — Exposition internationale de pêche de Boulogne-sur-Mer de 1866, par M. Dutrest de Villeneuve, XV (1865), 661; XIX (1867), 835. — Exposition de pêche et d'aquiculture d'Arcachon de 1866, XVI (1866), 665; XX (1867), 5. — Études sur la pêche en France, IX (1863), 533, 361; XI (1864), 780; XII (1864), 107, 246, 861; XIII (1865), 231. — Statistique des pêches maritimes en France de 1817 à 1865, XIX (1867), 700; en 1866, XXII (1868), 389, 603; XXIII (1868), 207, 501.

GRANDE-BRETAGNE : Les pêches de l'Écosse et de l'île de Man pendant l'année 1860, V (1862), 500; année 1861, VI (1862), 685; année 1865, XVIII (1866), 316. — Réglementation de la pêche côtière en Angleterre, par M. Layrle, VI (1862), 421. — Les pêches de l'Angleterre en 1863, XII (1864), 201. — Enquête sur la pêche côtière en Angleterre de 1863 à 1865, XVII (1866), 48, 302, 524. — Rapport sur les pêcheries britanniques en 1864, XVI (1866), 400. — Rapport du bureau des pêches d'Irlande pour 1865, XVIII (1866), 323. — Description des engins de pêche employés par les Anglais, XVIII (1866), 647.

HOLLANDE : Pêches de la Hollande, année 1860, II (1861), 283; année 1863, XIII (1865), 767; année 1867, XXIII (1868), 1050. — Programme d'une Exposition internationale de pêche aux Pays-Bas en 1861, I (1861), 630. — Rapport sur l'Exposition internationale de pêche des Pays-Bas de 1861, III (1861), 194. — La pêche du hareng en Hollande, IV (1862), 358.

NORWÉGE : Pêches de la Norwége, VI (1862), 657. — Exposition de pêche en Norwége en 1864, X (1864), 600. — Rapport sur l'Exposition internationale de produits et d'engins de pêche ouverte à Bergen en août 1865, XV (1865), 746. — Pêches de la Norwége en 1867, XXII (1868), 663.

BALEINE : La pêche de la baleine et du veau marin dans les mers polaires, de 1844 à 1867, XIX (1867), 930; en 1861, VI (1862), 75, 824; année 1863, XI (1864), 62; année 1864, XIII (1865), 586; XIV (1865), 834; année 1867, XXII (1868), 887. — Harpon à fusée employé à la pêche de la baleine en Islande, par *M. Loizillon*, XVIII (1866), 863.

HARENG : Notes sur les poids et mesures en usage dans le commerce des harengs en Écosse, III (1861), 234. — Pêche du hareng en Hollande en 1860, IV (1862), 358. — Pêche du hareng en Norwége, année 1862, V (1862), 510. — Pêche du hareng et de la morue sur les côtes d'Écosse et l'île de Man : année 1860, V (1862), 500; année 1861, VI (1862), 685; année 1865, XVIII (1866), 316. — Pêche du hareng sur la côte N.-E. de l'Écosse en 1866, XX (1867), 990. — Termes usités dans le commerce des harengs, VI (1862), 445. — Pêche et salaison du hareng; observations sur l'ordonnance du 14 août 1816, par *M. Lonquéty*, XV (1865), 305. — Préparation du hareng dans les ateliers de salaison des ports de la Manche, par *M. Buret*, XI (1864), 524. — Pêche du hareng, campagne de 1864, par *M. Buret*, XIII (1865), 433; campagne de 1865, XVI (1866), 300; campagne de 1866, XIX (1867), 614; campagne de 1867, rapport de *M. Dumas-Vence*, XXII (1868), 383.

HUÎTRES : Étude sur l'industrie huîtrière des États-Unis, par *M. P. de Broca*, VII (1863), 191, 530, 729; VIII (1863), 364, 581. — L'industrie huîtrière en Angleterre, XVI (1866), 734.

MAQUEREAU : Pêche du maquereau à la ligne sur le littoral de la Nouvelle-Angleterre, par *M. de Broca*, VIII (1863), 753. — Pêche du maquereau en 1868, XXIV (1868), 269.

MORUE : Rapport sur la fabrication de l'huile de foie de morue aux îles Saint-Pierre et Miquelon, par *M. Dubois*, II (1861), 285. — Pêche de la morue aux îles Lofoden, année 1860, II (1861), 644; année 1861, IV (1862), 497;

année 1863 et 1864, XIII (1865), 763; année 1868, XXIII (1868), 769. — Loi du 23 mai 1857 sur la pêche de la morue en Norwége, IV (1862), 79. — Pêche de la morue en Islande : campagne de 1861, III (1861), 225; campagne de 1862, IV (1862), 823; VII (1863), 22; campagne de 1863, X (1864), 182; campagne de 1864, XI (1864), 621; XIII (1865), 219; XIV (1865), 834; campagne de 1865, XVI (1866), 199; campagne de 1866, XIX (1867), 358; campagne de 1867, rapport de *M. Favin-Lévêque*, XXII (1868), 373. — Préparation de la morue, X (1864), 598. — L'industrie de la pêche aux îles Saint-Pierre et Miquelon en 1861, IV (1862), 338. — Pêcheries des îles Saint-Pierre et Miquelon : année 1859, V (1862), 132; année 1860, VIII (1863), 132; année 1861, X (1864), 132; année 1862, XIII (1865), 128; année 1863, XVI (1866), 132; année 1864, XIX (1867), 132; année 1865, XXII (1868), 132. — Pêche de Terre-Neuve en 1864, XII (1864), 419; année 1865, XVI (1866), 296; année 1866, XIX (1867), 358; année 1867, rapport de M. de Lapelin, XXII (1868), 377. — Récit d'un naufrage dans les glaces, par *M. Heurtault*, X (1864), 509.

Pecquet du Bellet (P.) : La production du coton en Algérie, R. A. C., II (1860), 330.

Peï-ho (Notice sur la baie du), par *M. Bourgois*, XI (1864), 43; XVII (1866), 681; XVIII (1866), 98.

Peinture en bâtiments : Procédé de *M. Hugoulin*, XXII (1868), 439.

Pèlerinage de la Mecque en 1859, par *M. Rousseau*, R. A. C., I (1859), 38; R. A. C., II (1860), 172.

Pembroke, arsenal maritime anglais, par *M. V. Chevallier*, I (1861), 56.

Pénaud (Ch.), vice-amiral : Notice biographique, XI (1864), 131; XVII (1866), 430.

Penelope, frégate cuirassée anglaise à hélice-jumelle, XVI (1866), 658; XXIII (1868), 323.

Penguilly l'Haridon, chef d'es-

cadron d'artillerie : L'artillerie américaine et anglaise en 1863, X (1864), 269.

Penn : Machines de chaloupes à vapeur, XXIII (1868), 872. — Machines-outils, XXIV (1868), 22. — Machine à fourreau, par *M. Mouche*, XXIII (1868), 918.

Pensions : Loi du 26 juin 1861 sur les pensions de l'armée de mer ; rapport et discussion au Corps législatif, II (1861), 546. — Loi du 28 juin 1862 sur les pensions de retraite des ouvriers des ports non inscrits et sur les demi-soldes des marins inscrits, V (1862), 750.

Péreire : Impressions d'une traversée à bord de ce paquebot transatlantique, par *M. Pâris*, XVII (1866), 447.

Périn (Pompes de M.), XXIV (1868), 349.

Pernambouc : Renseignements sur le régime de sa navigation, V (1862), 294.

Pérou : Note sur quelques plantes du Haut-Pérou, par *M. le comte Jaubert*, IV (1862), 410. — Renseignements sur le régime de la navigation du Pérou, V (1862), 311. — (Voy. aussi *Marine militaire*.)

Perreaux (Roue à hélice de M.), par *M. Postec*, XXIII (1868), 55.

Persano (Mémoire de l'amiral italien) sur la bataille navale de Lissa, XIX (1867), 554.

Pervenetz, batterie cuirassée russe, IX (1863), 663 ; XIII (1865), 497.

Pétin et Gaudet : Aciéries, XXIII (1868), 335. — Plaques de blindage, XXIV (1868), 302.

Petit (A.), médecin de la marine : Mémoire sur l'épidémie de choléra-morbus qui a régné à la Réunion en 1859, III (1861), 541. — Rapport sur les causes de la colique sèche, III (1861), 175.

Pétrole : Emploi du pétrole comme combustible dans la marine militaire des États-Unis, XI 1864), 378. — Emploi du pétrole comme combustible à bord des navires à vapeur, XXI (1867),

273. — Huiles minérales employées au chauffage des chaudières des navires à vapeur, XXIII (1868), 1069. — Éclairage au pétrole, XXIV (1868), 604.

Petropawlosk, frégate cuirassée russe, XIII (1865), 495.

Phares : Extraits de l'*Exposé de la situation de l'Empire* pendant l'année 1861, IV (1862), 223. — Phares, balises et fanaux de l'Angleterre, VI (1862), 311, 552. — Les phares à l'Exposition universelle de 1867, par *M. L. Renard*, XXI (1867), 15.

Philippeville (Étude sur le golfe de), par *M. J. du Bouchage*, R. A. C., I (1859), 70.

Philomel, canonnière anglaise : Ses essais, XXIII (1868), 252.

Phosphates (Les) naturels de Sombrero aux Antilles, IV (1862), 776.

Phosphorescence de la mer, par *M. E. Duchemin*, XVIII (1866), 888.

Physique : Notions élémentaires sur la chaleur, VIII (1863), 708 ; IX (1863), 152, 330, 480. — Théorie des machines motrices et des effets mécaniques de la chaleur, leçons faites à la Sorbonne par *M. Reech*, recueillies et rédigées par *M. E. Leclert*, XXIV (1868), 790.

Physique de la mer : Observations sur la pesanteur spécifique, la température et les courants des mers, par *M. H. Toynbee*, XVIII (1866), 595. — La phosphorescence de la mer, par *M. E. Duchemin*, XVIII (1866), 888. — Étude de la température de la mer au large du cap de Bonne-Espérance, par *M. J. E. Cornelissen*, XXIII (1868), 493. — Renseignements nautiques recueillis à bord du *Duperré* et de la *Forte*, pendant un voyage en Chine, par *M. Bourgois*, VII (1863), 252, 483. — (Voy. aussi *Météorologie*.)

Pichard, vice-consul de France : La Gambie, XIV (1865), 225.

Pickering (Régulateur de M.), XXIV (1868), 627.

Pietra-Santa (Le Dr P. de) : Du climat d'Alger dans les affections chroniques de la poitrine, R. A. C., III (1860), 550.

Pigeard (Ch.), capitaine de vaisseau : Les colonies anglaises à l'Exposition de Londres en 1862, III (1861), 256 ; IV (1862), 50. — Les Russes sur le fleuve Amoor, IV (1862), 288. — Exploration du fleuve Yang-tse-kiang (Chine), V (1862), 549.

Pilotage : Nouvelles méthodes pour déterminer la position d'un navire près de la côte, par *M. Galache*, XXI (1867), 689.

Pimont : Enveloppes destinées à empêcher le rayonnement des parois des chaudières, par *M. E. Joublin*, XXII (1868), 533.

Pinet de Menteyer, conseiller-auditeur à la cour impériale de Pondichéry : Organisation de la justice dans l'Inde anglaise, R. A. C., III (1860), 165.

Pinet-Laprade, colonel du génie : Notice sur les Serères, XIII (1865), 479, 709.

Pingouin (Exploitation de l'huile de) et du guano de terre dans l'île de Tova et le golfe Saint-Georges (côtes de Patagonie), I (1861), 799.

Pinkney : Système de voilure, XXIV (1868), 92.

Pisciculture (Note sur la) en Chine, par *M. P. Dabry*, X (1864), 243. — Voir : *Pêches*.

Pittsbourg (La fonderie de canons de) aux États-Unis, XII (1864), 635. — Prise de Pittsbourg, par *M. A. Kratz*, XII (1864), 849.

Plaques de blindage. — (Voy. *Cuirasses*.)

Plata : Aperçus statistiques sur la république orientale de l'Uruguay, XV (1865), 363. — Souvenirs d'une campagne sur les côtes du Brésil et de la Plata de 1863 à 1866, par *M. Gasquy*, XVIII (1866), 717. — (Voir : *Paraguay*.)

Ploix, ingénieur hydrographe : Pose du câble électrique sous-marin entre Alger et Toulon, R. A. C., III (1860), 630.

Plomb, chirurgien de marine : Immigration indienne, XIV (1865), 474, 757

Plomb de sonde de M. le Coëntre, XXIII (1868), 764.

Plongeur (Le), bateau sous-marin, X (1864), 711. — L'*Ictinée* bateau sous-marin, XVI (1866), 659. — Les appareils plongeurs à l'Exposition de 1867, systèmes divers , XXIV (1868), 923 ; appareil Charpy, 924 ; appareil Rouquayrol-Denayrouse, 925. — Appareil plongeur de Rouquayrol, XIII (1865), 771 ; XVII (1866), 837.

Plymouth, par *M. V. Chevallier*, I (1861), 35. — Les forts de mer à Plymouth, XX (1867), 740.

Poids, mesures et monnaies de l'Angleterre, I (1861), 807. — Note sur les poids et mesures en usage dans le commerce des harengs en Écosse, III (1861), 234.

Pointage (Appareils et instruments de), XXIII (1868), 836. — (V. *Artillerie*.

Poisons (Note sur quelques) de la côte occidentale d'Afrique, par *M. Aubry-le-Comte*, XI (1864), 83.

Poitrine (Du climat d'Alger dans les affections chroniques de la), par *M. le Dr P. de Pietra-Santa*, R. A. C., III (1860), 550.

Pojarski. — (V. *Kniaz-Pojarski*.)

Pôle arctique (Expédition au), XV (1865), 659.

Pompes pour machines à vapeur, par *M. Hubac* : pompe aéro-hydrique, XXIII (1868), 383 ; pompe Nillus, 385 ; pompe Fourneyron, 386 ; pompe Noria de M. Bostier, 388 ; pompes rotatives, 388 ; pompe à vapeur de M. Mazeline pour l'alimentation des chaudières, par *M. Bonnefoy*, XXII (1868), 719. — Pompes à piston en général, XXIV (1868), 343 ; pompe Fourneyron, 347 ; pompe Letestu, 348 ; pompe Thirion, 349 ; pompes Périn, 349 ; pompes Douglas, 349. — Pompes à incendie en général, 350 ; pompes Merryweather, 351 ; pompes Shand et Mason, 351 ; pompe Roberts, 352 ; pompes à vapeur, 352 ; pompe Letestu, 353 ; pompes à membranes, 355 ; pompes Nillus, 355 ; pompes rotatives, 357 ; pompe Carl Glass, 357 ; pompe Behrens, 357 ;

pompes à siphon, 358 ; pompes centrifuges, 361 ; pompe Gwynne, 362 ; pompe Coignard, 365 ; pompe Neut et Dumont, 371 ; pompe Williamson, 375 ; pompe Bernays, 376. — Comparaison des pompes centrifuges en général avec les pompes à piston, 377.

Pondichéry (Notice sur), IX (1863), 247. — (Voy. aussi *Établissements français dans l'Inde.*)

Pontier (Cuisine de M.), XXIV (1868), 108.

Population du Sénégal et de ses dépendances, R. A. C., II (1860), 386. Mouvement de la population européenne de l'Algérie pendant l'année 1859, R. A. C., II (1860), 436. — État comparatif de la population européenne de l'Algérie au 30 juin 1860, R. A. C., III (1860), 443. — Population des colonies françaises pour l'année 1857, R. A. C., III (1860), 738. — Recensement de la population indigène des îles Taïti et Moorea de 1848 à 1860, par *M. X. Caillet*, III (1861), 506. — Tableaux de population des colonies françaises pour l'année 1859, V (1862), 10 ; année 1860, VIII (1863), 16 ; année 1861, X (1864), 10 ; année 1862, XIII (1865) 10 ; année 1863, XVI. (1866), 10 ; année 1864, XIX (1867), 10 ; année 1865, XXII (1868), 10.

Porte-amarres : Station de canots de sauvetage et postes de flèches porte-amarres, XVIII (1866), 687. — Expériences de porte-amarres à grande portée, XVIII (1866), 689. — Les canons porte-amarres par M. E. Pothier, XXI (1867), 289.

Porter, contre-amiral : Rapport sur les monitors américains à Wilmington, XIII (1865), 579.

Porter (Régulateur de M.), XXIV (1868), 626.

Portland, par *M. V. Chevallier*, I (1861), 253.

Port-Louis (Formation d'un îlot à l'entrée de), XXIII (1868), 254.

Porto-Novo (Notice sur), par *M. Gellé*, X (1864), 413. — Le royaume de Dahomey, par *M. Vallon*, II (1861), 332 ; III (1861), 329. — (Voy. aussi *Afrique occidentale.*

Porto-Rico : Renseignements sur le régime de sa navigation, V (1862), 476. — Statistique criminelle en 1864, XIV (1865), 628.

Ports de la Manche et de la mer du Nord : Notice, par *M. Dumas-Vence*, XXIV (1868), 695.

Ports de refuge exécutés par le gouvernement anglais, par *M. V. Chevallier*, I (1861), 239. — Ports de refuge en Angleterre, XX (1867), 992. — La rade de Dunkerque, par *M. Jonglez de Ligne*, XI (1864), 177. — De Cherbourg à Anvers, par *M. Jonglez de Ligne*, XXI (1867), 566. — Les ports de la Manche et de la mer du Nord, par *M. Dumas-Vence*, XXIV (1868), 695.

Ports maritimes : Extraits de *l'Exposé de la situation de l'Empire :* année 1860, I (1861), 152 ; année 1861, IV (1862), 217 ; année 1863, IX (1863), 682 ; année 1864, XIII (1865), 462 ; année 1865, XVI (1866), 473 ; année 1866, XIX (1867), 739 ; année 1867, XXII (1868), 258.

Ports militaires de l'Angleterre, par *M. V. Chevallier* : Deptford, I (1861), 2 ; Woolwich, 7 ; Chatham, 12 ; Sheerness, 16 ; Portsmouth, 21 ; Plymouth, 35 ; Pembroke, 56.

Ports militaires de la France : Toulon, par *M. Calvé*, XV (1865), 453, 801 ; Brest, par *M. Eymin et Doneaud*, XVII (1866), 225, 477 ; Lorient, par *M. Hébert*, XVIII (1866), 5, 346 ; Rochefort, par *M. Bouchet*, XIX (1867), 325, 633 ; Cherbourg, par *M. de Bon*, XIX (1867), 769 ; XX (1867), 89.

Portsmouth, par *M. V. Chevallier*, I (1861), 21. — Les défenses fixes et les défenses mobiles à Portsmouth, V (1862), 688. — Les défenses de Portsmouth, XIII (1865), 361. — Expériences d'artillerie à Portsmouth, XI (1864), 369.

Portugal : Les établissements portugais de la côte S.-O. de l'Afrique, VI (1862), 607. — (Voy. *Budgets, Co-*

lonies, *Marine militaire*, *Navigation*, *Navires cuirassés*.)

Postec (C.), mécanicien principal de la marine : Les propulseurs, XXIII (1868), 46.

Pothier (E.), capitaine d'artillerie : Les engins de sauvetage à l'Exposition de 1867, XXI (1867), 289.

Poudre à canon inexplosible, XV (1865), 207. — Papier-poudre à canon, XVII (1866), 400. — Poudre Borlinetto, XIX (1867), 926. — Poudre à canon blanche, XXIV (1868), 886. — Poudre à gros grains ou à boules, 887.—Poudre-coton, XXIV (1868), 1133. — (Voy. aussi *Artillerie*.)

Poulies (Les), XXIV (1868), 99.

Poulo-Condore : Notice sur cette île, XIV (1865), 140. — L'île de Poulo-Condor, par *M. Richard*, XIX (1867), 673.

Poulot : Machine-outil, XXIV (1868), 18.

Pradelle (G.) : La télégraphie sous-marine, XIV (1865), 34.

Prairies artificielles (Création de) à la Réunion, par *M. Hugoulin*, IX (1863), 106.

Praslin (Notice sur), par *M. Doneaud*, XXI (1867), 580.

Préservation des cuirasses. — (Voy. *Conservation des cuirasses*.)

Presse à forger Haswelt, XXIV (1868), 11.

Presses hydrauliques (Application des) à l'extraction des huiles et au débarquement des marchandises à la Réunion, par *M. Hugoulin*, VI (1862), 528. — Presse hydraulique pour bâtiments, de M. Tangye, XXIV (1868), 31.

Primaudaie. — (Voy. *La Primaudaie*.)

Prince-Albert, frégate anglaise à tourelles, VIII (1863), 520; XIX (1867), 242; sa mise à l'eau, XI (1864), 610.

Prince-Consort, navire cuirassé anglais, VIII (1863), 516; son passage au bassin, XI (1864), 613.

Prince-Édouard (Notice sur l'île du), par *M. E. Avalle*, VI (1862), 513.

Prince-Pojarski. — (Voy. *Kniaz-Pojarski*.)

Principautés danubiennes. — Voy. *Danube*.)

Prins-Hendrick, navire à tourelles hollandais, XIX (1867), 242; XX (1867), 996; XXII (1868), 426.

Professions maritimes. — (Voy. *Ouvriers*.)

Projectiles : Influence de la pression atmosphérique sur la durée des fusées des obus, par *M. le D^r Ed. Frankland*, XV (1865), 212. — Projectiles Parrott, X (1864), 259; XIII (1865), 208, 521. — Fabrication des projectiles Palliser, XIX (1867), 696; XXI (1867), 272; boulets Palliser en fonte dure, XXIII (1868), 368. — Pénétration des boulets et résistance des plaques de cuirasses, XVIII (1866), 680. — Perforation des cuirasses par les projectiles de l'artillerie navale anglaise, traduction de *M. Aloncle*, XX (1867), 151, 447, 660; XXI (1867), 239. — Projectiles et cuirasses, XX (1867), 725. — Effets des projectiles lancés par les armes à feu, XXI (1867), 966. — Le projectile et la cible, XX (1867), 999. — Les projectiles allemands à l'Exposition de 1867, XXIII (1868), 355. — Projectiles en fonte de fer ordinaire, système Whitworth, XXIII (1868), 802. — Obus Shrapnell, XXIII (1868), 804. — Projectile discoïde Hutchinson, XXIV (1868), 267. — Obus à balles du colonel Boxer, XXIV (1868), 899.— (Voy. aussi *Artillerie*.)

Propriété arabe (Origine et constitution de la) en Algérie, avant 1830, par *M. Paul-Eugène Bache*, R. A. C., III (1860), 693.

Propulseurs (Les) à l'Exposition universelle de 1867 : Les propulseurs, par *M. C. Postec* : roues à aubes, XXIII (1868), 47; roues à pales verticales, 50; propulseurs héliçoïdes, 50; roue à hélice, système de M. Perreaux, 55; hélice-gouvernail de M. de Montagne, 56; palmipède-gouvernail de M. Evelyn, 59; propulseur hydraulique, 61. — Les propulseurs hydrauliques : historique de

l'invention du propulseur hydraulique, XXIII (1868), 610; considérations générales sur la locomotion, 611; bateau de M. Cokeril et résultat des expériences, 609, 612; essais du *Nautilus*, 617; le *Waterwitch*, 609, 617, 620. — Essais du *Waterwitch*, navire cuirassé anglais à moteur hydraulique, XXI (1867), 524. — Rapport sur le *Viper* et le *Vixen*, XXIII (1868), 620. — Des hélices jumelles, 321. — Les hélices jumelles, par *M. le vice-amiral Pâris*, XI (1864), 145, 367; XII (1864), 415; XIII (1865), 375, 788.—Système d'hélice de M. Christian, XI (1864), 147. — Nouveau propulseur pour la navigation, XXI (1867), 732.

Protet (Mort du contre-amiral), par *M. J. Baillet-Blainville*, XIII (1865), 344.

Provence, frégate cuirassée française : Sa mise à l'eau, X (1864), 106; XIV (1865), 191.

Prunières (Le comte H. Villetard de). — (Voy. *Villetard*.)

Prusse. — (Voy. *Budgets, Marine marchande, Marine militaire, Navigation, Navires cuirassés*.)

Psychromètre (Notice sur le), par *M. F. Labrosse*, XVIII (1866), 288.

Puebla, yacht de la marine française : Expériences faites à bord de ce navire pour le chauffage des chaudières des navires à vapeur au moyen des huiles minérales, XXIII (1868), 1069.

Puits artésiens : Sondages exécutés dans la subdivision de Batna de 1858 à 1859, par *M. Seroka*, R. A. C., I (1859), 354. — Les puits artésiens en Algérie, R. A. C., II (1860), 29, 355.

Pupilles de la marine (Établissement des) à Brest, XX (1867), 758.

Q

Quatrefages (De) : Discours prononcé à la Société de géographie le 18 décembre 1865, XVI (1866), 435.

Quinquina (Culture du) à Java pendant l'année 1864, XVI (1866), 799; année 1865, XIX (1867), 421.

Quintin (Nouvelles de MM. Mage et), sur leur voyage au Soudan, X (1864), 603; XI (1864), 160, 624, 834; XIII (1865), 211; XVI (1866), 412; XVII (1866), 846; XVIII (166), 666. — Voir aussi : *Voyage au Soudan occidental*.

R

Radamès (Voyage à), de *M. de Bonnemain*, capitaine adjudant-major au 3e spahis, R. A. C., I (1859), 116.

Radeau (Bateau-) de sauvetage, XVII (1866), 633.

Ramel : L'*Encalyptus globulus* de Tasmanie, III (1861), 515. — Le cotonnier-arbre du Pérou, VII (1863), 322.

Ramon-Picarte (Tables de division de), I (1861), 463.

Ramsbottom : Marteaux - pilons, XXIV (1868), 8.

Randolph (Dock flottant de M.), XXIV (1868), 691.

Rapports sur l'Exposition universelle de 1867. — (Voy. *Exposition*.)

R'at (Voyage à), par *M. J. Bouderba*, interprète de l'armée d'Algérie, du 1er août au 1er décembre 1858, R. A. C., I (1859), 241.

Rawenhill (Tiroir des machines à deux cylindres et à bielle renversée de M.), par *M. Rubeo*, XXIII (1868), 373.

Redford (Muraille), XXIV (1868), 308.

Red-White and blue, navire américain, XXIV (1868), 95.

Reech, directeur de l'École d'application du génie maritime : Leçons faites à la Sorbonne en 1868 sur la théorie des machines motrices et des effets mécaniques de la chaleur, recueillies et rédigées par *M. E. Leclert*, professeur à l'École du génie maritime, XXIV (1868), 790.

Reed : Les navires cuirassés de E.-J. Reed, par *M. le vice-amiral Pâris*, XI (1864), 207. — Opinion de M. Reed sur les navires cuirassés, XX (1867), 568. — Des formes et des proportions des navires cuirassés, XXIII (1868), 712.

Régulateurs pour machines à vapeur : Considérations générales, XXIV (1868), 614 : imperfection du pendule conique ordinaire, 616 ; régulateurs Foucault, 620 ; Farcot, 620 ; Rolland, 623 ; Gand, 624 ; Bariquand, 625 ; Porter, Houguet et Teston, 626 ; Pickering, 627 ; Siemens, 627 ; Meynard, 629 ; régulateurs pour machines marines, 631. — Théorie des régulateurs marins isochrones à bras et à bielles croisés à deux centres d'oscillation de MM. Farcot et fils, par M. *Huin*, XXIV (1868), 718.

Reibell, inspecteur général des travaux maritimes : Notice biographique, par *M. V. Chevallier*, XXII (1868), 860.

Reille (Le vicomte), député : Rapport sur le projet de loi relatif aux pensions de l'armée de mer, II (1861), 546. — Discours prononcé le 15 juin 1861 dans la discussion sur le projet de loi, II (1861), 582. — Rapport sur le projet de loi relatif aux pensions de retraite des ouvriers inscrits et aux pensions dites *demi-soldes* des marins inscrits, V (1862), 756.

Relèvement (Correcteur de route et de), par *M. Roux*, XXII (1868), 206.

Relèvements polaires (Théorie des) et leur application à diverses ques-

tions de tactique navale, par *M. Cordes*, XIX (1867), 590 ; XX (1867), 123 ; XXI (1867), 497.

Renard (Léon) : Une campagne en 1786, document inédit, VII (1863), 758. — Les guerres de l'Inde en 1759, XII (1864), 163. — Les phares à l'Exposition universelle de 1867, XXI (1867), 15.

Rénier (Léon), membre de l'Institut : Instructions pour la recherche des antiquités en Algérie, R. A. C., I (1859), 207.

Rennie : Machines de chaloupes à vapeur, XXIII (1868), 872. — Machine pour embarcation, par *M. Mouche*, XXIII (1868), 921.

République argentine : Renseignements sur le régime de sa navigation, V (1862), 290. — Voy. aussi *Paraguay*.

Repulse, navire cuirassé anglais : Sa mise à l'eau, XXIII (1868), 534.

Research, navire cuirassé anglais, X (1864), 397 ; XII (1864), 198 ; ses qualités nautiques, XX (1867), 840.

Réserve : Le personnel de la réserve navale en Angleterre, par *M. E. Bourdin*, VI (1862), 174. — De l'organisation de la réserve flottante en Angleterre, IV (1862), 68.

Résistance, frégate cuirassée anglaise, VIII (1863), 507.

Résistance des carènes : Étude sur la détermination rigoureuse de la résistance des carènes, par *H. A. Berry*, XXI (1867), 664.

Respiratoires (Appareils) Galibert, XVI (1866), 663.

Retraites (De la Caisse érale des) pour la vieillesse, par *M Victor Robert*, R. A. C., II (1860), 421.

Réunion : Notice sur cette colonie. Résumé historique, VII (1863), 349 ; topographie, 357 ; météorologie, 363 ; population, 365 ; immigration, 366 ; gouvernement et administration, 370 ; justice, 375 ; culte et assistance publique, 379 ; instruction publique, 384 ; forces militaires, 387 ; finances, 388 ; agricul-

ture, 396; industrie, 404; commerce, 406; entrepôts, 414; navigation, 415; douanes, 419; service postal, 421. — Statistique, année 1859 : population, V (1862), 18; cultures, V, 40; commerce, 88; navigation, V, 162; année 1860 : population, VIII (1863), 18; cultures, 40; commerce, 88; année 1861 : population, X (1864), 18; cultures, 40; commerce, X, 88; année 1862 : population, XIII (1865), 14; cultures, 36; commerce, 84; navigation, 158; année 1863 : population, XVI (1866), 18; cultures, 40; commerce, 88; navigation, 162; année 1864 : population, XIX (1867), 18; cultures, 40; commerce, 88; navigation, 162; année 1865 : population, XXII (1868), 18; cultures, 40; commerce, 88; navigation, 162. — Éruption d'un volcan à l'île de la Réunion (19 mars 1860), par *M. Hugoulin*, R. A. C., II (1860), 483 ; éruption de novembre 1858, par *M. Hugoulin*, VI (1862), 284. — Cyclone des 25-26 février 1860, par *M. H. Bridet*, R. A. C., III (1860), 80. — Remarques et observations sur le cyclone qui a passé près de la Réunion les 16 et 17 février 1861, par *M. H. Bridet*, I (1861), 517. — Le cyclone des 11 et 12 mars 1868, XXIII (1868), 422. — Le port de Saint-Pierre, par *M. Félix Frappier*, R. A. C., III (1860), 686. — Notes sur l'industrie sucrière, le commerce, l'agriculture et l'immigration, I (1861), 350. — Documents officiels relatifs à la loi du 3 juillet 1861 sur le régime douanier des colonies, II (1861), 52. — Mémoire sur l'épidémie de choléra-morbus qui a régné à la Réunion en 1859, par *M. le Dr A. Petit*, III (1861), 541. — Topographie de l'île de la Réunion, par *M. Maillard*, V (1862), 424. — La Réunion et l'Ile-de-France sous le gouvernement de Mahé de la Bourdonnais (1735-1740), document inédit, publié par *M. P. Margry*, VI (1862), 334. — Conseil général de la Réunion, session de 1863, X (1864), 399. — Documents officiels relatifs au sénatus-consulte de la constitution des colonies, XVII (1866),

707. — Culture et production du coton, par *M. Aubry-le-Comte*, XVIII (1866), 91.

Revue géographique de l'année 1861, par *M. Barbié du Bocage*, IV (1862), 297 ; année 1862, VII (1863), 444, 694; année 1863, X (1864), 431; année 1864, XIII (1865), 528; année 1865, XVII (1866), 262; année 1866, XX (1867), 349.

Revue maritime et coloniale. Son envoi aux bâtiments armés, XIX (1867), 704.

Rhamboé : Description de cette rivière et de ses affluents, par *M. Serval*, III (1861), 401. — Exploration du fleuve Ogo-Waï, par *M. le Dr Griffon du Bellay*, IX (1863), 66, 296. — Reconnaissance des routes qui mènent du Rhamboé à l'Ogo-Waï, par *M. Serval*, IX (1863), 309. — (Voyez aussi *Gabon*.)

Rhodes : Renseignements sur le régime de sa navigation, V (1862), 486.

Riachuelo (Combat naval de), au Paraguay, XV (1865), 214.

Richard (P.-C.), lieutenant d'artillerie de marine : Saïgon et ses environs au commencement de 1866, XVIII (1866), 530; la province de Mitho, XIX (1867), 661; la province de Bien-hoa, XXI (1867), 406. — Notes pour servir à l'ethnographie de la Cochinchine, XXI (1867), 92.

Richmond : Renseignements sur le régime de sa navigation, V (1862), 489. — Prise de Richmond, par *M. A. Kratz*, XVI (1866), 786.

Richmond, navire cuirassé confédéré, X (1864), 594.

Rieter : Machine-outil, XXIV (1868), 25.

Rieunier, lieutenant de vaisseau : Aperçu sur la Basse-Cochinchine, I (1861), 177. — Le commerce de Saïgon en 1862, X (1864), 217.

Riga : Renseignements sur le régime de sa navigation, V (1862), 468.

Rigault de Genouilly, amiral, sénateur, ministre de la marine et des colonies : Discours prononcé au Sénat sur la question des pêches maritimes,

I (1861), 761. — Discours prononcé le 16 avril 1867 à l'assemblée générale de la Société de sauvetage des naufragés, XX (1867), 487. — Discours prononcé dans la discussion du budget de la marine, exercice 1868, XXI (1867), 217, 223 ; exercice 1869, XXIV (1868), 421.

Rimbaud, aide-commissaire de la marine : Pêche côtière dans la Méditerranée, XI (1864), 323.

Rimmel : Rapport sur les produits odoriférants des colonies françaises à l'Exposition de Londres en 1862, VII (1863), 114.

Ringdove, canonnière anglaise : Ses essais, XXIII (1868), 252.

Rio-Grande, monitor brésilien., XXIII (1868), 771.

Rio-Janeiro : Renseignements sur le régime de sa navigation, V (1862), 292.

Rio-Nunez (Notice sur le), VIII (1863), 744.

Rio-Pongo (Notice sur le), VIII (1863), 744.

Rip (Expédition du), XVI (1866), 850.

Riz (Le) en Cochinchine, X (1864), 602; XX (1867), 720.

Roanoke, frégate cuirassée américaine, VI (1862), 547; VII (1863), 431. — Combat naval de Hampton-Roads, IV (1862), 806.

Robert (Victor) : Les sociétés de secours mutuels considérées en général et dans leur application à l'Algérie et aux colonies, R. A. C., I (1859), 101. — Opérations des sociétés de secours mutuels pendant l'année 1858, R. A. C., II (1860), 36. — De la caisse générale des retraites pour la vieillesse, R. A. C., II (1860), 421.

Roberts : Pompe, XXIV (1868), 352.

Robiquet, capitaine au long cours : Considérations sur Otago (Nouvelle-Zélande), X (1864), 499.

Rochambeau. — (Voy. *Dunderberg*.)

Rochas (V. de), chirurgien de la marine : Anthropologie de la Nouvelle-Calédonie, R. A. C., I (1859), 224.

Rochefort (Notice sur le port de),

par *M. Bouchet*, XIX (1867), 325, 633.

Rodger, commodore : Rapport sur les navires cuirassés aux États-Unis en 1864, XIII (1865), 609.

Rodgers : Appareil pour amener les embarcations, XXIII (1868), 888.

Rodman : Le système Rodman, traduit par *M. Vallon*, X (1864), 256. — Le gros canon Rodman, XIII (1865), 207. — Le canon Rodman, traduit par *M. Aloncle*, XIII (1865), 512 ; XIV (1865), 71. — Le canon Rodman de 38$\frac{c}{m}$ à Shœburyness, XXI (1867), 504.

Rohlsf (Voyage de) dans l'intérieur de l'Afrique, XV (1865), 660.

Roi-Georges, navire cuirassé grec, XXIII (1868), 759.

Rolf-Krake, monitor danois, X (1864), 807; XII (1864), 418.

Rolland : Régulateur, XXIV (1868), 623.

Ronmy, lieutenant d'infanterie de marine : Excursions dans le Haut-Maroni, I (1861), 779.

Rost van Tonningem (D.-W.) : Propriété et valeur de la canne à sucre à Bornéo, VI (1862), 279. — Abâtardissement et amélioration des variétés de la canne à sucre à Java, VII (1863), 315.

Rostaing (De), capitaine de vaisseau : Comparaison des prévisions de l'office météorologique de Londres pour les côtes nord et ouest de France, XXI (1867), 600.

Rotterdam : Renseignements sur le régime de sa navigation, V (1862), 308.

Roues (Les) à aubes, par *M. Postec*, XXIII (1868), 47. — Roue à hélice de M. Perreau, par *M. Postec*, XXIII (1868), 55. — (Voy. aussi *Propulseurs*.)

Rouge (Mer) : Rapport sur un mémoire de *M. Courbon* sur une exploration dans la mer Rouge, I (1861), 391.

Rouher (S. Exc. M.), ministre de l'agriculture, du commerce et des travaux publics, sénateur : Discours prononcé au Sénat sur la question des pêches maritimes, I (1861), 697, 723, 777. — Discours prononcé dans la dis-

ROUILLÉ   TABLE DES MATIÈRES.   SABATHIER

cussion du budget de l'exercice 1865, XI (1864), 475, 483.

Rouillé (Notice sur), par *M. Boneaud*, XXI (1867), 478.

Roulis : Le trace-roulis et le trace-vague, par *MM. Pâris père et fils*, XX (1867), 273. — Considérations sur le roulis des bâtiments, par *M. Krantz*, XX (1867), 296. — Lettre de M. Lewal sur le roulis, XX (1867), 736. — Observation et remarques sur la loi de l'équilibre statique, par *M. Béléguic*, XXI (1867), 494.

Roumanie : Les principautés danubiennes et le commerce du Danube, par *M. Cadiou*, XI (1864), 66, 234. — Le commerce français dans le Danube, par *M. A. de Fontenay*, XXII (1868), 736.

Rouquayrol : Nouvel appareil plongeur, XIII (1865), 771 ; XVII (1866), 837. — Appareil de MM. Rouquayrol-Denayrouse, XXIV (1868), 928.

Rousalka, canonnière russe blindée : Sa mise à l'eau, XXII (1868), 434.

Rousseau : Pèlerinage de la Mecque en 1859, R. A. C., I (1859), 38.

Rousseau (Procédé) pour la fabrication du sucre aux colonies, par M. *G. Imhaus*, I (1861), 311.

Roux (F.-L.), capitaine de frégate : Correcteur de route et de relèvement, XXII (1868), 206. — Système pour la préservation des plaques de cuirasse, XXIV (1868), 310.

Roux (B.), pharmacien en chef de la marine : Observation sur les sels, XXIV (1868), 1003.

Royal-Alfred, frégate cuirassée anglaise, VIII (1863), 516 ; XVI (1866), 420 ; XX (1867), 250 ; sa mise à l'eau, XII (1864), 872 ; modification apportée à sa construction, XIII (1865),
201 ; ses essais, XVI (1866), 865.

Royal-Oak, frégate cuirassée anglaise, VIII (1863), 516.

Royal-Sovereign, navire à tourelles anglais, VIII (1863), 520 ; sa mise à l'eau, X (1864), 811 ; ses essais, XI (1864), 376, 816 ; XII (1864), 195 ; XIII (1865), 784 ; sa mise à la réserve, XII (1864), 873 ; expériences de son artillerie, XIV (1865), 628 ; XVI (1866), 211.

Roze, contre-amiral : Rapport sur l'expédition de Corée, XIX (1867), 477.

Rumbs (Tableau des) de vent exprimés en français, en anglais, en italien et en espagnol, XIV (1865), 397 ; XV (1865), 860.

Ruminants : Étude sur une section de ruminants à cornes creuses du Sénégal, par M. *C. Berg*, R. A. C., I (1859), 94.

Russel, capitaine de frégate : Rapport sur un mémoire de M. *Courbon*, sur une exploration dans la mer Rouge, I (1861), 391. — Notice nécrologique sur le commandant Russel, VII (1863), 555.

Russie : Une ambassade des Français en Russie sous Louis XIII, document inédit publié par M. *Pierre Margry*, II (1861), 213. — Les Russes sur le fleuve Amoor, par M. *Ch. Pigeard*, IV (1862), 288. — Renseignements sur le régime de sa navigation, V (1862), 468. — Les travaux hydrographiques de la Russie en 1861, V (1862), 588. — De la régularisation des compas en Russie, par M. *Darondeau*, XVI (1866), 397. — (Voy. *Artillerie, Budgets, Colonies, Marine militaire, Navires cuirassés*, etc.)

Ruyter, navire cuirassé hollandais : son blockhaus, XXIII (1868), 859.

S

Sabathier : Notes sur les navires cuirassés et quelques paquebots à vapeur de la marine anglaise, VIII (1863), 492.

Sacrées (Notice sur les îles), au Gabon, par M. *Griffon du Bellay*, IX (1863), 76.

Sahara : Notes sur le Sahara, par M. *Jus*, R. A. C., I (1859), 49. — Voyage à Radamès, par M. *de Bonnemain*, R. A. C., I (1859), 116. — Voyage à R'at, du 1er août au 1er décembre 1858, par M. *Bouderba*, interprète de l'armée d'Algérie, R. A. C., I (1859), 241. — Lettre de M. *Henry Duveyrier* à la Société de géographie, sur le pays des Beni-m'zab et celui des Chaanba occidentaux, R. A. C., II (1860), 125. — Excursion dans le Djérid ou pays des Dattes (Tunisie), par M. *Henry Duveyrier*, R. A. C., II (1860), 542. — Notice sur les oasis du Sahara et les routes qui y conduisent, par M. *de Colomb*, R. A. C., III (1860), 29, 301, 495. — Voyage dans le Sahara, extrait d'une lettre de M. *Henry Duveyrier*, R. A. C., III (1860), 439. — Voyage d'exploration dans l'Adrar, par M. *H. Vincent*, R. A. C., III (1860), 445. — Notice sur le commerce de Souf, par M. *Henry Duveyrier*, R.A. C., III (1860), 637. — L'avenir du Sahara et du Soudan, par M. *le général Faidherbe*, VIII (1863), 221. — (Voir *Sénégal, Soudan.*)

Saïgon : La ville de Saïgon, par M. *Rieunier*, I (1861), 186. — Commerce de Saïgon en 1860, III (1861), 537; en 1862, X (1864), 217; en 1863, XI (1864), 156; XII (1864), 398. — Prise de Saïgon, VI (1862), 391. — *Le Courrier de Saïgon*, fondation de ce journal, X (1864), 601. — Saïgon et ses environs au commencement de 1866, par M. *C. Richard*, XVIII (1866), 530. — (Voir *Cochinchine.*)

Sailor's-homes (Les), asiles pour les marins en Angleterre, II (1861), 253.

Saint-Domingue en 1692, document inédit sur l'histoire de la marine, publié par M. *Pierre Margry*, V (1862), 794.

Saint-Eustache, colonie hollandaise d'Amérique, par M. *de Jonquières*, R. A. C., I (1859), 325.

Saint-Georges (Exploitation de l'huile de pingouin et du guano de terre dans l'île de Tova et le golfe de) (côtes de Patagonie), I (1861), 799.

Saint-Joseph de Cluny (Établissement des sœurs de) à la Réunion et dans l'Inde, X (1864), 605, 812. — (Voir *Colonies françaises, Instruction publique.*)

Saint-Joseph de Ngasobil (Situation de la colonie agricole de), par *Mgr de Kobès*, évêque de Modon, XV (1865), 79.

Saint-Laurent (Hydrographie du golfe), IV (1862), 90.

Saint-Martin (Notice sur l'île de), XII (1864), 89.

Saint-Paul de Loanda (Colonie portugaise de) : Notice, IV (1862), 607.

Saint-Pétersbourg Renseignements sur le régime de sa navigation, V (1862), 468.

Saint-Phalle, capitaine de frégate : Notice biographique, par M. *Cochin*, XVII (1866), 211.

Saint-Pierre (Le port de), à la Réunion, par M. *Félix Frappier*, R. A. C., III (1860), 686.

Saint-Pierre et Miquelon : Notice sur cette colonie : résumé historique, IX (1863), 556; topographie, 559; météorologie, 562; population, 563; gouvernement et administration, 564; forces militaires, 565; justice, 566; culte, instruction publique, 569; assistance publique, 569; finances, 569; agriculture, 572; industrie, 573; commerce, 581; navigation, 584; service postal, 587. — Statistique, année 1859 : population, V (1862), 26; commerce, 118; pêcheries, 132; navigation, 172; année 1860 : population, VIII (1863), 26; commerce, 118; pêcheries, 132; navigation, 172; année 1861 : population, X (1864), 26; commerce, 118; pêcheries, 132; navigation, 172; année 1862 : population, XIII (1865), 22; commerce, 112; pêcheries, 128; navigation, 168; année 1863 : population, XVI (1866), 26; commerce, 118; pêcheries, 132; navigation, 172;

année 1864 : population, XIX (1867), 26 ; commerce, 118 ; pêcheries, 132 ; navigation, 172 ; année 1865 : population, XXII (1868), 26 ; commerce, 118 ; pêcheries, 132 ; navigation, 172. — L'industrie de la pêche aux îles Saint-Pierre et Miquelon, IV (1862), 338. — Produits des îles Saint-Pierre et Miquelon, X (1864), 399. — Fabrication de l'huile de foie .de morue aux îles Saint-Pierre et Miquelon, II (1861), 285.

Saint-Seurin : Aciéries de Jackson, XXIII (1868), 336.

Saint-Thomas : Renseignements sur le régime de sa navigation, V (1862), 300.

Sainte-Anne (Description du cap), côte occidentale d'Afrique, par M. *Fulcrand*, I (1861), 505.

Sainte-Claire Deville (Ch.) : Rapport à l'Académie des sciences sur un Mémoire de M. *Courbon* sur la géologie du littoral de la mer Rouge, I (1861), 391.

Sainte-Croix (L'immigration dans l'île de), VI (1862), 111.

Sainte-Hélène (Notice sur), par M. *E. Avalle*, IV (1862), 751.

Sainte-Marie de Bathurst, par M. *Pichard*, XIV (1865), 225. — (Voir aussi *Gambie*.)

Sainte-Marie de Madagascar : Notice sur cette colonie : résumé historique, VIII (1863), 278 ; topographie, 281 ; météorologie, 282 ; population, 283 ; gouvernement et administration, 284 ; forces militaires, 284 ; justice, 284 ; culte et assistance publique, 285 ; finances, 285 ; agriculture, 287 ; commerce, navigation, service postal, 287. — Statistique, année 1862 : population et cultures, XIII (1865), 180 ; commerce et navigation, 181 ; année 1863 : population, cultures, commerce et navigation, XVI (1866), 185 ; année 1864 : population, cultures, commerce et navigation, XIX (1867), 185 ; année 1865 : population et cultures, XXII (1868), 185 ; commerce et navigation, 186.

Saintes (Notice sur les), XII (1864), 89.

Salaison. — (Voy. *Pêches.*)

Salette : Guindeau, XXIV (1868), 62.

Sallandrouze de Lamornaix, lieutenant de vaisseau : Les signaux dans la marine du commerce en 1865, XII (1864), 795. — Le code commercial des signaux, XVII (1866), 204.

Saloum (Sénégal) : Expédition dans les pays de Sine et de Saloum, R. A. C., I (1859), 24. — Les rivières de Sine et de Saloum, par M. *E. Mage*, VII (1863), 673.

Santé (Le service de) de la marine à Brest, V (1862), 329. — (Voy. *Médecine.*)

Sapia, comte de Lencia, colonel d'artillerie de marine, membre de la commission chargée de faire des rapports sur l'Exposition universelle de 1867. — (Voy. *Exposition universelle.*)

Sartine (Notice sur), par M. *Doneaud*, XXI (1867), 590.

Sauret (Foyer à creusets parallèles de M.), par M. *Joublin*, XXII (1868), 524.

Sauvetage : Stations de sauvetage sur les côtes allemandes de la mer du Nord, XII (1864), 201. — Fondation d'une société centrale de sauvetage des naufragés, XIII (1865), 776. — L'institution des bateaux de sauvetage en Angleterre, XIV (1865), 420. — Assemblée de la société centrale de sauvetage des naufragés du 18 mai 1865, XIV (1865), 619. — Le sauvetage des naufragés sur les côtes de France, par M. *de Crisenoy*, XV (1865), 783. — Création de stations de sauvetage sur les côtes de France en 1866, XVI (1865), 868. — Discours prononcé par M. *de Chasseloup-Laubat* le 14 avril 1866 à la société centrale de sauvetage des naufragés, XVII (1866), 380. — Le bateau-radeau de sauvetage, XVII (1866), 633. — Discours prononcé par M. l'amiral Rigault de Genouilly à l'assemblée générale du 15 avril 1867, XX (1867), 487. — Station de canots de sauvetage et postes de flèches porte amarres sur

les côtes de France, XVIII (1866), 687. — Bouée-barrique de sauvetage, XVIII (1866), 897. — Nouvelle bouée de sauvetage pour les navires, par M. *Lewal*, XXII (1868), 812. — Dunette de sauvetage, XIX (1867), 699. — Ceinture de sauvetage du capitaine Ward, XX (1867), 249.—Chaloupe de sauvetage à vapeur, XX (1867), 258. — Les bateaux de pêche de sauvetage, XX (1867), 986. — Les engins de sauvetage à l'Exposition de 1867, par M. *E. Pothier*, XXI (1867), 289. — Nouvel appareil de sauvetage, XXI (1867), 975. — (Voy. aussi *Naufrages*.)

Savoie, frégate cuirassée française : Ses essais, XVIII (1866), 251.

Sawh (Machine à foyer clos de M.), par M. *Hubac*, XXIII (1868), 380.

Scaphandres. — (Voy. *Plongeurs.*)

Schaller (Forges de M.), XXIV (1868), 14.

Schmerber (Marteau-pilon), XXIV 1868), 13.

Scieries (Rapport sur les), XXIV 1868), 33.

Scorpion, navire cuirassé anglais à tourelles : Essais, XII (1864), 419 ; XV (1865), 866 ; sa mâture tripode, XXIV (1868), 89.

Scotia, paquebot anglais : sa mise à l'eau, II (1861), 281.

Scott (Lecture du capitaine) sur l'artillerie de marine, XII (1864), 657. — Affût en fer, XVI (1866), 420 ; XVII (1866), 630.

Sculfort-Malliard : Petit outillage pour le travail des métaux, XXIV (1868), 27.

Secours mutuels. — (Voy. *Société de*), XXI (1867), 232.

Segou. — (Voy. *Mage.*)

Sel : Fabrication du sel marin à la Réunion, par *M. Hugoulin*, V (1862), 663. — Observation sur les sels, par M. *le Dr Roux*, XXIV (1868), 1003.—Observation sur l'ordonnance du 14 août 1816 sur la pêche et la salaison du hareng, par M. *Lonquety*, XV (1865), 305. — Préparation du hareng dans les ateliers de salaison des ports de la Manche, par M. *Buret*, XI (1864), 524. — (Voy. aussi *Pêches.*)

Sellers (Marteau-pilon), XXIV (1868), 8. — Machine-outil, XXIV (1868), 22.

Sémaphores : Les signaux dans la marine du commerce en 1865, par M. *Sallandrouze de Lamornaix*, XII (1864), 795 ; XVII (1866), 204. — Les Sémaphores et le code international des signaux maritimes, par M. *V. Véron*, XXIII (1868), 990.

Sénard, médecin en chef de la marine : Notice sur l'amiral Le Marant, VI (1862), 687. — Statistique médicale de la marine anglaise, IX (1863), 226.

Sénégal : Notice sur cette colonie : Résumé historique, VIII (1863), 459 ; topographie, 470 ; météorologie, 481 ; population, 482 ; gouvernement et administration, 485 ; forces militaires et maritimes, 487 ; culte et instruction publique, 489 ; justice, 491 ; finances, 495 ; agriculture, 728 ; industrie, 732 ; commerce, 733 ; navigation, 745 ; service postal, 749.

Statistique : année 1859 : population, V (1862), 20 ; commerce, 100 ; navigation, 166 ; — année 1860 : population, VIII (1863), 20 ; commerce, 100 ; navigation, 166 ; — année 1861 : population, X (1864), 20 ; commerce, 100 ; navigation, 166 ; — année 1862 : population, XIII (1865), 16 ; commerce, 96 ; navigation, 162 ; — année 1863 : population, XVI (1866), 20 ; commerce, 100 ; navigation, 166 ; — année 1864 : population, XIX (1867), 20 ; commerce, 100 ; navigation, 166 ; — année 1865 : population, XXII (1868), 20 ; commerce, 100 ; navigation, 166. — Statistique commerciale de 1848 à 1859, R. A. C., II (1860), 194. — Population pendant l'année 1860, R. A. C., II (1860), 386.

Cultures : La culture du coton, par *M. Azan*, VIII (1863), 445. — Culture du cotonnier, XIII (1865), 256, 569. — Culture et production du coton, par M. *Aubry-le-Comte*, XVIII (1866), 89. — Le ver-à-soie du Sénégal, XIV

(1865), 412. — Situation de la colonie agricole de Saint-Joseph de Ngasobil, par *Mgr de Kobès*, évêque de Modon, XV (1865), 79.

EXPÉDITIONS MILITAIRES : Expédition dans les pays de Sine et de Saloum, R. A. C., I (1859), 24. — Traités passés avec le Toro, le 10 avril 1859, R. A. C., I (1859), 203 ; le 20 mars 1863, XI (1864), 756. — Destruction de Guémou, 17-19 octobre 1859, R. A. C., I (1859), 398. — Expédition du Cayor et de la Casamance, I (1861), 376, 610. — Rapport médical sur les opérations militaires du Cayor, de février à mai 1861, par *M. Barthélemy Benoît*, III (1861), 459. — Opérations militaires de 1862 à 1864, XI (1864), 724. — Expédition du Rip, XVI (1866), 850.

VOYAGES : Voyage au Tagant, en 1859, par *M. E. Mage*, R. A. C., III (1860), 1. — Voyage d'exploration dans le Bambouk, par *M. Pascal*, R. A. C., III (1860), 137. — Voyage d'exploration dans l'Adrar, par *M. H. Vincent*, R. A. C., III (1860), 445. — Voyage par terre entre le Sénégal et le Maroc, par *Si-Bou-el-Moghdad*, I (1861), 477. — Exploration de la baie d'Arguin, par *M. Fulcrand*, I (1861), 495 ; description du cap Ste-Anne, I (1861), 505 ; description du cap Blanc, I (1861), 507. — Voyage dans le Fouta-Djalon, côtes occidentales d'Afrique (février-juin 1860), par *M. A. Lambert*, II (1861), 1. — Voyage dans le pays des Maures-Brakna (juin-octobre 1860), par *M. Bourrel*, II (1861), 511 ; III (1861), 18. — Exploration du Bounoun, par *M. Braouëzec*, VI (1862), 193. — Voyage de MM. Mage et Quintin dans l'intérieur de l'Afrique, X (1864), 603 ; XI (1864), 160, 624, 834 ; XIII (1865), 211 ; XVI (1866), 412 ; XVII (1866), 846 ; XVIII (1866), 666. — Relation d'un voyage d'exploration au Soudan de 1863 à 1866, par *M. E. Mage*, XX (1867), 26, 395, 620, 895 ; XXI (1867), 134, 367, 626, 803 ; XXII (1868), 766 ; XXIII (1868), 163, 468, 719, 1007.

Composition géologique du pays de Kéniéba, par *M. Berg*, R. A. C., II (1860), 70. — L'hydrographie du Sénégal et nos relations avec les populations riveraines, par *M. J.-E. Braouëzec*, I (1861), 101. — Observations météorologiques faites dans la colonie pendant l'année 1860, par *M. A.-F. Héraud*, I (1861), 511. — La Casamance, par *M. A. Vallon*, VI (1862), 456. — Les rivières de Sine et de Saloum, par *M. E. Mage*, VII (1863), 673. — Notice sur le Oualo, par *M. Azan*, IX (1863), 395, 607 ; X (1864), 327, 466. — Le fleuve du Sénégal, par *M. Aube*, XII (1864), 266. — Modification du régime commercial du Sénégal, XIII (1865), 380. — Notice sur les Serères, par *M. Pinet-Laprade*, XIII (1865), 479, 709. — Le port de Dakar en 1866, par *M. Vallon*, XX (1867), 382.

Sénégambie : Expédition du Rip, XVI (1866), 850. — (Voy. aussi *Gambie* et *Sénégal*.)

Serères (Notice sur les), par *M. Pinet-Laprade*, XIII (1865), 479, 709.

Sériciculture : De l'élève des vers-à-soie à la Guyane française, par *M. Michély*, R. A. C., II (1860), 173. — Essais de sériciculture à la Guyane française, R. A. C., II (1860), 501. — Les soies de la Basse-Cochinchine, XII (1864), 641. — Le ver à soie du Sénégal, XIV (1865), 412.

Seroka (Le colonel) : Sondages exécutés dans la subdivision de Batna, de 1858 à 1859, R. A C., I (1859), 354.

Serval (P. A.), lieutenant de vaisseau : Description de la rivière Rhamboé et de ses affluents, III (1861), 401. — Exploration du fleuve Ogo-Wai, IX (1863), 309.

Service de santé. Voy. *Hygiène* et *Médecine*.

Sevastopol, frégate cuirassée russe : Sa mise à flot, XII (1864), 633 ; XIII (1865), 494.

Shand : Pompes, XXIV (1868), 351.

Shang-hai : L'insurrection des Taï-pings, VI (1862), 37. — Commerce et navigation de la Chine pendant

l'année 1864, XVI (1864), 640. — (Voy. aussi *Chine.*)

Sharpe (B.): Examen comparatif du canon à âme lisse et du canon rayé, XVI (1866), 511.—Machine-outil, XXIV (1868), 21, 23.

Shaw, lieutenant-colonel de l'artillerie royale anglaise : Canon pivotant autour de sa bouche, XIII (1865), 355. — Affût, XVI (1866), 419.

Sheerness : Arsenal maritime de l'Angleterre, par *M. V. Chevallier*, I (1861), 16.

Shéridan : Lampes d'habitacle, XXIV (1868), 603.

Shœburyness : Expériences d'artillerie, année 1863, novembre, X (1864), 197 ; année 1864, juin, XI (1864), 631 ; juillet, XII (1864), 54, 405 ; année 1865, juin, XIV (1865), 839 ; année 1866, septembre, XVIII (1866), 677, 883 ; année 1867, août, XX (1867), 501 ; octobre, XXI (1867), 736 ; année 1868, mars, XXIII (1868), 1063 ; juillet, XXIV (1868), 555 ; masque Millwall, XXIV-270, 896 ; septembre, le canon Parson, XXIV-891 ; canon de Woolwich, XXIV, 893 ; canon rayé de $27^c/_m 5$, XXIV, 895 ; obus à balles du colonel Boxer, XXIV-899 ; affût du capitaine Moncrieff, XXIV-899 ; octobre, XXIV-1132. — Essai de forts cuirassés, XXIII (1868), 752, 940. — Le canon Rodman de $38^c/_m$, XXI (1867), 504. — (Voy. aussi *Artillerie.*)

Shrapnell : Obus, XXIII (1868), 804.

Shreuder : Système de voilure, XXIV (1868), 96.

Siam: Les relations de la France avec le royaume de Siam avant les ambassades de 1684 et 1685, document inédit publié par *M. P. Margry*, III (1861), 364. — Renseignements sur le régime de la navigation du royaume de Siam, V (1862), 364.

Si-Bou-el-Moghdad : Voyage par terre entre le Sénégal et le Maroc, I (1861), 477.

Sibour, lieutenant de vaisseau: Nos relations avec les Nègres et les Indiens du haut Maroni, I (1861), 117.

Sicile : Renseignements sur le régime de sa navigation, V (1862), 307.

Sidi-Bel-Abbès (Notice sur) : Province d'Oran, par M. le comte *de Villetard de Prunières*, R. A. C., III (1860), 217.

Siémens (Régulateur de M.), XXIV (1860), 627.

Sierra-Leone : Notice sur cette colonie anglaise, par *M. E. Avalle*, IV (1862), 759. — Notice sur Sierra-Leone, traduite par *M. Ed. Hervé*, XV (1865), 380. — Sierra-Leone et les pays circonvoisins, XXI (1867), 537.

Signaux : Les signaux dans la marine du commerce en 1865, par *M. Sallandrouze de Lamornaix*, XII (1864), 795 ; XVII (1866), 204. — Les Sémaphores et le Code international des signaux maritimes, par *M. V. Véron*, XXIII (1868), 990. — Feux Coston, XXIV (1868), 589.—Système de signaux de nuit de M. Ward, XXIV-590 ; signaux de M. Colomb, XXIV-591, 595 ; machine photo-magnéto-électrique, XXIV-594.— Lumière Chatham, XXIII (1868), 1068.

Sillomètres (Les) : Examen préliminaire, XXIV (1868), 909 ; loch électrique de M. Anfonso, XXIV-912 ; Sillomètre autographe de M. Montrignier-Monnet, XXIV-921 ; Sillomètre automatique de MM. Maigrot et Avenin, XXIV-921; Sillomètre Gouëzel, XXIV-922.

Simonin : Les richesses naturelles de Madagascar, V (1862), 628.

Sine (Sénégal) : Expédition dans les pays de Sine et de Saloum, R. A. C., I (1859), 24. — Expédition dans les royaumes de Sine et de Saloum, I (1861), 386. — Les rivières de Sine et Saloum, par *M. E. Mage*, VII (1863), 673.

Singapore, par *M. E. Avalle*, II (1861), 493.

Smerch, chaloupe canonnière à tourelles russe, XI (1864, 825 ; XII (1864), 875 ; XIII (1865), 500 ; XIV (1865), 416.

Smith (A.): De la déviation de la

boussole sur les navires en fer, XVII (1866), 370.

Société (Notes sur les îles de la), XIV (1865), 524. — (Voy. aussi *Taïti*.)

Société centrale de sauvetage des naufragés en France : Fondation de cette société, XIII (1865), 776 ; XIV (1865), 619. — Discours prononcé par M. de Chasseloup-Laubat, le 14 avril 1866, à cette société, XVII (1866), 380. — Discours prononcé par M. l'amiral Rigault de Genouilly, le 15 avril 1867, XX (1867), 487.

Société de géographie de Paris : Discours prononcé par S. Exc. M. le marquis de Chasseloup-Laubat, ministre de la marine, le 16 décembre 1864, XIII (1865), 565 ; le 26 avril 1865, XIV (1865), 399 ; le 27 avril 1866, XVII (1866), 382 ; le 17 décembre 1866, XIX (1867), 476. — Banquet de la Société célébré le 18 décembre 1865, XVI (1866), 433.

Sociétés de secours mutuels considérées en général et dans leur application à l'Algérie et aux colonies, par *M. Victor Robert*, R. A. C., I (1859), 101. — De la caisse générale des retraites pour la vieillesse , par *M. Victor Robert*, R. A. C., II (1860), 421. — Projets de statuts d'une société de secours mutuels des huissiers et des garçons de bureau des administrations publiques , X (1864), 792 ; statuts, XIII (1865), 555. — Compte rendu de l'assemblée générale du 6 août 1865, XV (1865), 402 ; assemblée du 25 mars 1866, XVII (1865), 401. — Circulaire sur le but de la société, XVI (1866), 672. — Assemblée du 2 décembre 1866, XIX (1867), 482 ; assemblée du 16 juin 1867, XXI (1867), 232.

Soie. Voy. *Sériciculture.*

Solde : Effectif et solde de l'état-major de la flotte américaine en 1866, XXII (1868), 885 ; de la Prusse, XXII (1868), 886 ; de l'Angleterre, XVII (1866), 399.

Sombrero (Notes sur les phosphates naturels de), IV (1862), 776.

Sondages artésiens exécutés dans la subdivision de Batna de 1858 à 1859, par M. *le colonel Seroka*, R. A. C., (1859), 354. — Les sondages artésiens en Algérie, R. A. C., II (1860), 29, 355. — Sondages artésiens en Algérie (province de Constantine), R. A.. C, III (1860), 548.

Sonde (Établissements du détroit de la), par M. *E. Avalle*, II (1861), 492.

Sonde : Le Coëntre, XXIII (1868), 764.

Soudan : L'avenir du Sahara et du Soudan, par M. *le général Faidherbe*, VIII (1863), 221. — Nouvelles de MM. Mage et Quintin sur leur voyage au Soudan, X (1864), 603 ; XI (1864), 160, 624, 834 ; XIII (1865), 211 ; XVI (1866), 412 ; XVII (1866), 846. — Nouvelles du Soudan, par M. *le général Faidherbe*, XVIII (1866), 666. — Relation d'un voyage au Soudan de 1863 à 1866, par M. *E. Mage*, XX (1867), 26, 395, 620, 895 ; XXI (1867), 134, 367, 626, 803 ; XXII (1868), 766 ; XXIII (1868), 163, 463, 719, 1007. — (Voy. aussi *Sénégal.*)

Soude (Préparation de la), par M. *Hugoulin.* V (1862), 219.

Souf (Notice sur le commerce du), dans le Sahara algérien, par M. *Henry Duveyrier*, R. A. C., III (1860), 637.

Sources thermales de la Guadeloupe, R. A. C., I (1859), 61. — Sources thermales de la province de Constantine, R. A. C., II (1860), 32. — Sources thermales de la province d'Alger, R. A. C., II (1860), 164. — Sources thermales de la province d'Oran, R. A. C., II (1860), 356.

Soutcovoy (G.), lieutenant de vaisseau de la marine russe : Vocabulaire français-japonais, VI (1862), 716.

Soute à poudre et à projectiles creux, XXIII (1868), 857.

Souzy, capitaine de frégate : L'immigration africaine aux Antilles, IX (1863), 90.

Sparte ou Alfa : Son application dans la fabrication du papier, par M. *J. Barse*, R. A. C., II (1860), 560.

Spencer : Filtres, XXIV (1868), 114.

Sphinx, batterie bélier, XII (1864), 212.

Spiridov. Voy. *Amiral-Spiridov*.

Spithead (Les défenses de), XIII (1865), 361. — Les forts de mer à Spithead, XX (1867), 740.

Statique (Observations et remarques sur la loi de l'équilibre), par M. *Béléguic*, XXI (1867), 494.

Statistique. Voy. *Agriculture, Colonies, Commerce, Justice, Navigation, Naufrages, Pêches, Population*.

Staunch, canonnière anglaise, XXIII (1868), 1057.

Steamer. Voy. *Paquebots*.

Stéphan : Rapport sur l'éclipse de soleil du 18 août 1868, XXIV (1868), 1102.

Stevens, batterie cuirassée des Etats-Unis, VI (1862), 549 ; VII (1863), 432 ; XI (1864), 204 ; XXII (1868), 280.

Stewart : Machine-outil, XXIV (1868), 21.

Stockholm : Renseignements sur le régime de sa navigation, V (1862), 477.

Sturgeon : Marteau-pilon, XXIV (1868), 8.

Substances alimentaires. Voy. *Alimentation*.

Sucres : Résumé de la législation des sucres, R. A. C., II (1860), 267. — Législation des sucres en France, IX (1863), 450. — Nouvelle loi sur les sucres, XI (1864), 157. — Législation et production du sucre de canne, par M. *Aubry-le-Comte*, XIV (1865), 261. — Régime des sucres en France, XVI (1866), 857. — Importation du sucre en Angleterre, R. A. C., II (1860), 407. Mouvement commercial du sucre en Angleterre en 1860, I (1861), 100. — Prix comparatif des sucres en Angleterre, en 1860 et 1861, I (1861), 806. — Mouvement des sucres en France, de 1841 à 1861, IV (1862), 377 ; année 1866, XIX (1867), 932 ; année 1867, XXII (1868), 662. — Importation du sucre en France pendant l'année 1859, R. A. C., III (1860), 635. — Développement de la fabrication du sucre colonial, R. A. C., III (1860), 769.

— Régime des concessions de terres destinées à la culture de la canne dans les Indes hollandaises, par M. *Héritte*, R. A. C., III (1860), 650. — Abâtardissement et amélioration des variétés de la canne à sucre à Java, par M. *D.-W. Rost van Tonningem*, VII (1863), 315. — Propriété et valeur de la canne à sucre de Bornéo, par M. *D.-W. Rost van Tonningem*, VI (1862), 279. — Production du sucre à Java, IX (1863), 465. — Exploitation des sucreries de l'État à Java, X (1864), 621. — Le nouveau procédé Rousseau et ses conséquences pour la fabrication du sucre aux colonies, par M. *G. Imhaus*, I (1861), 311. — Industrie du sucre à Cuba en 1860, I (1861), 559 ; *erratum*, 824. — Notes sur l'industrie du sucre à la Réunion, I (1861), 350. — Mission d'études confiée par la chambre d'agriculture de la Réunion à M. *Hugoulin*, II (1861), 364. — Fabrication de la chaux grasse nécessaire à l'industrie sucrière ou à l'industrie des bâtiments, par M. *Hugoulin*, IV (1862), 269. — De la préparation du sucre par le procédé de la double carbonatation, par M. *Hugoulin*, IV (1862), 421. — Préparation du sucre de canne par l'emploi du sulfate de soude, par M. *Hugoulin*, VI (1862), 129. — Utilisation des résidus des sucreries, par M. *Hugoulin*, VI (1862), 592. — Revivification du noir animal, par la voie humide, dans l'industrie sucrière, par M. *Hugoulin*, VII (1863), 301. — Utilisation des résidus des sucreries : vinaigre de mélasse et de vésou, par M. *Hugoulin*, VII (1863), 124. — Des engrais artificiels applicables à la culture de la canne à sucre, par M. *Hugoulin*, VII (1863), 711 ; VIII (1865), 594. — L'industrie sucrière à Maurice, VI (1862), 581. — Emploi du noir animal susphosphaté dans la sucrerie coloniale, par M. *Jabrun*, IX (1863), 456. — Expérimentation à la Guadeloupe des procédés sucriers de Leplay et Cuisinier, X (1864), 555.

Suède. — (Voy. *Marine mili-*

taire, *Navigation*, *Navires cuirassés*.)

Suez : Renseignements sur le régime de sa navigation, V (1862), 302.

Sultan, frégate cuirassée anglaise, XXIV (1868), 883.

Sumatra, colonie hollandaise : Commerce en 1858, IV (1862), 260. — Gisements houillers de Bencoulen, XII (1864), 559.

Surchauffeurs (Les), par M. *E. Joublin*, XXII (1868), 534.

Surinam (La colonie de), par M. *Favard*, R. A. C., I (1859), 149. — Renseignements sur le régime de sa navigation, V (1862), 309. — Règlement administratif de cette colonie, XVII (1866), 112. — (Voy. *Colonies hollandaises*.)

Surveillante, frégate cuirassée française : Sa mise à l'eau, XII (1864), 214.

Sylviculture : L'*Eucalyptus globulus* de Tasmanie, par M. *Ramel*, III (1861), 515. — (Voy. aussi *Bois*.)

Symonds, officier de la marine anglaise : Navire à réduit central du capitaine Symonds, par M. *le vice-amiral Pâris*, XI (1864), 216. — De la construction des navires de guerre en vue de combiner le tir des extrémités avec le tir par le travers, par M. *T.-E. Symonds*, XXIV (1868), 188.

Syrie (La) en 1861, d'après l'*Exposé de la situation de l'Empire*, IV (1862), 224.

T

Tabac : Culture du tabac en Algérie, par M. *Duranton*, R. A. C., I (1859), 82. — Renseignements statistiques sur la culture du tabac et du coton aux États-Unis, par M. *Héricard de Thury*, R. A. C., II (1860), 321. — Essais sur la culture du tabac en Algérie pendant la saison de 1858, par M. *Hardy*, R. A. C., III (1860), 56. — Note sur la culture du tabac, X (1864), 543. — Culture et production du tabac dans les colonies, par M. *Aubry-le-Comte*, XIV (1865), 56.

Tabarka (Algérie), par M. *Elie de la Primaudaie*, R. A. C., II (1860), 439.

Tables de division de Ramon-Picarte, I (1861), 463. — Tables de réduction de journées en effectifs moyens, XI (1864), 339.

Tactique navale : Nouvelles bases de tactique navale par le contre-amiral *Boutakov* de la marine russe, traduction de M. *H. de la Planche*, X (1864), 275, 741 ; XIV (1865), 388. — Projet de tactique navale pour les bâtiments à vapeur, par M. *L. Pagel*, XI (1864), 645. — Lettres de *l'amiral Boutakov*, XII (1864), 213. — Notions théoriques des principes sur lesquels reposent les mouvements et les évolutions du navire, par *L. de Folin*, XIV (1865), 731. — Tactique navale moderne, par M. *Colomb*, XV (1865), 491. — Bataille de Lissa, XVIII (1866), 221, 458. — A propos du combat de Lissa, par M. *le vice-amiral Touchard*, XIX (1867), 199. — Mémoire de l'amiral Persano sur la bataille navale de Lissa, XIX (1867), 554. — Enseignements à tirer du combat de Lissa, XXII (1868), 317. — Rapport du contre-amiral Warden, commandant l'escadre anglaise de la Manche en 1867, XXIV (1868), 263. — Croisière de l'escadre cuirassée anglaise de la Manche, en 1865, XVIII (1866), 866 ; en 1866, XX (1867), 833 ; en 1867, XXIII (1868), 682 ; en 1868, XXIV (1868), 265. — Méthodes de navigation, d'expériences et d'évolutions, par M. *le contre-amiral Bourgois*, XIX (1867), 215, 377. — Théorie des relèvements polaires et leur application à diverses questions de tactique navale, par M. *Cordes*, XIX (1867), 590 ; XX (1867), 123. — Lettre de M. Lewal sur le roulis et le relèvement polaire, XX (1867), 736. — Lettre de M. C. Cordes sur la

théorie des relèvements polaires, XXI (1867), 497.—Tactique supplémentaire à l'usage d'une flotte cuirassée, par M. *le vice-amiral comte Bouët-Willaumez*, XXIII (1868), 265. — Des ordres de bataille dans les combats à éperon, par M. *A. de Keranstret*, XXIII (1868), 628. — La guerre maritime avant et depuis les nouvelles inventions, par M. *R. Grivel*, XXIV (1868), 134, 459, 704, 976. — Les combats à éperon, par M. *C. Cordes*, XXIV (1868), 478.

Tagant (Voyage au), par M. *E. Mage*, R. A. C., III (1860), 1.

Taïpings : L'insurrection des Taïpings, VI (1862), 37. — Notice sur les Taï-Pings, par M. *Laurens*, IX (1863), 211.

Taïti : Produits agricoles, R. A. C., II (1860), 197. — Voyage de la frégate l'*Isis* à Taïti : rapport de M. *W. Lapierre*, I (1861), 71. — Recensement de la population indigène des îles Taïti et Moorea, par M. *X. Caillet*, III (1861), 506. — Statistique de Taïti, année 1862 : population, XIII (1865), 189; année 1863 : population, XVI (1866), 194; cultures, pêcheries, commerce et navigation, 196; année 1864 : population, XIX (1867), 194; cultures, pêcheries, commerce et navigation, 196; année 1865 : population, XXII (1868), 196; cultures, 198; commerce et navigation, 199. — Notice sur Taïti : résumé historique, XIV (1865), 511; topographie, 523; météorologie, 546; population, 793; gouvernement et administration, 798; forces militaires, 801; justice, 802; culte et assistance publique, 805; instruction publique, 808; finances, 811; agriculture, 815; industrie, 819; commerce, 820; navigation, 825; service postal, 827.

Tamaris, canot à vapeur, XXIII (1868), 880.

Tampon hydraulique destiné à modérer le recul des canons, XXIV (1868), 557.

Tanger : Exploration de la côte ouest du Maroc entre Tanger et Mogador (avril 1861), I (1861), 625.

Tangyl (Outillage de MM.), XXIV (1868), 30.

Tardy de Montravel (Mort du contre-amiral), par M. *Ch. Duplessis*, XIII (1865), 335.

Taureau, bélier cuirassé français, XIV (1865), 837; ses essais, XVII (1866), 387.

Taylor (Treuil à vapeur de M.), XXIV (1868), 290.

Tcharodeïka, canonnière cuirassée russe : Sa mise à l'eau, XXII (1866), 434.

Tchitchakow. — (Voy. *Amiral-Tchitchakow.*)

Tecumseh, navire cuirassé américain : Sa mise à l'eau, X (1864), 388.

Tegethoff, vice-amiral de la marine autrichienne : Rapport sur la bataille navale de Lissa, XVIII (1866), 221.

Télégraphie : La télégraphie en Algérie, avec carte, par *M. Leschevin*, R. A. C., II (1860), 19. — Pose d'un câble électrique sous-marin entre Alger et Toulon, par *M. Ploix*, R. A. C., III (1860), 630; id., entre l'Irlande et Terre-Neuve, XVIII (1866), 255. — La télégraphie météorologique en Angleterre, par *M. Fitz-Roy*, V (1862), 405. — La télégraphie sous-marine, par *M. G. Pradelle*, XIV (1865), 34.

Température : Note sur les températures sous-marines, par *M. le contre-amiral Coupvent-Desbois*, XVI (1866), 208. — Observations sur la température des mers, par *M. H. Toynbee*, XVIII (1866), 595. — Étude sur la température de la mer au large du cap de Bonne-Espérance, XXIII (1868), 493. — (Voir aussi *Météorologie.*)

Tempêtes. — (Voy. *Météorologie.*)

Temps (Méthode de M. Astrand pour trouver le) en mer, XXII (1868), 656.— Le livre du Temps, par M. le vice-amiral Fitz-Roy, traduit de l'anglais par M. Mac-Leod, XI (1864), 300, 422, 768; XII (1864), 140, 466, 816; XIII (1865), 320, 729; XIV (1865), 740; XV (1865), 88, 596, 691. — (Voir aussi *Météorologie.*)

Tennessee, bélier cuirassé américain, XII (1864), 424, 877.

Terre-Neuve : Notice sur Terre-Neuve, VI (1862), 507. — La pêche de la morue à Terre-Neuve; récit d'un naufrage dans les glaces, par M. *Heurtault*, X (1864), 509. — Pêche de Terre-Neuve en 1864, XII (1864), 419; année 1865, XVI (1866), 296; année 1866, XIX (1867), 363; année 1867, XXII (1868), 377. — Situation commerciale et industrielle de Terre-Neuve, par M. *G. Bell*, XVI (1866), 265. — (Voir aussi *Pêche de la morue*.)

Terres domaniales aux États-Unis (De la vente des), III (1861), 303.

Terres incultes (De la vente des) et du rachat de l'impôt foncier dans l'Inde anglaise, IV (1862), 483.

Testard (Mort du lieutenant-colonel), II (1861), 211.

Teston : Régulateur, XXIV (1868), 626.

Tetouan, frégate cuirassée espagnole, XII (1864), 200.

Textiles (Exploitation de matières) dans les colonies françaises, par M. *Aubry-le-Comte*, XVII (1866), 97. — (Voir *Coton*, *Soie*, etc.)

Thé (Culture et préparation du), par M. *Aubry-le-Comte*, XIV (1865), 782.

Thierry : Appareil fumivore, XXII (1868), 536; XXIII (1868), 393.

Thirion : Pompe, XXIV (1868), 349.

Thomas : Machine à coudre les voiles, XXIV (1868), 635.

Thompson : Machine à vapeur pour les constructions navales, X (1864), 595.

Thomson : Chaudière, par M. *Joublin*, XXII (1868), 528.

Thoyon, capitaine de vaisseau : La pêche de la morue en Islande, campagne de 1861, III (1861), 225; campagne de 1862, VII (1863), 22; campagne de 1863, X (1864), 182; campagne de 1864, XIII (1865), 219.

Thwaites : Marteau-pilon, XXIV (1868), 10.

Timoniers (Réorganisation de l'institution des matelots canonniers et), XXII (1868), 880.

Tir. — (Voy. *Artillerie*.)

Tiroirs (Les) pour machines à vapeur, par M. *Hubac*, XXIII (1868), 370. — (Voir aussi *Machines*.)

Tombouctou (Indication de la route de Tuggurt à) et aux monts de la Lune, document traduit de l'arabe, par M. *A. Cherbonneau*, R. A. C., III (1860), 289. — Tombouctou, par M. *le général Faidherbe*, VIII (1863), 227. — Voy. *Soudan*.

Tonawanda, monitor américain, XII (1864), 209.

Tonninghem. — (Voy. *Rost van*.)

Tonty (De) : Mémoire envoyé en 1693 sur la découverte du Mississipi, par le sieur de la Salle, en 1678, et depuis sa mort, par le sieur de Tonty, document inédit publié par M. *Pierre Margry*, I (1861), 409.

Topographie de l'île Bourbon, par M. *Maillard*, V (1862), 424.

Toposcope (Du), XXIII (1868), 571.

Toro : Affaires politiques du Sénégal à l'occasion du fleuve, R. A. C., I (1859), 203. — Traités conclus le 10 avril 1859 avec le Toro, R. A. C., I (1859), 204; le 20 mars 1863, XI (1864), 756.

Torpilles : Les torpilles sous-marines, XV (1865), 650. — Expériences de torpilles sous-marines faites en février 1866, XVI (1866), 869. — Les torpilles aux États-Unis, XVII (1866), 298. — Les torpilles comme moyen de défense de guerre, XX (1867), 549. — Monitors torpilles, XXII (1868), 278. — Torpilles paraguayennes, XXII (1868), 878. — Les torpilles sous-marines en Autriche à l'Exposition universelle de 1867 : description, XXIII (1868), 557; construction, XXIII, 559; détail de l'appareil explosif, XXIII, 560; jeu de l'appareil, XXIII, 562; mode d'ancrage de l'appareil, XXIII, 563; pile voltaïque et mode d'action du courant, XXIII, 564; amorces électriques, XXIII, 567; instruments de contrôle, XXIII, 569; mines sous-marines non automatiques, XXIII, 570; du toposcope, XXIII, 571; réflecteur ou miroir parabolique, XXIII, 572; note sur les appareils magnéto-électriques, à mouve-

ment instantané de M. Markus, XXIII, 573 ; différences que présentent les appareils selon leur grandeur, XXIII, 577. — Les torpilles comme moyen de défense des côtes, traduction de *M. de la Chauvinière*, XXIV (1868), 961. — Bateaux-torpilles, XXIV (1868), 971.

Touchard (P. V.), vice-amiral : Notice biographique sur l'amiral Romain-Desfossés, XIII (1868), 758. — Les désastres de la Guadeloupe en septembre 1865, XVI (1866), 430. — A propos du combat de Lissa, XIX (1867), 199. — Les navires de croisière et leur armement, XXIII (1868), 5.

Touchard (F.), chirurgien de la marine : Notice sur le Gabon, III (1861), 1.

Toulon : Voyage de Napoléon III en octobre 1864, XIII (1865), 382. — Notice sur le port de Toulon, par *M. Calvé*, XV (1865), 453, 801.

Tonpa (Côte-d'Or) : Notice sur ce pays, par *M. Desnouy*, XVIII (1866), 499.

Tourane (Prise de), VI (1862), 390, 392, 393.

Tourelles. — (Voy. *Navires à tourelles*.)

Tova (Exploitation de l'huile de pingouin et du guano de terre dans l'île de) et le golfe de Saint-Georges (côtes de Patagonie), I (1861), 799.

Toynbee (H.) : Observations sur la pesanteur spécifique, la température et les courants des mers, XVIII (1866), 595.

Trace-roulis et trace-vague : Description et usage de cet instrument, par *MM. Pâris père et fils*, XX (1867), 273.

Traités : Traités conclus avec le Toro le 10 avril 1859, R. A. C., I (1859), 204 ; le 20 mars 1863, XI (1864), 756. — Traité d'amitié et de commerce conclu entre la France et Madagascar le 12 septembre 1862, VIII (1863), 187. — Traité de paix et d'amitié conclu, le 5 juin 1862, entre la France et l'Espagne, d'une part, et le royaume d'Annam, d'autre part, IX (1863), 174.

Transatlantiques. — (Voy. *Paquebots transatlantiques*.)

Transportation (Notice sur la) à la Guyane française et à la Nouvelle-Calédonie, XXI (1867), 58, 350. — Transportation à la Guyane française, XII (1864), 726. — Transportation à la Nouvelle-Calédonie, XVI (1866), 255.

Transports (Construction de cinq) par le gouvernement anglais, XV (1865), 869. — (Voy. *Constructions navales*.)

Trent (Documents relatifs à l'affaire du), IV (1862), 111, 394. — Voy. aussi *Neutralité*.

Tressol : Rapport sur la culture du coton au Sénégal, XIII (1865), 569.

Treuils : Treuil de M. Taylor, XXIV (1868), 290 ; treuil de M. Corradi, XXIV, 291 ; treuil de M. Carlsund, XXIV, 292 ; treuil de M. Claparède, XXIV, 293.

Trève (P.-J.-A.), sous-commissaire de la marine : Résumé statistique de la justice maritime pour l'année 1859, IV (1862), 360.

Trève (A.-H.-S.), lieutenant de vaisseau : Études sur les machines magnéto-électriques, XXIII (1868), 951.

Trinidad : Immigration, R. A. C., II (1860), 434. — Résumé des renseignements recueillis sur le service de l'immigration à la Trinidad, par *MM. L.-A. Delsaux* et *A.-L. Michaux*, III (1861), 413 ; IV (1862), 29.

Tripoli (Notes sur la régence de), par *M. Henry Duveyrier*, R. A. C., III (1860), 767.

Tripoli (Le) de Mayotte, IX (1863), 670.

Trirème (La) antique, I (1861), 797.

Tromelin (Le comte de), député : Discours dans la discussion du budget de la marine et des colonies, exercice 1863, V (1862), 790.

Trotman (Ancre), XXIV (1868), 50.

Tuamotu (Notice sur les îles) ou Pomotou, XIV (1865), 511.

Tubuai (Notice sur les îles), XIV (1865), 511.

Tuggurt (Indication de la route de) à Tombouctou et aux monts de la Lune, document traduit de l'arabe, par *M. A.*

Cherbonneau, R. A. C., III (1860), 289.

Tunisie : Extrait d'une lettre de *M. Henry Duveyrier* sur son excursion dans le sud de la Tunisie, R. A. C., II (1860), 413. — Excursion dans le Djérid ou pays des Dattes, par *M. Henry Duveyrier*, R. A. C., II (1860), 542. — Notes sur la Tunisie, R. A. C., III (1860), 235.

Turck (Injecteur Giffard, perfectionné par M.), XXII (1868), 710.

Turgan : Les canons en acier fondu du système Krupp, XVIII (1866), 382.

Turquie. — (Voy. *Artillerie, Marine militaire, Navigation*.)

Turret, navire à tourelles anglais, XIX (1867), 925.

Tyger (Le), monitor hollandais : Sa mise à l'eau, XXIII (1868), 257.

Tyne (Constructions navales dans la) en 1861, V (1862), 592.

U

Unieux (Aciéries d'), XXIII (1868), 338.

Uruguay : Renseignements sur le régime de sa navigation, V (1862), 310. — Aperçus statistiques sur la république orientale de l'Uruguay, XV (1865), 363.

Usines (Les) centrales aux Antilles françaises, R. A. C., III (1860), 350.

V

Vaccinations (Note sur les) et les revaccinations opérées en 1860 dans le 2e régiment d'infanterie de marine, par *M. le Dr A. Le Bozec*, I (1861), 136.

Vaisseau-école des canonniers. — (Voy. *Canonniers*.)

Valdailly. — (Voy. *Mengin du*.)

Valenciennes : Rapport à l'académie des sciences sur un mémoire de *M. Courbon* sur la zoologie du littoral de la mer Rouge, I (1861), 399.

Valeureuse, frégate cuirassée française : Sa mise à l'eau, XII (1864), 214.

Vaillant, frégate cuirassée anglaise, VIII (1863), 511; ses essais, XV (1865), 439.

Vallon (A.), capitaine de frégate : Le royaume de Dahomey, II (1861), 332; III (1861), 329. — La Casamance, VI (1862), 456. — Traduction d'un rapport sur l'artillerie anglaise, IX (1863), 215. — Études sur la côte occidentale d'Afrique, IX (1863), 373, 589. — Traduction d'un article de M. Evans Hopkins, intitulé les compas sur les bâtiments en fer, IX (1863), 444. — La grande vitesse appliquée à la marine militaire, traduit de l'anglais, IX (1863), 656. — L'artillerie américaine en 1863, traduit de l'anglais, X (1864), 253. — La marine militaire de l'Angleterre en 1863, traduit de l'anglais, X (1864), 564. — Le port de Dakar en 1866, XX (1867), 382.

Vallot et Bernis : De la création d'une race de chevaux de trait en Algérie, R. A. C., I (1859), 373.

Valparaiso (Bombardement de), XVII (1866), 635.

Vancouver (Notice sur l'île de), par *M. E. Avalle*, VI (1862), 520.

Varden. — Voy. *Warden*.

Veau marin. — (Voy. *Pêches*.)

Venise (Renseignements sur le régime de la navigation de), V (1862), 290.

Vent. — (Voy. *Météorologie*.)

Ventilation des navires, XXIV

(1868), 295. — Des moyens propres à assurer la ventilation des bâtiments de guerre, par *M. Decante*, XXIV (1868), 1096.

Vera-Cruz : Renseignements sur le régime de sa navigation, V (1862), 307. — Coup d'œil sur l'itinéraire de la Vera-Cruz à Mexico, par *M. V.-A. Malte-Brun*, VII (1863), 680.

Vergues (Mâture et machines à brasser les) du capitaine Cunningham, par *M. Pâris*, XV (1865), 642.

Vermot (R.-J.), capitaine de vaisseau : Notice biographique, par *M. A. Moulharac*, XX (1867), 884.

Véron (V.), capitaine de frégate : Les sémaphores et le code international des signaux maritimes, XXIII (1868), 990.

Vers-à-soie — (Voy. *Séricicul-ture.*)

Vibration (Suppression du mouvement de) sur les navires à hélice, XXI (1867), 734.

Vichoff (Axiomètre et porteur d'ordres de M.), XXIV (1868), 392.

Victoria, frégate cuirassée espagnole : Ses essais, XXIII (1868), 759.

Victoria, colonie anglaise : Situation commerciale et industrielle, par *M. G. Bell*, XVI (1866), 268.

Vidal, lieutenant de vaisseau : Voyage d'exploration dans le Haut-Maroni (septembre à novembre 1861), V (1862), 512, 638.

Viellard, chirurgien de marine : Essais sur la Nouvelle-Calédonie, VI (1862), 52, 203, 475, 615 ; VII (1863), 81.

Vigne : Sa culture en Algérie pendant les années 1858 et 1859, R. A. C., II (1860), 95.

Ville, ingénieur des mines : Résumé des études géologiques faites en 1857 dans la subdivision de Dellys (Algérie), R. A. C., II (1860), 333. — Notice sur les eaux thermales de Hammam-Melouan, X (1864), 634.

Villetard de Prunières (Le comte A. de) : Notice sur Sidi-bel-Abbès (Oran), R. A. C., III (1860), 217.

Vinaigre de mélasse et de vésou : Utilisation des résidus des sucreries, par *M. Hugoulin*, VII (1863), 124,

Vincent (H.), capitaine d'état-major : Voyage d'exploration dans l'Adrar (Sahara), R. A. C., III (1860), 445.

Vinh-Long (Prise de), V (1862), 391 ; VI (1862), 396.

Vins : Importation et consommation des vins en Angleterre, R. A. C., III (1860), 437. — Rapport sur la conservation des vins, par *M. de Lapparent*, XXIV (1868), 124.

Viper, canonnière cuirassée anglaise, XXIII (1868), 617.

Virginie (Campagnes dans la) : Guerre d'Amérique, par *M. A. Kratz*, XII (1864), 26.

Vivres : Jardins potagers pour l'infanterie de marine, XXI (1867), 738.

Vixen, canonnière cuirassée anglaise, XXIII (1868), 617.

Vocabulaire français-japonais, par *M. G. Soutcovoy*, VI (1862), 716.

Voilure des cuirassés anglais, XII (1864), 635. — Mâture et machine à brasser les vergues du capitaine Cunningham, par *M. Pâris*, XV (1865), 642. — Voilure des bâtiments cuirassés, XXIV (1868), 70 ; accroissement progressif de la voilure des cuirassés français, XXIV-71 ; du procédé de l'affolement des hélices pour marcher à la voile, XXIV-76 ; voilure de combat, XXIV-81 ; procédés pour prendre les ris, XXIV-91 ; des voilures étrangères, XXIV-97. — Les machines à coudre les voiles à l'Exposition de 1867, XXIV (1868), 634.

Volcan : Dernière éruption du volcan de l'île de la Réunion (19 mars 1858), par *M. Hugoulin*. R. A. C., II (1860), 483 ; éruption de novembre 1858, par *M. Hugoulin*, VI (1862), 284.

Voyages. AFRIQUE : Voyage à Radamès de *M. de Bonnemain*, capitaine au 3e spahis, R. A. C., I (1859), 116. — Voyage à R'at, par *M. J. Bouderba*, interprète de l'armée d'Afrique, du 1er août au 1er décembre 1858, R. A.

C., I (1859), 241. — Lettre de M. Henri Duveyrier à la Société de géographie, sur le pays des Beni-Mzab et sur celui des Chaanba, R. A. C., II (1860), 125. — Notice et extrait du voyage d'El-Abdéry à travers l'Afrique septentrionale, au septième siècle de l'Hégire, par *M. A. Cherbonneau*, R. A. C., II (1860), 282. — Extrait d'une lettre de M. Henri Duveyrier sur son excursion dans le Sud de la Tunisie, R. A. C., II (1860), 413. — Excursion dans le Djérid ou pays des Dattes (suite de la Tunisie), par *M. Henri Duveyrier*, R. A. C., II (1860), 542. — Extrait d'une lettre de M. Henri Duveyrier sur son voyage dans le Sahara, R. A. C., III (1860), 439. — Voyage au Tagant (Afrique centrale), par *M. Mage*, R. A. C., III (1860), 1. — Voyage d'exploration dans le Bambouk, par *M. Pascal*, R. A. C., III (1860), 137. — Voyage d'exploration dans l'Adrar (Sahara occidental), par *M. H. Vincent*, R. A. C., III (1860), 445. — Souvenirs d'un voyage à Mogador en 1859, par *M. P. E. Bache*, I (1861), 81. — Voyage par terre entre le Sénégal et le Maroc, par *Si-Bou-el-Moyhdad*, I (1861), 477. — Voyage d'exploration de la côte Ouest du Maroc entre Tanger et Mogador (avril 1861), I (1861), 625. — Voyage dans le Fouta-Djalon, côtes occidentales d'Afrique (février-juin 1860), par *M. A. Lambert*, II (1861), 1. — Voyage dans le pays des Maures-Brakna, rive droite du Sénégal (juin-octobre 1860), par *M. Bourrel*, II (1861), 511 ; III (1861), 18. — Voyage à Bonny, IV (1862), 540. — Exploration du Bounoun, par *M. Braouezec*, VI (1862), 193.—Voyage du navire de guerre anglais *Investigator*, sur le Bas-Niger, traduit par *M. Mage*, VIII (1863), 410. — Exploration du fleuve Ogo-Waï, par *MM. Griffon du Bellay* et *Serval*, IX (1863), 309. — Reconnaissance des routes qui mènent du Rhamboé à l'Ogo-Waï, par *M. Serval*, IX (1863), 309. — Étude sur la côte occidentale d'Afrique, par *M. A. Vallon*, IX (1863), 373, 589. — Notice sur Porto-Novo, par *M. Gellé*, X (1864), 413. — Nouvelles du voyage au Soudan de MM. Mage et Quintin, X (1864), 603 ; XI (1864), 160, 624, 834 ; XIII (1865), 211 ; XVI (1866), 412 ; XVII (1866), 846 ; XVIII (1866), 666. — Relation d'un voyage d'exploration au Soudan, de 1863 à 1866, par *M. E. Mage*, XX (1867), 26, 395, 620, 895 ; XXI (1867), 134, 367, 626, 803 ; XXII (1868), 766 ; XXIII (1868), 163, 463, 719, 1007. — Exploration de l'Afrique centrale, par *M. le Dr Livingstone*, R. A. C., II (1860), 479. — Voyage au cap de Bonne-Epérance, XIV (1865), 769. — Voyage de l'Empereur Napoléon III en Algérie, XV (1865), 229. — Exploration de l'Afrique équatoriale, par *M. Ch. de Decken*, XIV (1865), 197.— Voyage de M. Rohlsf dans l'intérieur de l'Afrique, XV (1865), 660. — Expédition du baron L. de Decken dans l'Afrique orientale, XVI (1866), 661. — Lettre de *M. Le Saint*, sur son voyage en Afrique, XXII (1868), 886. — Voyage à Madagascar, par *M. le baron Brossard de Corbigny*, V (1862), 561, 601. — Excursion dans le haut Maroni, par *M. Ronmy*, I (1861), 779.

AMÉRIQUE : Voyage d'exploration dans le haut Maroni (Guyane française), de septembre à novembre 1861, par *M. Vidal*, V (1862), 512, 638. — Voyage au Paraguay (juillet et août 1862), VII (1863), 105. — Voyage de la corvette brésilienne *Belmonte* dans les Amazones en 1862, XII (1864), 433.

ASIE : Excursion dans les forêts qui s'étendent entre Tay-Ninh et Relim (Basse-Cochinchine), par *M. Korn*, XII (1864), 453. — Une tournée chez les Moï de la Cochinchine, par *M. B. de Larclause*, XII (1864), 642. — Exploration du grand fleuve de Cambodge, VII (1863), 240 ; XVIII (1866), 252. — Exploration du Mé-Kong : mort de M. Doudard de Lagrée, chef de l'expédition, XXIII (1868), 761.

EUROPE : Voyage de l'Empereur Na-

poléon III à Toulon, en octobre 1864, XIII (1865), 382.

Océanie : Rapport de *M. W. Lapierre* sur le voyage de la frégate l'*Isis* à Taïti, I (1861), 71. — Voyage du transport l'*Hérault* en Australie et en Océanie, en 1858, par *M. Richard Foy*, III (1861), 487. — Voyage de la *Cornélie* dans l'Océanie occidentale, en 1861, IV (1862), 533. — Observations hydrographiques faites par la *Novara*, pendant son voyage de circumnavigation, IX (1863), 423.

Revue géographique : Année 1861, IV (1862), 297 ; année 1862, VII (1863), 444, 694 ; année 1863, X (1864), 431 ; année 1864, XIII (1865), 528 ; année 1865, XVII (1867), 262 ; année 1866, XX (1867), 349. — (Voy. aussi *Géographie*.)

W

Walker (Loch de M.), XXIV (1868), 920.

Walker-Sparre : Appareils pour la transmission des ordres, XXIV (1868), 389.

Wampanoag, navire non cuirassé américain, XXII (1868), 295 ; XXIII (1868), 1058 ; ses essais, XXIV (1868), 878.

Ward : Ceinture de sauvetage, XX (1867), 249. — Signaux de nuit, XXIV (1868), 590.

Warden, contre-amiral anglais : Rapport sur les essais des différents navires de l'escadre anglaise de la Manche en 1866, XX (1867), 847.

Warrall (Machine - outil), XXIV (1868), 18.

Warren (Cuisine de M.), XXIV (1868), 108.

Warrior, frégate cuirassée anglaise, I (1861), 545 ; par *M. Sabattier*, VIII (1863), 500 ; ses essais, par *M. Bonjour*, III (1861), 293 ; XII (1864), 191 ; XIII (1865), 596 ; son passage au bassin, XI (1864), 613 ; son désarmement, XII (1864), 874 ; expériences d'artillerie, XX (1867), 461, 474.

Washington (Le), steamer de la compagnie transatlantique, X (1864), 597.

Waterwitch, navire cuirassé anglais à moteur hydraulique, ses essais, XVIII (1866), 880 ; XXI (1867), 524 ; XXIII (1868), 609, 617.

Wavish (Lampes de M.), XXIV (1868), 606.

White (Embarcations de John), XXIII (1868), 865, 881.

Whitworth : Le canon Whitworth, IX (1863), 217. — Le système Whitworth, XIII (1865), 309. — Expériences de cette artillerie, XIV (1865), 590. — Artillerie rayée, XXIII (1868), 797. — Projectiles, XXIII (1868), 802. — Machines-outils, XXIV (1868), 21. — Expériences d'un canon de $22^c/_m5$, XXIV (1868), 894. — (Voy. aussi *Artillerie*.)

Wibard (Moteur à chaudière inexplosible non tubulaire de M.), par *M. Joublin*, XXII (1868), 530.

Wilhelm Ier, navire cuirassé prussien, XX (1867), 996 ; XXII (1868), 648 ; XXIII (1868), 534 ; XXIV (1868), 654 ; sa comparaison avec le *Captain*, XXI (1867), 971.

Williamson (Pompe de M.), XXIV (1868), 375.

Winan's Yacht : Bateau-cigare, XI (1864), 379, 812 ; sa mise à l'eau, XVI (1866), 867.

Wolf (Machines marines, système), par *M. Mouche*, XXIII (1868), 894, 910.

Woolwich : L'arsenal maritime de Woolwich, par *M. V. Chevallier*, I (1861), 7. — Expériences d'artillerie en novembre 1864, XII (1864), 634. — Explosion d'un gros canon, XII (1864),

414. — Les canons de Woolwich à l'Exposition de 1867, XXIII (1868), 361. — Expériences faites avec un canon de 17$^c/_m$5 en acier, XXIV (1868), 1136. — Prix de revient des canons rayés de Woolwich, XXIV (1868), 267. — Expériences à Shœburyness d'un canon de Woolwich, XXIV (1868), 893. — (Voy. aussi *Artillerie.*)

Wywern, navire cuirassé anglais à tourelles, XII (1864), 419; XV (1865), 200; ses essais, XV (1865), 649, 866; ses qualités nautiques, XX (1867), 841; sa mâture tripode, XXIV (1868), 89.

Y

Yanaon (Notice sur), IX (1863), 247.

Yang-tze-Kiang : Exploration de ce fleuve, par *M. Ch. Pigeard*, V (1862), 549. — État actuel des provinces du Yang-tze-Kiang, XI (1864), 759. — Navigation et commerce du Yang-tze-Kiang, par *M. Laurens*, IX (1863), 197.

Yelverton, contre-amiral anglais : Rapport sur la croisière d'expériences de l'escadre anglaise de la Manche en 1866, XX (1867), 833.

Z

Zanzibar (Une mission française dans l'île de), IV (1862), 231.

Zaragoza, frégate cuirassée espagnole, XXIV (1868), 268; sa mise à l'eau, XIX (1867), 929.

Zealous, navire cuirassé anglais ; sa mise à l'eau, X (1864), 811; ses essais, XIII (1865), 585.

Zimmermann (Machines-outils de), XXIV (1868), 25.

Zoologie. Voy. *Histoire naturelle.*

TABLE

ALPHABÉTIQUE ET ANALYTIQUE DES PLANCHES

CONTENUES DANS LES 24 VOLUMES DE LA

REVUE MARITIME ET COLONIALE

DE 1861 A 1868

ET DANS LES 3 VOLUMES DE LA

REVUE ALGÉRIENNE ET COLONIALE

1859 ET 1860.

N. B. Les chiffres romains indiquent le tome, et les chiffres arabes la page; le millésime placé entre parenthèses donne l'année de la publication de la planche. Les lettres R. A. C. se rapportent aux trois volumes de la *Revue algérienne et coloniale* publiés en 1859 et 1860.

A

Absalon, canonnière cuirassée danoise, XXII (1868), 431.

Adrar (Carte d'un voyage exécuté dans l'), R. A. C., III (1860), 494.

Afrique : Carte d'un voyage d'exploration exécuté en 1859-60 dans l'Afrique centrale, par *M. E. Mage*, R. A. C., III (1860), 28. — Croquis destiné à servir à l'intelligence des intérêts européens sur les côtes occidentales d'Afrique, du cap Blanc à l'Équateur, par *M. Brossard de Corbigny*, I (1861), 390. — Deux croquis de la côte occidentale d'Afrique dressés par *M. A. Vallon*, IX (1863), 394, 606. — (Voir *Algérie, Sahara, Sénégal* et *Soudan.*)

Alabama (Combat de l') et du *Kerseage*, livré en vue de Cherbourg le 19 juin 1864, lithographie de *M. Kerjean*, XI (1864), 828.

Albert N'yanza (Carte du grand lac), par *M. Malte-Brun*, XVII (1866), 266.

Algérie : Carte des lignes télégraphiques de l'Algérie, R. A. C., II (1860), 19.— Carte maritime de l'Algérie, dres-

sée d'après les navigateurs du moyen âge (1318-1524), R. A. C., II (1860), 474. — Voyage de l'Empereur Napoléon III en Algérie, 12 croquis de *M. Kerjean*, XV (1865), 258, 668.

Alliance : Machine magnéto-électrique de cette compagnie, XXIII (1868), 953 ; fig. 8, pl. no 50, XXIV (1868), 598.

Alma, corvette française cuirassée à fort central et à éperon, XXII (1868), 206.

Almany Oumar (Portrait de), II (1861), 33.

Amérique centrale (Carte du Mexique et de l'), par *M. A. Dufour*, III (1861), 168.

Ancres : Ancre Martin, 2 fig., XIX (1867), 690. — Les appareils de mouillage et de manœuvre des ancres à l'Exposition de 1867, 2 pl., XXIV (1868), 67.

Andromaque (Le gouvernail de fortune de l'), VII (1863), 631.

Angleterre : Carte des îles britanniques, indiquant les localités visitées par la commission d'enquête sur les pêches, XVII (1866), 540.

Annam : Carte de cet empire, d'après la carte publiée en 1838 par Mgr Pallegoix, évêque de Mallos sous le titre de *Annamdai quôc Hoa Do seu Tabula geographica imperii annamitici ab auctore dictionarii latino-annamitici disposita*, V (1862), 182. — (Voir aussi *Cochinchine*.)

Aquarium (L') marin de l'Exposition de 1867, XXI (1867), 772.

Arguin (Carte de l'île d'), par *M. Fulcrand*, I (1861), 500.

Armstrong : Canons se chargeant par la culasse ou par la bouche, 2 pl., XII (1864), 54. — Canons et projectiles Armstrong, XIV (1865), 386. — Les canons Armstrong à l'Exposition de 1867, pl. no 4 et 5, XXIII (1868), 369.

Arsenaux anglais : Plan général indiquant la position des arsenaux maritimes et des ports de refuge, exécutés par l'État, en Angleterre, I (1861), 70.

Artillerie : Les canons et les projectiles Withworth, XI (1864), 681. —

L'artillerie Withworth, 2 pl., XXIII (1868), 835. — Canons Armstrong se chargeant par la culasse ou par la bouche, 2 pl., XII (1864), 53. — Canons et projectiles Armstrong, XIV (1865), 386. — Les canons Armstrong à l'Exposition de 1867, pl. nos 4 et 5, XXIII (1868), 369. — Rayures et projectiles des canons rayés de marine de divers systèmes, XII (1864), 692. — Canon Shaw pivotant autour de sa bouche, XIII (1865), 356. — Lignes de rupture dans les principaux cas d'éclatement des canons Parrott, XIII (1865), 675. — L'artillerie de marine aux États-Unis, XIV (1865), 156. (N. B. *Cette planche a été placée par erreur à la page 156 ; sa véritable place est à la page 120.*)—Types d'obus et de rayures employés dans les expériences d'artillerie de marine en Angleterre, XVI (1866), 347. — Types de canons et de projectiles employés dans les expériences d'artillerie de marine en Angleterre, XVI (1866), 535. — Différentes méthodes pour fermer la culasse des canons se chargeant par la bouche, XVI (1866), 690. — Canons en acier fondu de Krupp, XVIII (1866), 384. — Les canons Krupp à l'Exposition de 1867, pl. nos 2 et 3, XXIII (1868), 369. — Plan du système Cunningham pour la manœuvre des gros canons, XVIII (1866), 882. — Type des canons Blakeley, XIX (1867), 245. — Canon rayé français de 0m24, avec son affût, 5 dessins, XIX (1867), 451. — Affûts modernes pour canons de marine, XIX (1867), 882. — Perforation des cuirasses, XX (1867), 202. — Affût pour le canon français de 42 centimètres, XX (1867), 248. — Les torpilles sous-marines, XX (1867), 567. — Plans de navires et de canons de la marine américaine, 3 pl., XXII (1868), 301. — L'artillerie à l'Exposition universelle de 1867, 6 pl., XXIII (1868), 369. — Le canon Fraser à l'Exposition de 1867, pl. no 7, XXIII (1868), 369. — Installation de l'artillerie à bord, XXIII (1869), 859. —Canons sous-marins, 2 pl., XXIV (1868), 320.

Astronomie : L'éclipse totale de soleil du 18 juillet 1860, R. A. C., III (1860), 380. — Instruments d'astronomie nautique, pl. n° 39, XXIV (1868), 338.

Australie (Carte générale de l'), par *M. V.-A. Malte-Brun*, X (1864), 434.

B

Bagay, lieutenant d'artillerie de marine : Carte des États Serères, XIII (1865), 490.

Bakel (Vue du fort de), I (1861), 107.

Bambouk : Itinéraire du voyage d'exploration de la Falémé, du pays de Bambouk et du Sénégal, exécuté en 1860, par *M. Pascal*, R. A. C., III (1860), 164.

Barrages, pl. n°ˢ 2 à 4, XXIV (1868), 974.

Barthélemy-Benoît : Carte du Cayor, III (1861), 486.

Bateau-cigare, XI (1864), 813.

Bateaux-torpilles, XXIV (1868), 974, pl. n° 4 fig. 3.

Bellerophon, navire cuirassé anglais : coupe transversale, pl. n° 55, fig. 2, XXIV (1868), 688.

Belliqueuse, corvette cuirassée française, XVI (1866), 214 ; XIX (1867), 483.

Blakeley : Type de ses canons, XIX (1867), 245.

Blanc (Carte du cours du fleuve) et de la région des sources du Nil, par *M. V.-A. Malte-Brun*, X (1864), 459.

Blanc (Carte du cap) et d'une partie de la baie d'Arguin, par *M. Fulcrand*, I (1861), 510.

Bogoé (Croquis de la rivière), III (1861), 17.

Bonne-Espérance (Carte des routes suivies par les frégates à voiles la *Forte*, la *Vengeance* et l'*Andromaque* pour doubler le cap de), VII (1863), 490.

Bouderba : Itinéraire suivi de Laghouat à Rat, R. A. C., I (1859), 308.

Bouée de sauvetage, XXII (1868), 818.

Boulangerie (La) à l'Exposition de 1867, pl. n° 35, XXIV (1868), 120.

Bounoum : Carte de l'extrémité du lac de Merinaghen, du pays de Bounoum et d'une partie du Djioloff, exécutée pendant l'inondation de 1861, par *M. Braouezec*, VI (1862), 201.

Bouquet de la Grye : Carte de la Nouvelle-Calédonie, XVI (1866), 243.

Bourgois, capitaine d'artillerie : Installation d'un canon sous-marin, pl. n° 40, XXIV (1868), 320.

Braouezec : Carte de l'extrémité du lac de Merinaghen, du pays de Bounoum et d'une partie du Djioloff, dressée pendant l'inondation de 1861, VI (1862), 201.

Brazil, navire cuirassé : Coupe transversale, pl. n° 57, fig. 2, XXIV (1868), 688.

Brésil (Carte hydrographique des côtes du), par *M. Mouchez*, XVIII (1866), 716.

Brest : Plan de la ville, du port et de la rade de Brest, XVII (1866), 238. — Vues du port, 7 pl., XVII (1866), 492.

Bridet (H.) : Carte d'un cyclone qui a passé près de la Réunion au mois de février 1861, I (1861), 524.

Brossard de Corbigny, capitaine de frégate : Croquis destiné à servir à l'intelligence des intérêts européens sur les côtes occidentales d'Afrique, du cap Blanc à l'Équateur, I (1861), 390. — Carte de la route suivie par Bou-el-Moghdad pour se rendre du Sénégal à Mogador, I (1861), 494. — Carte du Sénégal, de la Falémé et de la Gambie, VIII (1863), 498. — Carte de la Sénégambie, XI (1864), 758.

Brown et Level : Appareil pour amener et hisser les embarcations, pl. n° 20, XXIII (1868), 892.

C

Cabestans à vapeur, 2 pl., XXIV (1868), 294, 338.

Cadiou : Carte des principautés danubiennes, XI (1864), 82.

Cales de halage, XXIV (1868), 694.

Cambodge (Carte des embouchures et du cours du) jusqu'au grand lac de Bien-ho, VII (1863), 250. — Carte de la vallée de Mé-Kong, XXI (1867), 712. — (Voir aussi *Cochinchine.*)

Captain, navire cuirassé anglais à tourelles, XXIV (1868), 186.

Carnbee (Le baron P. Melvill van) : Carte des possessions hollandaises en Asie, en Afrique, en Amérique, IV (1862), 268.

Casamance (Carte de la), dressée par *M. E. Mage*, VI (1862), 474.

Cayor (Carte du), par M. *Barthélemy-Benoit*, III (1861), 486.

Ceinture de sauvetage du capitaine Ward, 3 fig., XX (1867), 249, 250.

Charleston (Plan de la rade et du port de), XIV (1865), 563.

Chaudières marines à l'Exposition de 1867, 4 pl., XXII (1868), 543.

Cherbourg : Plan du port, de la ville et des environs, XIX (1867), 832 ; vues du port, XX (1867), 122.

Cigare (Bateau-) : *Winan's Yacht*, XI (1864), 813.

Cochinchine : Carte de la Basse-Cochinchine, d'après les cartes cochinchinoises, rectifiées par *M. Ploix*, I (1861), 193. — Plan de Saïgon et des lignes de Ki-hoa faisant voir la marche des attaques les 24 et 25 février 1861, I (1861), 554. — Carte de l'empire d'Annam, V (1862), 182. — Carte de la Cochinchine française, dressée par *M. E. Mage*, VI (1862), 420. — Carte des embouchures et du cours du Cambodge jusqu'au grand lac de Bien-ho, VII (1863), 250. — Carte de la Cochinchine française, IX (1863), 178. — Carte de la Cochinchine française, par *M. Manen*, XIV (1865), 156. — carte de la vallée du Mé-Kong, XXI (1867), 712.

Coles (Plan des coupoles du système), VIII (1863), 520. — Le *Captain*, navire cuirassé anglais à tourelles, XXIV (1868), 186.

Colomb : Système de signaux, pl. n° 50, XXIV (1868), 598.

Colonies françaises : Carte hydrographique des parties connues de la terre sur laquelle sont indiquées les possessions françaises, V (1862), 218. — (*Pour la carte particulière de chaque colonie, voir les noms de ces colonies.*)

Colonies hollandaises (Carte des), par *M. le baron P. Melwill van Carnbee*, IV (1862), 268.

Como (Croquis de la rivière) (Gabon), III (1861), 17.

Constructions navales (Systèmes de), 7 pl., XXIV (1868), 689.

Correcteur de route et de relèvement, XXII (1868), 207.

Côte d'Or : Carte des établissements français de la Côte d'Or, IX (1863), 65. — Objets de pacotille propres aux échanges, 10 fig., XXIII (1868), 1000.

Coton (Machines à égrener le), VII (1863), 71.

Courants (Carte des) et du mouvement des glaces autour de l'Islande, par le capitaine *Irminger*, III (1861), 255.

Cuirasses et préservation des blindages, 1 pl., XXIV (1868), 314. — (Voir *Défenses* et *Masques.*)

Cuisines (Les) à l'Exposition de 1867, pl. n° 22, XXIV (1868), 114.

Cunningham : Plan pour la manœuvre des gros canons, XVIII (1866), 882 ; pl. n. 11, XXIII (1868), 605.

Cyclones : Carte du cyclone qui a passé près de la Réunion au mois de février 1861, par *M. H. Bridet*, I (1861), 524. — Carte du cyclone des 11 et 12 mars 1868, par *M. Tisserant*, XXIII (1868), 424.

D

Daft : Système de préservation des cuirasses, pl. n° 38, XXIV (1868), 314.

Dagana (Vue du fort de), I (1861), 111.

Dahomey (Carte du royaume de), par *M. A. Vallon*, II (1861), 363.

Dakar (Vue du port de), XX (1867), 385; carte de la presqu'île et du port, 394.

Danube : Carte des Principautés danubiennes, par *M. Cadiou*, XI (1864), 82. — Carte de la Roumanie indiquant l'état des chemins de fer existants et projetés en 1868, XXII (1868), 764.

David : Ancre, fig. 9, pl. n° 32, XXIV (1868), 66.

Davidson : Horizon de brume, pl. n° 39, XXIV (1868), 338.

Dellys : Carte géologique, R. A. C., II (1860), 333.

Désaimantation des navires en fer, 2 pl., XXII (1868), 372.

Désirade (Carte de la), XII (1864), 106.

Docks, 1 pl., XXIV (1868), 694.

Duffy : Canon sous-marin, pl. n° 41, XXIV (1868), 320.

Dufour (A.) : Carte du Mexique et de l'Amérique centrale III (1861), 168.

Dumas-Vence, capitaine de frégate : Carte des courants de la Manche et de la mer du Nord, XXIV (1868), 703.

Dumesnil, enseigne de vaisseau : (Croquis des rivières Como, Bogoé et Oulombo-Empolo (Gabon), d'après les renseignements fournis par), III (1861), 17.

Dunkerque (Carte des atterrages de), XI (1864), 196.

E

Éclipse totale de soleil du 18 juillet 1860, R. A. C., III (1860), 380. — Éclipse de soleil du 18 août 1868, 1 fig., XXIV (1868), 1105.

Électricité : Machine magnéto-électrique de la compagnie l'*Alliance*, XXIII (1868), 953 ; fig. 8, pl. n° 50, XXIV (1868), 598.

Embarcations à vapeur, pl. n° 18 et 19, XXIII (1868), 885. — Appareils pour amener et hisser les embarcations, pl. n° 20, XXIII (1868), 892.

Escadre (L') d'évolutions, sous les ordres du vice-amiral Ch. Pénaud, évoluant en vue de Ténériffe (novembre 1863), X 1864), 196. — Escadre d'évolutions : Visite de Napoléon III à Toulon, XIII (1865), 382.

Eshern-Scare, canonnière cuirassée danoise, XXII (1868), 431.

Estacades, pl. n° 2 à 4, XXIV (1868), 974. — Estacades japonaises, pl. n° 1, XXIV (1868), 234.

États-Unis : Carte du théâtre de la guerre en Virginie, XII (1864), 24, — Carte du théâtre de la guerre aux États-Unis, XII (1864), 860. — Plan de la rade et du port de Charleston, XIV (1865), 563. — Plan du combat de Mobile, pl. n° 1, XXIV (1868), 974.

F

Falémé : Itinéraire du voyage d'exploration de la Falémé, du pays de Bambouk et du Sénégal, exécuté en 1860 par *M. Pascal*, R. A. C., III (1860), 164. — Carte du Sénégal, de la Falémé et de la Gambie, dressée par *M. Brossard de Corbigny*, VIII (1863), 498.

Farcot : Marteau-pilon, XXIV (1868), 14. — Régulateurs, pl. n° 52, XXIV (1868), 632 ; 4 pl., XXIV, 763.

Favorite (La) roulant avec grosse mer, pl. n° 2, XI (1864), 42.

Félou (Chute du Sénégal, dite du), I (1861), 115.

Ferdinand-Max : Avant de cette frégate cuirassée autrichienne, XIX (1867), 588.

Filets (Nouveau procédé de laçage de) à la main, VII (1863), 215.

Filtres (Les) à l'Exposition de 1867, pl. n° 22, XXIV (1868), 114.

Forges : Presse à forger Haswelt, XXIV (1868), 14. — Forge à soufflerie hydraulique et forge de campagne de Schaller, XXIV, 14.

Forts de mer de Spithead, XXI (1867), 762. (*N.B. Cette planche a été placée par erreur à la page 786 ; sa véritable place est page 762.*) — Forts cuirassés de Plymouth, XXIII (1868), 948.

Fouta-Djalon (Carte d'un voyage au), par *M. A. Lambert*, II (1861), 51 ; les hauts-fourneaux, 23.

France : Carte des naufrages et accidents de mer survenus en 1865, XIX (1867), 689 ; en 1866, XXII (1868), 602.

Fraser : Canon, pl. n° 7, XXIII (1868), 369.

Frederik Karl, frégate cuirassée prussienne, fig. 2, pl. n° 56, XXIV (1868), 688.

Fulcrand : Carte de l'île d'Arguin, I (1861), 500.

Fumivores (Appareils), 8 pl., XXIII (1868), 393.

Furcy : Canon sous-marin, pl. n° 41, XXIV (1868), 320.

G

Gabon : Croquis de la rivière Como, III (1861), 17 ; croquis de la rivière Bogoé, 17 ; croquis des pays baignés par les rivières Oulombo-Empolo et Bogoé, affluents du Gabon, et de la contrée située à l'E. de ces deux rivières, III, 17. — Croquis de la rivière Rhamboé et de ses affluents, par *M. P.-A. Serval*, III (1861), 410. — Carte des établissements français du Gabon, IX (1863), 65.

Gambie : Carte du cours inférieur de la Gambie, par *M. Pichard*, XIV (1865), 260. — Carte du Sénégal, de la Falémé et de la Gambie, dressée par *M. Brossard de Corbigny*, VIII (1863), 498.

Gouvernail (Le) de fortune de l'*Andromaque*, VII (1863), 631. — Gouvernails et appareils pour gouverner, 1 pl., XXIII (1868), 325. — Gouvernail Halsted, pl. n° 11, XXIII (1868), 605. — Gouvernail de fortune, pl, n° 11, XXIII (1868), 605.

Gréement (Le) à l'Exposition de 1867, 1 pl., XXIV (1868), 102.

Guadeloupe et dépendances (Carte de la), dressée par *M. A. Vallon*, XII (1864), 106.

Guerre d'Amérique : Croquis du combat naval de Hampton-Roads, IV (1862), 818. — Combat de l'*Alabama* et du *Kearseage*, XI (1864), 828. — Carte du théâtre de la guerre en Virginie, XII (1864), 24. — Carte du théâtre de la guerre aux États-Unis, XII (1864), 860. — Plan de la rade et du port de Charleston, XIV (1865), 563. — Plan du combat de Mobile, pl. n° 1, XXIV (1868), 974.

Guyane française : Carte de la Guyane, par *M. Vidal*, XII (1864), 767. — Carte de la Guyane française indiquant les établissements pénitentiaires, par *M. V.-A. Malte-Brun*, XXI (1867), 91. — (Voir aussi *Maroni*.)

H

Halsted : Navires à tourelles, pl. n° 10 et 11, XXIII (1868), 604; pl. n° 56, fig. 1, XXIV (1866), 688.

Hampton-Roads (Croquis du combat naval livré dans la rade de) aux États-Unis, les 8 et 9 mars 1862, IV (1862), 818.

Harpon à fusée employé à la pêche de la baleine en Islande, 3 fig., XVIII (1866), 864, 865 et 866.

Haswelt : Presse à forger, XXIV (1868), 14.

Heathorn : Affût, pl. n° 11, XXIII (1868), 605; 3 fig., XXIV (1868), 1126.

Hercules, navire cuirassé anglais : Coupe transversale, fig. 4, pl. n° 55, XXIV (1868), 688.

Huascar, navire cuirassé anglais, fig. 6, XXIV (1868), 186.

Hydrographie : Carte hydrographique des parties connues de la terre, sur laquelle sont indiquées les possessions françaises, V (1862), 218. — Carte des courants et du mouvement des glaces autour de l'Islande, par le capitaine *Irminger*, III (1861), 255. — Carte des courants de la Manche et de la mer du Nord, par *M. Dumas-Vence*, XXIV (1868), 703.

I

Ile de glace (Vue d'une), I (1861), 75.

Inde (Carte des établissements français dans l'), IX (1863), 290.

Indret : Plan de l'établissement, XXIII (1868), 148. — Vues de l'île et de l'établissement, 4 pl., XXIV (1868), 495.

Irminger : Carte des courants et du mouvement des glaces autour de l'Islande, III (1861), 255.

Islande : Carte des courants et du mouvement des glaces entre l'Islande par *M. Irminger*, III (1861), 255.

J

Japon : Plan de la rivière de Kioto, XXIV (1868), 234.

Jonques japonaises : Dessins de M. Pâris, XXIV (1868), 234.

K

Kearseage (Combat de l'*Alabama* et du) livré en vue de Cherbourg le 19 juin 1864, croquis de *M. Kerjean*, XI (1864), 828.

Keokuk, monitor américain : Pl. 3ᵉ, XI (1864), 42.

Kerjean : L'escadre d'évolutions sous les ordres du vice-amiral Ch. Pénaud évoluant en vue de Ténériffe (novembre 1863), X (1864), 196. — Combat de l'*Alabama* et du *Kearseage*, livré en vue de Cherbourg le 19 juin 1864, XI (1864), 828. — Visite de l'Empereur à l'escadre d'évolutions, XIII (1865), 382. — Le *Minotaur*, XIV (1865), 190. — La *Belliqueuse*, XVI (1866), 214. —

Voyage de l'Empereur en Algérie, XV (1865), 258, 668.

Kiel (Plan du port de), XXI (1867), 762. (N. B. *Ce plan a été mis par erreur à la page* 762 ; *sa véritable place est page* 786.)

Kiepert (H.) : Itinéraire de la Vera-Cruz à Mexico, VII (1863), 693.

Ki-hoa (Plan de Saïgon et des lignes de), faisant voir la marche des attaques les 24 et 25 février 1861, I (1861), 554.

Kioto (Plan de la rivière de), XXIV (1868), 234.

Krupp : Canons, pl. nᵒˢ 2 et 3, XXIII (1868), 369.

L

Laçage des filets à la main, VII (1863), 215.

Laghouat (Itinéraire suivi de) à Rat, par *M. J. Bouderba*, R. A. C., I (1859), 308.

La Grye (Voy. *Bouquet de la*).

Lambert (A.) : Carte d'un voyage au Fouta-Djalon, II (1861), 51.

Laurent, verre allongeant, pl. nᵒ 39, XXIV (1868), 338.

Le Moine, sous-ingénieur de la marine : Installation de canons sous-marins, pl. nᵒ 40, XXIV (1868), 320.

Lissa : Plans de la bataille navale de), XVIII (1866), 224, 464 ; XIX (1867), 575.

Lochs, pl. nᵒ 52, XXIV (1868), 922.

Lorient : Plan du port et de la rade, XVIII (1866), 72. — Vues du port militaire, 5 pl., XVIII (1866), 360.

Lumière électrique : Machine magnéto-électrique de la compagnie l'*Alliance*, XXIII (1868), 953 ; pl. nᵒ 50, XXIV (1868), 598.

M

Machines marines à l'Exposition de 1867, 12 pl., XXII (1868), 734. — Machines à deux et à trois cylindres, 8 pl., XXIII (1868), 924.

Machines-outils à métaux, 4 pl., XXIV (1868), 32. — Machines-outils à bois, 3 pl., XXIV, 48.

Madagascar : Carte de l'île dressée

par *M. Malte-Brun*, IV (1862), 110. — Carte de Sainte-Marie de Madagascar, VIII (1863), 288.

Mage (E.), lieutenant de vaisseau : Carte de la Cochinchine française, VI (1862), 420. — Carte de la Casamance, VI (1862), 474. — Carte du Soudan occidental, XX (1867), 395.

Maillard (L.) : Carte de l'île de la Réunion, VII (1863), 349.

Malte-Brun : Carte générale de l'Australie, X (1864), 434. — Carte du cours du fleuve Blanc et de la région des sources du Nil, X (1864), 438. — Carte de l'île de Madagascar, IV (1862), 110. — Plan de Mexico et de ses environs, VII (1863), 693. — Carte du grand lac Albert N'yanza, XVII (1866), 266. — Carte de la Guyane française, indiquant les établissements pénitentiaires, XXI (1867), 91. — Carte de la Nouvelle-Calédonie et de ses dépendances, XXI (1867), 352.

Manche : Carte des courants de la Manche et de la mer du Nord, par *M. Dumas-Vence*, XXIV (1868), 703.

Manen : Carte de la Cochinchine française, XIV (1865), 156.

Manœuvre : Une planche pour accompagner les notions théoriques et pratiques des principes sur lesquels reposent les mouvements et les évolutions du navire, par *M. de Folin*, XIV (1865), 739.

Mappemonde sur laquelle sont indiquées les possessions françaises, V (1862), 218.

Marie-Galante (Carte de), XII (1864), 106.

Marine militaire de l'Angleterre : Types de divers bâtiments cuirassés anglais, VII (1863), 238.

Marine militaire des États-Unis : Types des différents navires cuirassés américains, VII (1863), 424.

Maroni : Croquis de ce fleuve jusqu'à Picket-Loo, dressé par *M. Ronmy*, I (1861), 796. — Carte géographique du Maroni, levée et dressée par *M. Vidal*, V (1862), 548.

Marteaux-pilons et appareils de forge, pl. nos 23 et 24, XXIV (1868), 14.

Martin : Ancres, 2 fig., XIX (1867), 690.

Martinique (Carte de la), XI (1864), 298.

Masques métalliques de Gibraltar, 1 fig., XXII (1868), 871.

Masque russe, XXIII (1868), 939.

Mâture (La) à l'Exposition de 1867, 1 pl., XXIV (1868), 102.

Maures-Brakna (Sénégal) : Itinéraire d'un voyage fait en 1860, par *M. Bourrel*, II (1861), 545.

Mayotte (Carte de), VIII (1863), 288.

Mé-Kong : Carte de la vallée du Mé-Kong, XXI (1867), 712. — Carte des embouchures et du cours du Cambodge jusqu'au grand lac de Bien-ho, VII (1863), 250.

Melvill van Carnbee : Carte des possessions hollandaises en Asie, en Afrique et en Amérique, IV (1862), 268.

Mer du Nord (Carte des courants de la) et de la Manche, par M. Dumas-Vence, XXIV (1868), 703.

Merrimac (Plan du), IV (1862), 818.

Météorologie : Carte de l'ouragan de la Réunion, 25-26 février 1860, par *M. H. Bridet*, R. A. C., III (1860), 92. — Carte du cyclone qui a passé près de la Réunion au mois de février 1861, par *M. H. Bridet*, I (1861), 524. — Carte d'ouragan pour l'hémisphère austral, par *M. H. Bridet*, IV (1862), 532; V (1862), 286. — Diagrammes des vents et profil de l'atmosphère ; trajectoire théorique des molécules de l'air, VIII (1863), 202. — Carte des vents, d'après le système Maury, VIII (1863), 365. — Carte des vents dans la zone équatoriale, d'après le système de Maury, VIII (1863), 580. — Deux planches pour accompagner le *Livre du temps* de l'amiral *Fitz-Roy*, XV (1865), 97. — Comparaison des prévisions du vent de l'office météorologique de Londres avec les vents ressentis, XXI (1867), 624. — Extrait de la carte météorologique du 21 juillet 1864, carte de l'Océan atlantique septentrional, XXII (1868), 708.

— Carte du cyclone des 11 et 12 mars 1868 à Maurice et à la Réunion, XXIII (1868), 425.

Mexico (Plan de) et de ses environs, par *M. V.-A. Malte-Brun*, VII (1863), 693.

Mexique (Carte du), et de l'Amérique centrale par *M. A. Dufour*, III (1861), 168.

Miantonomoh : Plans des emménagements et des tourelles de ce navire cuirassé américain, XVIII (1866), 900 ; 2 pl., XIX (1867), 546.

Minotaur, navire cuirassé anglais, XIV (1865), 191.

Mobile (Plan du combat de), pl. n° 1, XXIV (1868), 974.

Mogador : Carte de la route suivie par *Bou-el-Moghdad* pour se rendre du Sénégal à Mogador, esquissée par *M. Brossard de Corbigny*, 1 (1861), 494.

Monarch (Plans du), 2 pl., XVIII (1866), 206.

Moncrieff : Affûts, XXIV (1868), 259, 263.

Monitor (Plan du), IV (1862), 818.

— Modèle du radeau à vapeur le *Monitor* et du radeau à vapeur à coupole, du capitaine Coles, V (1862), 707. — Le *Smerch*, canonnière russe à deux tours, 5 pl., XIV (1865), 416. —Le *Miantonomoh*, XVIII (1866), 900 ; 2 pl., XIX (1867), 546. — (Voir aussi *Navires à tourelles*.)

Morea (Carte de), XIV (1865), 548.

Mouchez : Carte hydrographique des côtes du Brésil, XVIII (1866), 716.

N

Napier (Modèle de la tourelle), XXI (1867), 263 ; pl. n. 14, XXIII (1868), 605.

Napoléon III (Visite de) à l'escadre d'évolutions, croquis de *M. Kerjean*, XIII (1868), 382.

Naufrages (Carte des) et accidents de mer survenus sur les côtes de France en 1865, XIX (1867), 689 ; en 1866, XXII (1868), 602.

Naughty - Child, roulant avec grosse mer, XI (1864), 42.

Navires à tourelles (Planches pour accompagner la note du vice-amiral *Pâris* sur les), XI (1864), 42, 232. — Plan de la canonnière russe à deux tours *Smerch*, 5 pl., XIV (1865), 416.—Les navires à tourelles en Angleterre en 1866, XVII (1866), 653. — *Prince - Albert*, navire anglais, pl. 2°, XXIV (1868), 186. — *Prins-Hendrick*, navire hollandais, XXII 1868), 427. — *Royal - Sovereign*, navire anglais, XI (1864), 42, 232 ; XXIV (1868), 186. —Les navires à tourelles à l'Exposition de 1867, 2 pl., XXIII (1868), 604. — Les navires à tourelles à l'Exposition de 1867, XXIV (1868), 186. — (Voy. aussi *Monitors*.)

Navires cuirassés : Les navires blindés de la Russie en 1864, XIII (1865) 506. — Le *Minotaur*, navire anglais, XIV (1865), 191. — Plan du bélier cuirassé le *Taureau*, XIV (1865), 838. — Plan d'une frégate cuirassée à rentrée, 3 pl., XV (1865), 30. — Système de cuirasses, pl. n° 38, XXIV (1868), 314.

Niger (Croquis des bassins du) et du Sénégal, et des routes du Sahara dressé par *M. E. Mage*, VIII (1863), 248.

Nil (Carte de la région des sources du), par *M. V.-A. Malte-Brun*, X (1864), 458.

Nord (Carte des courants de la Manche et de la mer du), par *M. Dumas-Vence*, XXIV (1868), 703.

Nossi-Bé (Carte de), VIII (1863), 288.

Nouvelle-Calédonie : Carte de la Nouvelle-Calédonie et de ses dépendances, par *M. Bouquet de La Grye*,

XVI (1866), 243. — Carte de cette colonie et de ses dépendances, par *M. V.-A. Malte-Brun*, XXI (1867), 352.

O

Océan, frégate cuirassée française à éperon : Plan, XXIV (1868), 1130.

Océanie (Carte des établissements français de l'), XIV (1865), 548.

Ogo-Waï (Croquis du cours inférieur de l'), dressé par *M. Serval*, IX (1863), 315.

Ordres (Appareils de transmission d'), 4 pl., XXIV (1868), 402.

Osaka (Plan de la rivière de Kioto à), XXIV (1868), 234.

Oualo (Carte du) en 1861, dressée par *M. H. Azan*, IX (1863), 628.

Oumar. — (Voy. *Almamy*.)

P

Pallegoix, évêque de Mallos : Carte de l'empire d'Annam, d'après la carte publiée en 1838, par Mgr Pallegoix sous le titre de *Annamdai quôç Hoa Dô seu Tabula geographica imperii annamitici ab auctore dictionarii latino-annamitici disposita*, V (1862), 183.

Paraguay : Plan du combat naval du Riachuelo, XV (1865), 221. — Carte du théâtre de la guerre entre le Brésil et la Confédération argentine, la république de l'Uruguay et le Paraguay, XV (1865), 379. — Carte du Paraguay depuis son embouchure jusqu'aux batteries d'Humaïta, XVIII (1866), 896. — Carte des opérations militaires, XXII (1868), 660.

Pâris, vice-amiral : Plan d'une frégate cuirassée à rentrée, 3 pl., XV (1865), 33.

Pâris (A.), enseigne de vaisseau : Jonques japonaises et plans de la rivière de Kioto à Osaka, 2 pl., XXIV (1868), 234.

Parrott : Lignes de rupture dans les principaux cas d'éclatement des canons Parrott, XIII (1865), 675.

Pascal : Itinéraire du voyage d'exploration de la Falémé, du pays de Bambouk et du Sénégal, exécuté en 1860, R. A. C., III (1860), 164.

Pêches : Carte des îles britanniques indiquant les localités visitées par la commission d'enquête sur les pêches, XVII (1866), 540. — Engins de pêche exposés à Bergen en août 1865, XV (1865), 757, 758, 767, 768, 770, 771, 773, 774. — Plan du lieu où les Hollandais ont pêché les plus grandes quantités de harengs de 1860 à 1865, XV (1865), 782. — Plan d'un bateau-vivier de la Havanne, XIV (1865), 224. — Nouveau procédé de laçage de filets à la main, VII (1863), 215. — Les bateaux de pêche de sauvetage, XX (1867), 966. — Exposition internationale de pêche de Boulogne, 6 pl., XIX (1867), 866. — Engins de pêche employés par les Anglais, 4 pl., XVIII (1866), 660.

Peï-ho (Barre du) en 1862, XVII (1866), 706.

Pervenetz (Le), navire cuirassé russe après son lancement, IX (1863), 664.

Pé-tche-li (Carte de la côte Nord du golfe de), par *M. Bourgois*, XVII

(1866), 706; côte Ouest, XVIII (1866), 118.

Petite-Terre (Carte de la), XII (1864), 106.

Phares : Phare romain, XXI (1867), 17; appareil catoptrique, 20; marche des rayons dans un appareil dioptrique, 26; coupe d'un phare de 1er ordre, 31 ; 3 appareils de 1er ordre, 33; phare des Roches-Douvres, 51 ; intérieur du phare de Cordouan, 54. — Carte du littoral de la France indiquant la position des phares, XXIII (1868), 998.

Phosphorescence de la mer : Animalcule de la phosphorescence, 3 fig., XVIII (1866), 888, 889 et 891.

Pichard : Carte du cours inférieur de la Gambie, XIV (1865), 260.

Planisphère sur lequel sont indiquées les possessions françaises, V (1862), 218.

Ploix : Carte de la Basse-Cochinchine, I (1861), 193.

Plymouth (fort de la digue de), XXIII (1868), 949.

Pointage (Instruments de), 2 pl., XXIII (1868), 856.

Pompes, 8 pl., XXIII (1868), 393; 4 pl., XXIV (1868), 383.

Ports anglais : Plan général indiquant la position des arsenaux maritimes et des ports de refuge, exécutés par l'État, en Angleterre, I (1861), 70.

Ports français : Cherbourg : Plan du port, de la ville et des environs, XIX (1867), 832; vues du port, XX (1867), 122. — Brest : Plan de la ville, du port et des environs, XVII (1866), 258 ; vues du port, XVII (1866), 492.— Lorient: Plan du port et de la rade, XVIII (1866), 72; vues du port, XVIII (1866), 360.— Rochefort: Plan du port, de la ville et des environs, XIX (1867), 356; vue du port, 659. —Toulon: Plan de la ville, du port et de la rade, XV (1865), 860; vues du port et de la rade, 454,

Préservation des cuirasses : Système de cuirasses, pl. n° 38, XXIV (1868), 314.

Prince-Albert, navire anglais à tourelles, pl. 2e, XXIV (1868), 121.

Prins-Hendrick, navire hollandais à tourelles, XXII (1868), 427.

Propulseurs hydrauliques, 2 pl., XXIII (1868), 626.

Propulseurs marins, 4 pl. XXIII (1868), 62.

R

Ramsbottom : Marteaux - pilons, XXIV (1868), 14.

Rat : Itinéraire suivi de Laghouat à Rat, par *M. Bouderba*, R. A. C., I (1859), 308.

Régulateurs, 2 pl., XXIV (1868), 633. — Régulateurs Farcot, 4 pl., XXIV (1868), 763.

Relèvements polaires (Théorie des), 3 pl., XIX (1867), 591 et 612; XX (1867), 150.

Réunion (Carte de l'île de la) dressée par *M. L. Maillard*, V (1862), 446; VII (1863), 349.

Rhamboé (Croquis de la rivière) et

de ses affluents, par *M. P.-A. Serval*, III (1861), 410.

Riachuelo (Plan du combat naval du), XV (1865), 221.

Rio-Nunez (Embouchure du), II (1861), 3.

Rip (Croquis de la route suivie par la colonne expéditionnaire du), XVI (1866), 850.

Rochefort : Plan du port, de la ville et des environs, XIX (1867), 356; vues du port, 5 pl., 659.

Rodger : ancre, fig. 1 et 2, pl. 32, XXIV (1868), 66.

Roumânie : Carte des principautés danubiennes, par M. *Cadiou*, XI (1864), 82. — Carte de la Roumanie, XXII (1868), 764.

Roux, capitaine de frégate : Système de préservation des cuirasses, pl. 38, XXIV (1868), 314.

Royal - Albert, frégate cuirassée anglaise (Plan du), VIII (1863), 520.

Royal-Sovereign, navire à tourelles anglais, XI (1864), 42, 232 ; XXIV (1868), 186.

S

Sahara : Esquisse d'une partie du Sahara, par M. *Henry Duveyrier*, R. A. C., II (1860), 125. — Carte générale du groupe des oasis du Sahara, R. A. C., III (1860), 348. — Croquis des bassins du Niger et du Sénégal, et des routes du Sahara, dressé par *M. E. Mage*, VIII (1863), 248. — Voir aussi *Sénégal*.

Saïgon (Plan de) et des lignes de Ki-hoa, faisant voir la marche des attaques des 24 et 25 février 1861, I (1861), 554.

Sainte-Marie de Madagascar : Carte de cette île, VIII (1863), 288.

Saintes (Carte des), XII (1864), 106.

Saint-Louis (Sénégal) (Vue de), I (1861), 103.

Saint-Martin (Carte de l'île), XII (1864), 106.

Saint-Pierre et Miquelon (Carte des îles de) et de l'île et des bancs de Terre-Neuve, IX (1863), 588.

Saloum (Carte des pays de Sine et de) et des cours d'eau de ce nom, par *M. E. Mage*, VII (1863), 679.

Sauvetage (Lancement d'un canot de), XV (1865), 788. — Le bateau de pêche de sauvetage, XX (1867), 986. — Carte du littoral de la France indiquant la position des stations des canots de sauvetage, XXIII (1868), 998.

Schaller : Forge à soufflerie hydraulique et forge de campagne, XXIV (1868), 14.

Sémaphores (Carte du littoral de la France indiquant la position des), des phares et des stations de canots de sauvetage, XXIII (1868), 998.

Sénégal : Reconnaissance militaire de la partie Ouest des pays de Baol, Sine et Saloum, R. A. C., I (1859), 24. — Carte du voyage d'exploration au Tagant, exécuté en 1859-60, par M. *E. Mage*, R. A. C., III (1860), 28. — Itinéraire du voyage d'exploration de la Falémé, du pays de Bambouk et du Sénégal, exécuté en 1860, par *M. Pascal*, R. A. C., III (1860) 164. — Carte du voyage exécuté dans l'Adrar, par *M. Vincent*, R. A. C., III (1860), 494. — Vue de Saint-Louis, I (1861), 103. — Vue du fort de Bakel, 107; vue du fort de Dagana, 111; chute du Sénégal, dite du Félou, 115. — Carte de la route suivie par *Bou-el-Moghdad* pour se rendre du Sénégal à Mogador, esquissée par *M. Brossard de Corbigny*, I (1861), 494. — Carte d'un voyage au Fouta-Djalon, par *M. A. Lambert*, II (1861), 51. — Itinéraire d'un voyage fait en 1860, chez les Maures-Brakna, par *M. Bourrel*, II (1861), 543. — Croquis du Cayor, par M. *Barthélemy-Benoît*, III (1861), 486. — Carte de l'extrémité du lac de Merinaghen, du pays de Bounoum, dressée par *M. Braouezec*, VI (1862), 201. — Carte de la Casamance et des pays avoisinants, dressée par *M. E. Mage*, VI (1862), 474. — Carte du pays de Sine et de Saloum et des cours d'eau de ce nom, par *M. E. Mage*, VII (1863), 679. — Croquis du bassin du Niger et du Sénégal et des routes du Sahara, dressé par *M. E. Mage*, VIII (1863), 248. — Carte du Sénégal, de la Falémé et de la Gambie, par *M. Brossard de Corbigny*, VIII (1863), 498. — Carte

du Oualo en 1861, dressée par *M. Azan*, IX (1863), 628. — Plan d'une partie du fleuve du Sénégal, XII (1864), 288. — Carte des états Serères, dressée par *M. Bagay*, XIII (1863), 490. — Croquis de la route suivie par la colonne expéditionnaire du Rip, XVI (1866), 850. — (Voir aussi *Sahara* et *Soudan*.)

Sénégambie (Carte de la), par *M. Brossard de Corbigny*, augmentée par *M. Vallon*, XI (1864), 753.

Seniaki (Les pics du mont), II (1861), 15.

Sérères (Carte des états), dressée par *M. Bagay*, XIII (1863), 490.

Serval (P.-A.), lieutenant de vaisseau : Croquis de la rivière Rhamboé et de ses affluents, III (1861), 404.

Sha-lui-tien (Carte de l'île de), XVII (1366), 706.

Shang-haï (Carte de la province de), VI (1862), 50.

Shaw : Canon pivotant autour de sa bouche, XIII (1865), 356.

Signaux et lumière électrique pl. n° 50, XXIV (1868), 599.

Sillomètres : pl. 52, XXIV (1868), 922.

Sine (Carte des pays de) et de Saloum et des cours d'eau de ce nom, par *M. E. Mage*, VII (1863), 679.

Smerch, canonnière russe à deux tours (5 planches), XLV (1865), 416.

Soudan occidental (Carte du), par *M. E. Mage*, XX (1867), 395.

Spithead (Plan des forts de mer de), XXI (1867), 762. (N. B. *Cette planche a été placée par erreur à la page* 786 ; *sa véritable place est page* 762.)

Sucre (Plan d'un appareil Gimart pour la fabrication du), XIV (1865), 298.

Symonds (Les navires), 1 pl., XXIV (1868), 190.

T

Tactique navale : Trois planches pour servir à la démonstration de la théorie du système de tactique navale de l'amiral Boutakov, X (1864), 293, 758. — Tactique navale de *M. L. Pagel*, 1 pl., XI (1864), 659. — Plan d'évolutions d'après le système de l'amiral Boutakov, XIV (1865), 396. — Tactique supplémentaire à l'usage d'une flotte cuirassée, par *M. le vice-amiral Bouët-Willaumez*, XXIII (1868), 265. — Tactique navale moderne, par *M. Colomb*, XV (1865), 528.

Tagant (Afrique centrale) : Carte d'un voyage d'exploration exécuté en 1859-60, par *M. E. Mage*, R. A. C., III (1860), 28.

Taïti (Carte de), XIV (1865), 548.

Taureau (Le), bélier cuirassé français, XIV (1865), 838.

Télégraphie : Carte des lignes télégraphiques de l'Algérie en 1860, R. A. C., II (1860), 19.

Terre-Neuve (Carte de l'île et des bancs de), IX (1863), 588.

Tiroirs des machines à vapeur, 8 pl., XXIII (1868), 393.

Tisserant, lieutenant de vaisseau : Carte du cyclone des 11 et 12 mars 1868, XXIII (1868), 424.

Tominé (Chutes du), II (1861), 15; le bassin du Tominé, 19.

Torpilles : Torpilles sous-marines, XX (1867), 567. — Torpilles paraguayennes, XXII (1863), 879. — Les torpilles sous-marines en Autriche, 2 pl., XXIII (1868), 578. — Torpilles diverses, pl. n° 1, fig. 2 à 7, et pl. n. 5, XXIV (1868), 974. — Bateaux-torpilles, XXIV (1868), 974, pl. n° IV, fig. 3.

Toulon : Vues du port et de la rade, 5 pl., XV (1865), 490; plan de la ville, du port et de la rade, 818.

Tourelle Napier, XXI (1867), 263. V. aussi *Monitors* et *Navires à tourelles*.

Trace-vague et trace-roulis, 3 pl., XX (1867), 294.

Treuils et cabestans à vapeur, 2 pl., XXIV (1868), 294.

Trotman : Ancre, fig. 3, pl. 32, XXIV (1868), 66.

V

Vallon (A.) : Carte de la Guadeloupe et dépendances, XII (1864), 106. — Carte du royaume de Dahomey, II (1861), 363. — Carte de la Sénégambie, XI (1864), 758.

Varangues et carlingues, pl. n° 56, XXIV (1868), 688.

Vera-Cruz : Plan de Mexico et de ses environs, et esquisse de l'itinéraire de la Vera-Cruz à Mexico, par M. *V.-A. Malte-Brun*, VII (1863), 693.

Virginie (Carte du théâtre de la guerre en), XII (1864), 24.

Voilure : Mâture. et machine à brasser les vergues, du capitaine Cunningham, 1 pl., XV (1865), 645. — La voilure à l'Exposition de 1867, 1 pl., XXIV (1868), 102. — Machines à coudre les voiles et à déchiqueter, 1 pl., XXIV (1868), 639.

Voyage de l'Empereur Napoléon III en Algérie, 12 croquis de *M. Kerjean*, XV (1865), 258, 668.

W

Ward : Ceinture de sauvetage, 3 fig., XX (1867), 249, 250.

Warrior, navire cuirassé anglais, I (1861), 525 ; 1 fig., pl. n° 55, XXIV (1868), 688.

Whitworth : Les canons et les projectiles Withworth, XI (1864), 681.

— L'artillerie Whitworth, 2 pl., XXIII (1868), 835. — Machine outil à métaux, 1 pl., XXIV (1868), 32.

Wilhelm Ier, navire cuirassé prussien, XXII (1868), 648.

Winan's-yacht, bateau-cigare, XI (1864), 813.

Z

Zimmerman, machine-outil à métaux, 1 pl. n° 25, XXIV (1868), 32.

Paris. — Imp. Paul Dupont, rue Jean-Jacques-Rousseau, 41 (Hôtel des Fermes.)

www.ingramcontent.com/pod-product-compliance
Lightning Source LLC
LaVergne TN
LVHW082237170726
843503LV00011B/4449